湛庐文化
Cheers Publishing
a mindstyle business
与思想有关

The
Human
Side
of
Enterprise

经典版

企业的人性面

[美] 道格拉斯·麦格雷戈（Douglas McGregor）◎著
[美] 乔·卡彻·格尔圣菲尔德（Joel Cutcher-Gershenfeld）◎注释
韩 卉 ◎译

浙江人民出版社
ZHEJIANG PEOPLE'S PUBLISHING HOUSE

主编的话

杨斌 教授
清华经管领导力研究中心主任

开设 leadership 类的课程伊始，我就打定主意，认真地称呼它作“领导之道”。倒不是为了简单地省“力”求异，而是包含些许自己的念想在里头。

一是想突出 TO BE（是）与 TO DO（做）的不同。听者习者，是想有些即刻好用的法子、技艺，能够克敌制胜，佳绩可期。送他们来念课参训的法人、大人们，也有不少抱有希望收获回去更趁手的兵器。这都再正当不过了。“力”掌握于个体，服务于集体，可以度量，可以培养，可以作价，可收可发。但正当，不代表正确。那些后缀着“ship”的名堂，常常因为它忘怀了知识（K），超越了技能（S），融进了品性（A）。你所变成的，你所就是的，于他人可以发见、欣赏，但却不那么容易迁移，或迁移成了却了无生意。“成为领导者”，“作为领导者”，与“具备领导力”“谙熟领导学”不同。其不同，我想先从不用“力”做起。

二是想坦陈“坐而论道”的局限，为师的难。看成是本事，提高得靠实践、历练；看成是心性，则需要更长时间的积淀，抑或机缘遭逢的悟到、绽放。而写出来，讲出来，lost in words，几乎是一定的。开个诗歌课是个多难的事儿呢？诗歌鉴赏课上的七嘴八舌，或读几句就走心呆坐，但还没有逼到要叫人“写出诗句”或“活出诗意”。所以，要认命。也就是自说自话的说道（也最好还别布道），不敢轻易说有多少科学，但经过了组织与梳理，遵从逻辑，有所体系，不怕人说是 well organized common sense（精装常识）——这年头常识常遭忽视。总有“听者有心”并愿意起而行之，反求诸己，自我修炼，把看到听到的“常识道”，与本身的使命、本心化成，内化调制为自己的“非常道”。谁之功？回首向来萧瑟处，百姓皆谓我自然。

再说千遍又何妨？领导这个词，在这里，在我所选的这些书里，不是职位，不是功绩，不是命令链条，不是炫目浩荡。它是一个或是一些人，让人更是人，让组织更向上，让社会更向前，让这些变化更有机地发生的实践。

为什么用卓越？讨论领导，常用的是有效，充满着还原论的机械；说伟大，又太多Kitsch表达。卓越各不同，横看成岭侧成峰。如果说领导像爱情一样，是世界上最容易观察到的却又最不容易理解的现象的话，卓越则更是多维多样，甚至，很多时候领导者之卓越、之所以卓越，与你“纯朴真挚、劝人向善”的意识形态存在矛盾。所以，我特意编选的这个“卓越领导之道”书系中的书，都有些思想上的耐人寻味，而不怎么是用力地鼓吹感召，都有些无心栽柳的边缘意识，却正合了这不确定时代的道道。

希望你通过阅读而享受思考，通过领导而获得解放。

企业走向人的这一面

杨斌　教授
清华经管领导力研究中心主任

这一次有机缘再次细读麦格雷戈的这部经典，事实上也是他唯一的一部著作。《企业的人性面》仍给我强烈的思想震撼，不仅自己做了不少的笔记和评论，更是在高管聚集的研讨课程中跟大家谈了又谈。有些戏剧性的是，一位学员好奇地问这是不是麦格雷戈教授的新作。“为什么？”我问道。“因为讲的都是些今天的困惑和挑战！”

“不是新作，而是……”我在黑板上写下了“心作”两个字，并注上“(1906—1964)”这多少有些令人神伤的生卒年份。作为麻省理工学院斯隆管理学院的创始教授之一，他在 1957 年 4 月第 5 届同学会上发表演讲，题目就叫作“企业的人性面”，他特意选择在一个企业界和学术界聚首的场合，对企业管理人员发出“对于人性假设重新深思”的呼吁，并引发埋首书斋的同行们对于这一重要课题进行深入研究的兴趣。三年后，本书问世，更全面地表达了作者对于这个主题的思考。

这本书的伟大之处，不是在历史上第一次提出“Y 理论”，更不是盖棺论定地判了“X 理论”的死刑（这甚至是本书被误读最多的一点）。这太不符合麦格雷戈血液里流淌的“安迪亚克”精神：我愿意把生命奉献给一个正在寻求真理的人，但我更乐意杀掉一个自以为找到了真理的家伙。作为一个拒绝不加批判地就接受现状或者传统的思想者，他围绕着组织领域中最本质的一个问题“你认为最有效的（直接或间接）管理员工的方式是什么”，进行融合管理理论和实践的娓娓探讨，播撒下的种子顽强地松动了已经固化的地块，为生长出更美丽的花朵提供了极有益的土壤。

所以，直到今天，我们仍能在本书中读到萦绕自己心头已久，却不得其解的很多问题，这一点儿也不奇怪。正如德鲁克所说“管理是通过他人的努力来达到目标”，当“目标”设定好,“他人”引入进来后，剩下的关键问题就是这些“他人”在实现“目标”的过程中是否“努力”？怎样才能让他们努力？安迪・格鲁夫（Andy Grove）在斯坦福大学的课堂上讨论这个问题时，一些聪明的同学尝试把答案表达为极其复杂的方程，却发现仍然有许多变量无法考虑进去。想象中极其严密的制度设计能够带来预想的结果，但制度设计的基础逻辑，却还是要回答这个本原问题，人性究竟是怎样的？动机到底在哪里？对这个问题的不同回答，让设计后的制度呈现出迥然不同的样貌。

本身就有着非常丰富的管理经验的麦格雷戈，提醒我们用心去聆听会议桌上的讨论，去发现“在每个管理决策和管理行动的背后，都有一种人性与人性行为的假设”。在本书的理论提出部分，他精彩地举出很多形象的实例，让我们看到X假设在现实中的普遍性。[①] 这一段给了后来写出《第五项修炼》（*The Fifth Discipline*）的彼得・圣吉（Peter Senge）很大的启发，无论是“心智模式”概念的提出还是“深度汇谈”方法的借鉴，到头来，我们很多时候都不那么愿意面对被清楚表达后的内心假设。拉里・金（Larry King）的提问中非常有力量的一种套路，就是按照你的假设推演出一个令你感到不可思议的逻辑结果，然后看看你的反应，这是非常重要的批判性思考的训练，麦格雷戈无论是在麻省理工学院还是在安迪亚克学院，都热衷于培养学生的这种能力，其中不乏沃伦・本尼斯（Warren Bennis）[②] 这样终生热衷于此的学生。

---

① 当然，如果作者“仔细聆听人性行为假设的内容”的例子，除了“听其言”之外，能再多一些“观其行”，会更显全面平衡。

② 领导力之父，被誉为“领导学大师们的院长”。他的多部著作获得蜚声国际管理界的“麦肯锡最佳管理书籍奖”。最负盛名之作有《领导者》《成为领导者》《七个天才团队的故事》《经营梦想》，这些著作的简体中文版均由湛庐文化策划，浙江人民出版社出版。——编者注

所以，倘若你希望通过阅读这本书就能轻松地找到很多解决实际问题的答案，对不起，你会失望的。不过，你却不会因此堕落。比起那些试图向你推销管理不二良方的畅销书，比如“管人就这么两招”之类，**本书启发我们对于管理实践保持起码的尊重。尽信书，不如无书。读好书不是希望读到答案的过程，而是唤起更多的思考并自己开始去提问题的过程，是一种精神上的愉悦，也是一种智力上的逾越**。这本书从头到尾真的带给我这种感受。我甚至想象，如果麦格雷戈今天能有一部新作，他很可能会选择互动的、开放式的写作方式出版。因为他就是叼着烟斗坐在桌旁的一个提问者，一位理论探险曼妙旅途上的向导。

在大多数章节中，麦格雷戈都在说一些很朴实的话，那个年代中的幸运就是管理领域还没有形成那么“一套嗑”，让你读的时候艰辛，读完之后茫然。他总是处在一种商榷的状态中，除了“如果我们采用的是其他的人性假设，必定会形成与今日组织原则大相径庭的结果”，这时候显得有点儿教士般的狂热，而暂时失去了应有的距离和必要的怀疑。

朴实的表达，其实更适合今天的企业和企业管理者。我很喜欢的一个基本论点，就是“**管理行为是对人性的选择性适应，而不是让人性来配合我们的需求**”。把企业组织看作一台黑箱机器，只要改变输入就会得到你想要的输出，是存在于很多管理者头脑中的思维定式，尤其是长期从事专业工作而获得提拔的经理人，或者头角峥嵘、抱负满满的 MBA 学生。

即使是经验丰富的高管人员，也常认为自己只需要下达指令就能得到想要的结果，反之，问题便是出在别人身上。常常是这样，当发现某种管理制度或者控制措施没有取得预想的效果时，高管人员的心里或者口头上就会责备下属没有按照他预想的行为模式去执行（懒惰、不合作、愚蠢）。但在麦格雷戈看来，这就像是工程师“责备顺流而下的水”或者“受热后膨胀而不是紧缩的气体”。

这本论著包括了足够多的“种子”，不说它如何给当代组织行为学奠基，或者开创“人际关系”学派，单说给人惊喜的第三部分，探讨管理人才的开发培养。我在这里看到了不少亨利·明茨伯格在（Henry Mintzberg）《管理者而非 MBA》（*Managers Not MBA*）中的观念的萌芽。对领导力的分析，正走过“特质论”“行为论”，而敏感地关注“环境”对于领导效果的影响，情境领导力、分布式领导力的思想火花在这里被点燃，耀眼至今，“我们都在以这样或者那样的方式，信奉着麦格雷戈的理论”。

我常常痛感管理教科书是对“管理”鲜活思想的一种无奈而又无情的剪裁。这里又是一例。Y 理论非常强调个人目标与组织目标的融合。按照麦格雷戈的分析：**组织如果忽略了“个人的需求和目标”，受到伤害的往往是组织自身。**所以，我们应该“创造条件，使组织成员达成自身目标，（最佳情况是）同时努力追求组织的成功”。当 30 年后约翰·科特（John Kotter）教授对比分析领导与管理的差异的时候，追随者的目标与组织目标的冲突，往往成为分析或者实践中权变的焦点。而在这里，麦格雷戈前瞻性地提出他的判断和建议，尽管“融合原则”还需要以更为科学的方式加以证明。

20 世纪 90 年代社会交换基础上的影响力理论的核心，在麦格雷戈的笔下清晰展现，如果我们模糊掉“影响”和“控制”的专指，“**我们判断一种社会影响或控制的方式是否成功，还要看它能否改变对方达成自身目标或满足需要的能力。控制力之所以能够发挥作用，必定是由于组织一方在某种程度上依存于另一方。这种依存或紧密或疏松，或单方或双方。但是，如果根本没有依存关系的存在，也就不可能进行控制。依存的性质和程度，是决定我们选择的控制方法是否有效的关键性因素**”。以及，“除非我感到你能影响我满足自身需求的能力，否则你不可能影响我的行为”。家族的宗教背景带给他价值观上的营养，和传播上的循循善诱。

越来越复杂的现代社会，其重要特征就是相互依存。看看在今天的组织中上下左右的依存关系，看看去英雄主义文化泛滥的现在，过分依赖职务权威寸步难行。麦格雷戈观察到“甚至某些身处副总经理职位的人，也会悄无声息地进行反抗”。上有政策、下有对策的情形在组织中屡见不鲜。越是身居高位，越有必要认真理解麦格雷戈花了这么多笔墨强调的依存关系。[①] 从依存的角度，麦格雷戈得出结论“一个人的

---

① 书中非常精彩的一个“段子”是一位新上任的经理来到他负责的纺纱车间，宣布“今后车间的所有事务都要由我安排”后遭遇“车间工人将织布机全停掉”的那一幕。

职位越高，就越要遵循Y理论行事”，这好像是“大企业做人，小企业做事”的另一种版本。不过，麦格雷戈的可爱并可贵之处，就是他对于实践的审慎洞察，比如他曾说：“如果管理者的工具箱里只有权威一种工具，他将很难圆满地达成目的，但这并不表明应将这个工具丢弃。有时，当其他工具无法达成目的时，他或许还能用得上这个工具。”这让我相信，**真正科学的推进，的确是敢于正视实践又心怀理想的人大胆假设、小心求证的结果。**

2002年10月斯隆管理学院50周年庆典，我有幸参与其中，特别是主题为“反思X理论与Y理论”的那场论坛，给我留下深刻的印象。斯隆很有新意地在此前的学期安排了一门选修课，老师和学生花了大量时间走出去，去亲身发现继麦格雷戈之后管理实践中的X和Y理论的踪迹，让事实来说话。也许会让这位创院元老九泉之下心里不安的是，如今大多数管理活动并没有按照Y理论的指导去实践。其中不乏亮点，观察者发现知识型工作中Y理论的走强，发现女性经理身上Y理论的闪光，发现信任作为公司文化基础的力量，但也看到被弘扬的毕竟有限，发展中国家太多的实例，其中不少来自中国，“竞次运动”中比X还X的恶果。[①] 克里斯·阿吉里斯（Chris Argyris）略带嘲讽却一针见血地说：“传统的组织管理政策，以及企业人力资源的指导与控制方法等，与其说是针对成人设计的，不如说更适合儿童的能力和性格。”在一些发展中国家，可能儿童两个字需要换成“奴隶”。

这就像哈佛案例中最畅销的《林肯电气》（*Lincoln Electric*）一样，促使我们今天在阅读麦格雷戈的时候进行更为严肃的思考，是什么导致作者当时敢下“我斗胆预测，它将在10年后消失殆尽”的断言的情形，在其后的50年没有兑现？甚至，作者的演绎中是否存在不严谨的漏洞，让本该站得住脚的理论变成了将心比心的感言，流于向上升华的渴望和期冀？

就中国而言。是否存在着“中国企业主对于员工的依存程度低”的现状，厂门外嗷嗷待工的人群是否成为X理论的诱因？习惯于“开明君主、威权体系”的国人是否

① 血汗工厂在麦格雷戈笔下仅仅体现为劳动时间和强度的苛刻控制，脱离工位受到严格监控，在我们看来实在显得有些轻描淡写。

对于“Y 言 C 行”复杂人性有着天生的接受包容？如果我们相信“你以什么样的假设对待别人，别人所回报的可能是某一类行为”，那么是否因果的微观循环仍然依赖于宏观大环境的改善？如果像麦格雷戈所见，企业管理的“心理环境”亦如水之于鱼，与组织生命融为一体，令我们浑然不觉的话，长期浸淫在“单位制”文化中的中国企业组织，是否阻碍着 Y 假设的真正尝试？更一般地，我们能否轻易改变我们自己对人性的假设，毕竟它们的嵌入经历了很多“第一次”和“关键瞬间”，显得那么根深蒂固？ X 与 Y 的融合是否更能反映出人性的复杂和情境的多变？

这才是读经典的意趣。我们不是蜷伏在地上，“有人替代我们思想，只要读他的文章，时而还点头称是，这就够了，不必多动脑筋”，[①] 我们追求“authority of ideas”而不是“ideas of authority”。[②] 只有踩在前人的肩膀上继续拓垦，才会使一本经典历久弥新。

两位名家的序言都是妙笔，强力推荐。沙因教授的序写得很直白。入手也很巧。**“大多数人仍未能真正理解这些理论在实践中意味着什么。”**仍然是迄今我读到的关于本书的最好评论。本尼斯教授的序则体现出对导师的钦佩，其中的花絮最有趣，这几乎成了本尼斯写的越来越多的序言的一种特色，其中，这句话就显得很得体“如果说本书没有对管理实践产生直接影响，那么它至少推动了相关领域的一系列发展”。

说到底，借助本书，麦格雷戈强化了研究“对人的假设的重要性”，告诫实践者“成功管理的因素固然繁多，但最重要的莫过于拥有预见及控制人性行为的能力”。毫无夸张的理性断言。

我愿意以对于书名的另一种解读来结束这篇文字——企业走向人的这一面。

---

① 我很喜欢的奥地利诗人傅立特《替代者》中的一节。

② 我去听拉里·萨默斯（Larry Summers）在清华大学的演讲时，当学生提问“什么是办好一所大学最关键的要素”时，他如是回答。

X 理论与 Y 理论，在实践中意味着什么

埃德加·沙因
组织行为学大师、企业文化理论之父

X 理论与 Y 理论问世已有 45 年了，但我认为，大多数人仍未能真正理解这些理论在实践中意味着什么。因此，我决定用几个例子来阐述，而不仅仅是简单地重复概念。

案例 1　军队惯常采用的 X 理论

20 世纪 70 年代，麻省理工学院斯隆管理学院接到一个管理项目，培训对象是一批海军军事学院新提升的海军上将。这些人原本都是军舰舰长，当时刚被提升到五角大楼担任行政职位。迪克·贝克哈德（Dick Beckhard）与我共同负责管理课程的设计，根据我们的预计，课程重点应该是：那些习惯了绝对权威的管理者将如何管理新加入的基层员工。如果他们决定采取独裁式管理，则意味着 X 理论将发挥作用，我们会设计一套艰苦的培训课程。

我们通过发放调查问卷向人们提出问题，了解他们更倾向于 X 理论还是 Y 理论。同时，也结合其他行业的管理者信息进行分析。在对一批又一批新上将进行过

问卷调查后，我们惊讶地发现，与其他测试过的行业管理者相比，这些人更加倾向于 Y 理论。

随后，我们与这些上将进行了交流，听他们讲述对“领导力”的理解。很显然，对他们来说，命令并不意味着控制。海军上将强烈地意识到信任下属有多么重要，因为他们本身就需要依赖下属。在他们看来，控制系统意味着不信任，这样做反而会弄巧成拙。那些按照 X 理论发号施令的人，结果不是被击垮，就是无法晋升到更高的职位。很明显，一个人的职位越高，就越要遵循 Y 理论行事，除非某项特殊任务要求他必须独裁，确切地说是具备决断力。

结论 1：我们必须重新审视某些陈旧观念，那些拥有绝对权威和在特殊情况下采取独裁行动的人，并不一定就是 X 理论的奉行者。独裁往往与某一个特殊任务相关，我们不能简单地由此对人性进行判断。遵循 Y 理论的管理者在任务需要时也会独裁。很多组织，尤其是军队，被标榜为 X 理论的奉行者，因为他们总是控制得很严。但是，在没有分析任务特点和实际奉行者的前提下，你不能断言他们遵循的就是 X 理论。

结论 2：按照我们的管理模式，命令和控制必须加以区分，而不能永远被看成是同一件事物。实际上，命令与 Y 理论是一致的。为了更好地理解控制的概念，首先应该弄清楚控制的不同类型，一种是基于信任的控制（Y 理论），一种是如果不采取严格考勤、随机抽查等类似手段，员工就会偷懒的控制（X 理论）。信任员工并不意味着放弃控制。

案例 2　奉行 Y 理论的企业家：肯·奥尔森

肯·奥尔森（Ken Olsen）是 DEC 公司（Digital Equipment Corporation）的创始人，我曾经与他共同工作过一段时间。尽管这家公司最终以倒闭告终，但 25 年来，该公司员工无不承认在 DEC 公司的工作经历令人振奋。他们认为，肯·奥尔森的管理风格使企业员工在得到自由的同时也提高了责任感，员工的宝贵经验与 DEC 公司连续 30 余年的成功都来源于此。

我曾经编写过有关 DEC 公司历史的书籍，用举例的方法阐述真正的 Y 理论管理模式，以及如何在此基础上对人性做出假设。肯·奥尔森相信，员工都是抱着最美好、最积极的心态来工作的。人们通过讨论作出决定，并说服别人认可自己的想法。如果想法得到认可，人们将为了实现目标而承担责任，同时学习自我管理；如果事情没有按计划进行，他们会向上级汇报，因此没有必要时时刻刻对他们进行控制，直至得出符合逻辑的结论。他们懂得尊重彼此，不欺瞒，不藏私。

随着企业日益成长并不断取得成功，各自为政的组织中出现了问题。以往，公司给予员工无限的自由；现在，这种管理方式是否还应继续已成为关键问题。肯·奥尔森对员工的信任从未动摇，毕竟，他所建立的新型组织已经成功经营了 30 余年。最终使 DEC 公司陷入危机的是一场争论，工程师们在对商用计算机市场的发展方向进行预估时产生了分歧。现在看来，企业需要的是强有力的命令，而非 X 理论控制法。

案例 3　如何成为高效的监管者

麦格雷戈在阐述 Y 理论时，列举过一个有说服力的例子，也就是对监管和控制体系如何发挥作用进行分析。他指出，大部分组织的监管流程是这样的：监管者下到生产基层，发现某些问题后汇报给上级，再由上级将信息传递给监管链中的上级。接着，运营总监辗转得到了这个信息，又把它传递给生产链中的下级。通过这样的过程，信息最终传进生产部门经理的耳朵里，他了解到自己的工作受到了质疑。于是，经理将员工召集在一起，质问他们为什么会出问题。结果往往是：员工们被打了个措手不及，顿时感到自己已经被“老大”盯上了。麦格雷戈表示，从发现问题到最终面对问题，中间要经历相当长的一段时间。

麦格雷戈提出，有些做法当时看来比较激进，但在今天已经相当普遍。比如，当监管者发现某个问题时，他并不会立刻报告给上级，而是首先告知基层操作人员。这样，大部分问题立刻就被指出，而不至于拖延几周甚至几个月。员工也会感到，监管者是在帮助他们，而不是专门来找麻烦的。当然，监管者仍会将问题层层上报，这样做的目的是将信息收集起来，以便发现可能存在的更广泛的问题。但由于在事发部门，问题的提出十分及时，监管者并不会令员工感到畏惧。麦格雷戈中肯地指出，**如果监管者使人畏惧，将直接导致员工隐瞒工作中出现的问题。这样不仅不能解决问题，还会使情况更加严重。**

在现代企业中，开诚布公、团队精神、责任感被捧得很高，但只要管理者采取的是 X 理论，上述因素的价值便无从体现。如果我们的确需要更多的责任感、开诚布公和团队精神，那么到目前为止，最好的方法就是：**首先任命一位严格奉行 Y 理论的管理者，同时尽快淘汰所有奉行 X 理论的管理者。**

关于 X 理论和 Y 理论，你了解多少？

一、判断题：

1. 作为一名管理者，最好的管理方式是：在了解情况的基础上，创造让员工成长的环境，并尽一切可能来维护这个环境。只有在少数条件下，当情况陷入危机时，他们才会出手干涉。(   )

2. 根据 X 理论衍生出来的融合原则是：创造条件，使组织成员达成自身目标，最佳的情况是，同时努力追求组织的成功。(   )

3. Y 理论并不意味着管理的退让、领导力的缺失、标准的降低，或者其他在 X 理论下的柔性管理容易出现的问题。(   )

4. 授权是解决过度依赖权威来管理控制的方法之一。授权原则的含义是强调将决策权交给采取行动的人，"通过政策"控制员工，管理者应当重宏观轻微观，允许员工有犯错的自由。(   )

二、选择题：

1. 以下观点，哪些属于麦格雷戈的"Y 理论"观点？（   ）

A. 始终坚持组织中的管理者应当具有责任感。

B. 主张建立信任、开放、诚实的上下级关系。

C. 认为应该以更合理的理论为基础，推行一种人性化的管理实践程序。

D. 提倡建立管理者和员工之间彼此依存的组织，而不是等级森严的组织。

2. 任何人力资源管理理论的核心，都是有关人性行为动机的假设。每当人类的一种需求获得满足时，另一种需求便紧接着出现，取而代之。请按照重要程度把人类的需求进行划分，从低到高的层次依次是（   ）

A. 安全需求　　B. 社会需求

C. 自我实现需求　　D. 生理需求

E. 尊重需求

3. 以下情况哪些是基于 X 理论的假设？（　　）

A. 以薪酬、升职、调动及解雇等行政管理为目的的绩效考核制度。

B. 企业管理层以通过给予或拒绝给予经济报酬作为行使权威的手段。

C. 金钱是激励组织中人类行为的主要因素。

D. 大部分人只有被驱使才会为组织的成功效力，大部分人都不会主动承担责任，大部分人的能力都相当有限。

4. 以下情况哪些是基于 Y 理论的假设？（　　）

A. 管理是以实现经济利益为目标，对资金、原料、设备、人员等生产性企业的元素进行组织的过程。

B. 员工并非生性喜欢抵抗组织的需求。他们之所以如此，完全是组织的环境使然。

C. 自我激励、自我发展、主动承担责任、自觉主动地向组织目标努力等，都是人们主观表现出来的行为，而不是管理强制设置的。因此，管理者有责任让员工认识到这样做的意义，并努力进行自我发展。

D. 管理的任务就是营造组织环境，设定工作方法，让员工通过为组织目标努力而实现自身的目标。

什么是彩蛋

彩蛋是湛庐图书策划人为你准备的更多惊喜，一般包括①测试题及答案 ② 参考文献及注释 ③ 延伸阅读、相关视频等，记得“扫一扫”领取。

一位划时代的大师

沃伦·本尼斯（1985）
领导力之父、被誉为“领导学大师们的院长”

历史发展到一定阶段，便会产生这样一种现象：某人将自己的思想浓缩进作品中，使用极具震撼力的语言，迅猛地冲击传统思想的禁锢。《企业的人性面》便是这样一部伟大的作品。这是道格拉斯·麦格雷戈的第一部，也是唯一的著作。能为此书作序，我感到万分荣幸。

麦格雷戈是一位划时代的人物，在他所研究的领域无人能及。他为整个管理界带来一股与众不同的新鲜“风味”，开创了全新的领域——“组织行为学”与“组织发展学”。有人歌颂他的作品，有人则质疑其合理性。无论作为职员还是学者，任何人的生活和工作都离不开组织。因此，他的理论也成为众人争议的永恒焦点。正如每一位经济学家都会有意无意地信奉约翰·凯恩斯（John Keynes）一样，我们都在以这样或那样的方式信奉着麦格雷戈的理论。

自本书面世以来，组织中“人”的概念发生了质的变化，取而代之的是一种强调人性潜质和成长、提高人在产业社会中的地位的新范例，这是任何其他管理学书籍都不曾做到的。然而，更重要的还在于：今天我们能够在麦格雷戈创造的理论基础上研究专业领域的问题。如果没有这本书，现在进行的大部分工作都将不曾发生。

1957年4月，麻省理工学院斯隆管理学院举办第5届同学会。麦格雷戈在会上发表了著名的Y理论演讲，题目是“企业的人性面”。1960年，麦格雷戈出版了同名著作，迄今恰好25年。

麦格雷戈向管理界的听众讲了些什么呢？首先，他通过提问的方式激起大家对员工授权与激励的兴趣，以此检验人们心目中最有效的（直接或间接）管理员工的方式；接着，他提出了全新的Y理论，这是一个有关人性评价的理论，它涉及人性的力量，并配有一整套全新的价值体系，为企业创造合理的工作氛围提供了指导。

麦格雷戈所有的早期研究及本书所反映的主题，在今天的管理学作品中几乎随处可见。这些主题涉及以下内容：

- 鼓励多方积极参与。
- 对人的尊严、价值、成长给予高度的关注。
- 在个人目标与组织目标之间进行权衡与决策，建立积极的上下级关系。
- 既不采取高压政策、妥协逃避，也不搞虚假拥护、讨价还价，而是在公开、坦诚、消除分歧的原则下，逐步发挥影响力。
- 相信人是自我成长的，当人们处于相互信赖、及时反馈的人际关系中时，成长也将得到进一步的深化。

最后一条中的“反馈”一词使我想起麦格雷戈的一件趣事。他总是热衷于获得经验和反馈。人们通常小心翼翼建立起来的自我保护的外衣，他似乎并不需要。事实上，他对反馈的爱好，在职业生涯早期就已经十分明显了。1935年，他进入哈佛大学教书，没过多久，他就针对自己的教学方式问题向高级教授戈登·奥尔波特（GordonAllport）寻求指导。教授首先用几段话对他进行了表扬，随后写道：

> 我认为，你唯一需要学习的几点是：（1）不要让口袋里的硬币和钥匙发出“叮叮当当”的响声；（2）这样就自然能把手从口袋里拿出来；（3）一般而言，双脚应该踩在地板上，而不是讲桌上（尽管我承认不拘一格的魅力，尤其是对你来说）；（4）明年你将遇到理论框架方面的问题，有可能无法较好

地阐述一些事情。12 年来，我本人在这方面的工作也不算出色。

事实上，麦格雷戈从来没有成功地将双脚放下讲桌；在他担任安迪亚克学院院长期间，甚至因此惹恼了学生。但他的确克服了碰撞硬币的习惯，仅仅在对久留的客人失去耐心时偶有例外。最重要的是：他终于“建立了一套理论框架，使得很多事情都得到了较好的阐述”，这一理论便是本书将要论述的内容。

现在，让我们回过头来再看本书的主题，在前面的诸项概括之后还应当再加上一句：**员工必须对自己的成长负责**。有些管理者过于热心，有些则擅长用铁腕手段掩盖自身的恐惧，但麦格雷戈无法忍受的是他们强迫员工“虚假成长”，无论其本意有多么积极。成长应该是系统的、自然的。作为一名管理者，最好的管理方式就是：**在了解情况的基础上，创造让员工成长的环境，并尽一切可能来维护这个环境。只有在少数条件下，当情况陷入危机时，他们才会出手干涉。**

如果说本书没有对管理实践产生直接影响，那么它至少推动了相关领域的一系列发展。本书出版之后，企业中很快产生了“冲突团队”也称作“T 团队”的活动。本书以人际关系为基础，提供了当时社会所迫切需要的理论。以往的理论分析，大多是将社会现象搬进实验室，经过漫长的时间，对日复一日的体力劳动进行观察总结之后，得出结论。而本书理论则是通过在完整、系统的组织层面进行分析后得出的，很好地解释了“小型组织”模式的变迁过程。众多管理大师作品的精华都是从这里汲取而来的，从汤姆·彼得斯（Tom Peters）、罗伯特·沃特曼（Robert Waterman）、威廉·大内（William Ouchi）、罗莎贝斯·莫斯·坎特（Rosabeth Moss Kanter）、杰弗瑞·莱克（Jeffrey Likert）、克里斯·阿吉里斯、埃德加·沙因、罗伯特·布莱克（Robert Blake）、简·穆顿（Jane Mouton），到贝克哈德、谢泼德（Shepard），以及众多未能一一提及的人。

后来，在麦格雷戈建立的理论基础上，形成了全新的组织行为学与组织发展学。两者经过进一步的发展，逐渐在理论、研究与实践领域占据了重要地位，公司中组织发展部与组织发展副总裁职位的设立便是一个很好的说明。通过设立这样的部门与管理职位，更加促进了 Y 理论在组织环境检验和改善中的作用。

毫无疑问，本书强烈地吸引着那些忠诚的信奉者与评论家。然而，全新理论一旦产生，便会立刻受到传统规则与道德标准的检验。批判将不可避免，因为总会有人发现，书中阐述的行为模式与自己的价值体系完全不同。

从根本上讲，本书所触及的最敏感之处与其本质前提密切相关，这一本质前提就是贯穿全书的主导问题——**针对人性行为所进行的假设**。麦格雷戈的诽谤者现在平静下来了，多少是因为他们失败的管理结果。他们奇怪，为什么奉行 Y 理论的管理者可以一路畅通，可以更多地“聆听”，却不会表现出被动、软弱或者过于“纵容”员工。他们不明白，为什么这种管理哲学会倡导“放弃”对员工决策的特权。

麦格雷戈始终坚持，组织中的管理者应当具有责任感。很多评论家都用“权力均等化”来形容 Y 理论。然而，这种说法并不合理。麦格雷戈从未要求或者暗示管理者交出权力。

他主张建立信任、开放、诚实的上下级关系，认为这样不但不会削弱管理者对员工的影响力，反而能够得到相反的结果。同样，员工对管理者的影响力也将得到增强。

麦格雷戈是一个天才，但这未必是因为他那广为流传，并被后人创造性地加以发展的理论，而是因为他异常清醒的头脑、对管理者的深切同情，以及高超的归纳总结能力，帮助他最终建立起崭新的理论。

事实上，理论总是在理论家偶然发现它们之前就存在着的。某种理论的形成过程，必然会经历认同与不认同的斗争。同样，在麦格雷戈提出 X 理论与 Y 理论之前，这两类情况就已经存在了。只不过麦格雷戈是第一个为它们命名，并为其赋予理论标志的人。这让我想起一个古老的笑话：在世界职业棒球赛上，一场决胜局即将开始。击球手只剩下最后一次机会。这时，投球手将球飞速掷出，击球手跃跃欲试……然而，裁判却迟迟没有发令。击球手愤怒地转身吼道：“究竟是怎么回事？”裁判慢吞吞地说：“如果我不发令，比赛就没有结果。”

对麦格雷戈来说，在科学研究和实践中“发令”不仅需要各种优秀品质，更离不开一个决定性因素：勇气。幸运的是，麦格雷戈拥有足够的勇气发出这一号令。

目录

THE HUMAN SIDE OF ENTERPRISE

X理论，还是Y理论

乔·卡彻·格尔圣菲尔德
《企业的人性面（注释版）》注释者

编辑《企业的人性面》是一项颇具挑战性的工作。1960年，道格拉斯·麦格雷戈创作了这部经典著作，提出强调独裁与控制的X理论以及与之相对立的Y理论。当时社会盛行的所谓“人际关系运动”便是借助了Y理论的概念而形成的。时至今日，新兴的知识导向型工作体系与低成本的商业战略仍然无法回避同样的基础假设——人到底是创造价值的机器，还是可以根据需要削减的成本？因此，这部注释版的目的，便是鼓励读者就此类核心问题展开持续深入的对话。

本书一开始引用了埃德加·沙因最新题写的序言。1956年，应道格拉斯·麦格雷戈之邀，埃德加·沙因加入麻省理工学院。他直接提出切实可行的意见，用三个生动的例子巧妙阐述了Y理论与鼓舞人心的企业文化、值得信赖与尊敬的必不可少的各种监管角色之间的互相依存性。

同时，我们也在本书中加入了道格拉斯·麦格雷戈的前言，以及沃伦·本尼斯为本书出版25周年题写的序言。本尼斯是麦格雷戈在麻省理工学院的学生，他著述颇丰，其间充满了对麦格雷戈工作的赞誉。读者可在本书结尾部分看到相关的档案文献及材料选集。

重新编写的版本更加突出了本书在过去、现在和将来所具有的重要地位。书中注释主要分为两类。第一类，直接引用文中语言，置于每章开篇，对该章主旨加以概述，意在使用麦格雷戈的真实语言突出该章重点；第二类，在每章内容中选择性地进行标注。有些注释将麦格雷戈的作品与其前后发表的理论联系在一起，有些则用于强调在现代社会中发挥重要作用的关键性理论，还有一些鼓励读者针对麦格雷戈的理论进行讨论。此外，文中还对应相关内容穿插了学者和实践者的评论以及真实案例。全文贯穿着浓厚的麻省理工学院风格以及少许安迪亚克学院风格，将麦格雷戈的理论与实践特点展现得淋漓尽致。

事实上，当我们对人提出假设并进行价值判断时，不应以其究竟是处于商业企业中还是日常生活中而有所区别。在本书结尾，麦格雷戈提醒我们注意“企业人力资源内部的协作潜力”，并由此推及至政府和国家的治理问题。从根本上讲，他认为《企业的人性面》阐述的是一个改造世界，并使之更加美好的过程。我真诚地希望这部注释版能够帮助我们走上这样一条大道。

照亮未来的一座灯塔

乔·卡彻·格尔圣菲尔德
《企业的人性面（注释版）》注释者

麦格雷戈敏锐的洞察力就像是一道闪电，照亮了几代人的思维空间。直到今天，其著作《企业的人性面》依然能够深刻地揭露企业与人性的本质。

麦格雷戈在1960年出版的管理学著作中，开门见山地提出了这个问题："你认为最有效的（直接或间接）管理员工的方式是什么？"问题看似简单，却足以在管理界掀起一场根本性的变革。今天，这一简单而深刻的问题引发了比以往更加强烈的反响。

《企业的人性面》一经出版，便成为当时管理界新兴的"人际关系运动"的参照规则。麦格雷戈提出两种对立的人性假设，他称之为X理论与Y理论，进一步突出了管理系统的核心——**有关"人"所担任角色的假设与价值判断**。他提出："如果说有一种观点占据着传统组织理论的核心，那就是以权威为中心的管理控制手段。"此话一出，立刻引发了一场有关理论与实践的争论，焦点便是管理系统究竟应该建立在权威之上还是影响力之上。

当时流行的观点认为，管理控制是绝对必要的，因为员工只有在"强制、控制、指挥、威胁，以及使用惩罚手段的条件下，才能努力去实现组织的目标”。麦格雷戈向这一观点提出了挑战。他将重点放在讨论人性假设上，并称那些缺乏理论或实践基础的管理方式为噱头，也就是今天被叫作“管理时尚”的概念。他认为管理所受到的局限来自各个方面，包括目标设定、绩效考核、激励体系等，而且问题已经暴露得十分明显。管理工作的提升不可能依靠有缺陷的理论基础，也不可能通过有缺陷的方式得以实现。那么，还有什么可以选择呢？

麦格雷戈创立了 Y 理论，认为员工是值得信赖与尊重的，从本质上讲，只有支持并激励员工，才能使他们取得最好的工作业绩。麦格雷戈不同意简单地以纵容式管理替换控制式管理。相反，**他认为应当以更合理的理论为基础，推行一种人性化的管理实践程序。根据他提出的管理理论，应建立起管理者和员工之间彼此依存的组织，而不是等级森严的组织。对管理者来说，则必然能够从影响式管理中获得比权威式管理更多的成就**。这是个激进的想法，直到今天仍然会引发尖锐的争论。

不朽的遗产

本书之所以被誉为“不朽的遗产”，源于它在人性假设和价值判断等核心内容上所具有的独到见解。本书是组织行为学、组织发展学、劳资关系学、人力资源管理学、工业 / 组织心理学、组织社会学等领域的基础文献。在它的基础上，延展出更多的理论分支。比如威廉·大内的 Z 理论，就是基于日本社会家族式企业结构所提出的人性假设，在这一理论的基础上，又形成了日本企业中成功的质量管理模型。事实上，Z 理论的核心观点部分取自麦格雷戈的理论，比如员工职能关系讨论的部分。麦格雷戈提出：“我们在未来绘制的组织结构图，很可能表现为一系列相互关联的部门集合，而不再是层级式的表示个人‘汇报’关系的结构。”要想推广以小组为基础的工作体系，加深人们对知识经济相关术语的理解，就应当增加资金投入，检验“是什么在激励着组织中和生活中的人”。

不幸的是，今天的作品，无论是学术出版物还是商业杂志，大多没有对这些核心观点给予足够的关注。麦格雷戈在麻省理工学院的同事埃德加·沙因曾进行过组织文化框架的研究，用他的研究来解释这一差距，或许更好理解。根据埃德加·沙因所下的定义，企业文化可以分为三个层次：

- 表层可见的部分属于企业文化假象。
- 中层是企业的书面政策与业务流程。
- 深层次的内容则是企业根本的价值判断与评价。

然而，大部分组织管理作品都局限在表层与中层，因此难免流于肤浅，趋附时尚，最终无法得出有价值的结论。在最近发表的一篇文章中，作者大卫·雅各布（David Jacob）这样写道：

> 麦格雷戈的X理论与Y理论一直被当作组织管理学的经典理论，应用于教科书中。然而，同时代的管理学者却在尽力回避他的观点，同时更倾向于从经验研究中提取暂时性理论。甚至麦格雷戈的信徒也开始追逐时尚，将他的重要思想弃之不顾。这样做的结果是：作为管理学者，却无法感受到组织变革的必要性。

麦格雷戈在麻省理工学院的学生，后来成为加州大学伯克利分校教授的乔治·斯特劳斯（George Strauss），曾经对麦格雷戈的精神层面进行过如此的评价：

> 从某种意义上来讲，他算得上是第4代传教士（他的曾祖父是苏格兰教会牧师，祖父创立了救助无家可归者的团体，父亲继承了同样的事业，而他本人在童年时也担任过晚间祈祷的钢琴师）。但事实上，麦格雷戈的传教对象多为公司总裁，而不是穷困潦倒的人们。而且，宗教从未直接出现在他的作品中。但他的背景或许可以帮助我们理解他的个人价值观和传播精神的由来。

近几年来，一些备受瞩目的管理者提出，应当按照Y理论所遵循的价值判断对企业进行改革。DEC 公司创始人肯·奥尔森便是其中之一，他推进改革，建立了突破等级的参与式组织，为 20 世纪七八十年代的计算机产业提供了文化参考。在零售贸易行业中，诺德斯特龙百货公司（Nordstrom Corporation）因授权一线员工解决客户问题、鼓励员工改善工作而广受赞誉。上千家公司采用了斯坎伦计划或者其他形式的目标分享管理方式、参与式管理方式等，其中包括加拿大威斯卡特工业公司（Wescast Industries）、赫尔曼·米勒公司（Herman Miller）、当纳利公司（Donnelley）、摩托罗拉公司（Motorola）以及美国波士顿柏丝医院（Beth Israel Hospital-Boston）。这些组织无一例外地入选“美国 100 家最值得工作的组织”。赫尔曼·米勒公司前任总裁马克斯·杜普利（Max Dupree）在谈到将斯坎伦计划与 Y 理论的核心假设联系在一起时，说道：

> 斯坎伦计划允许组织中更多的人服务于客户、员工、企业主和公众。它所建立的基础是：大部分人能得到很好的激励，认真负责地工作；员工需要机会来发挥个人潜力，而企业在为员工提供机会的同时也挖掘了自身的潜力。

美国最主要的钢铁公司之一——纽克公司（Nucor Corporation）将其成功归于以 Y 理论为基础的 4 条员工关系规则。具体如下：

- 对纽克公司来说，管理意味着公司将根据员工的工作能力为其创造赚钱机会。
- 员工应该相信，只要努力工作，就会拥有美好的未来。
- 员工有权得到公平的待遇，他们也对此坚信不疑。
- 当员工得到不公平的待遇时，享有上诉的权利。

然而，麦格雷戈或许会惊奇地发现，积极进取的纽克公司并未设立工会。根据本书的观点，工会充当着帮助员工获得薪酬、奖金以及公平待遇的角色，有助于推进中产阶级的成长。麦格雷戈认为，这是人在组织中获得长远发展的必要基础。然而，这一观点逐渐被不少人力资源管理领域的管理者否认。

总体来讲，麦格雷戈的作品清楚地表明，将焦点放在基础假设上是有助于推动变革的。关于这一点，密歇根天然气、电力和其他能源供应巨头 DTE 能源公司（DTE Energy）运营副总裁罗恩·梅（Ron May）体会颇深：

> 我的父亲是参加过第二次世界大战的退伍空军。他追随麦克阿瑟将军到过澳大利亚，参与释放巴丹死亡行军中的囚徒，打过几年仗，最后随军到达战败国日本。我就是在 X 理论式的命令和控制氛围中成长起来的。父亲教导我说，如果要成为一名管理者，就应该使用这样的工具，它将给予我生存的力量。
>
> 后来，我上了大学，从麦格雷戈的作品中了解到，还有另外一种管理方式。我的生命旅程也从此开启。我开始关注管理中的人性面，从管理一线、劳工关系到总裁办公室。我将自己的管理方式总结为“以尊重和诚实为基础，做正确的事情”。后来，我又加上了这样一句：“如果你能帮上忙，就去做吧。”
>
> 人们都希望自由地表现自己，愿意竭尽所能地解决问题，做好日常工作，建立良好的人际关系。在这一点上，X 理论与 Y 理论的观点截然不同。
>
> 当然，在紧急情况下，强硬的命令是必要的。当我在 2003 年 8 月做出公司停业整顿的决定时就是这样的。但即便是在那种情况下，我仍然坚持以 Y 理论的方式对待员工。也就是说，我们即使身处危机之中，也不能因此而突然不信任员工，不相信他们的工作动机和承诺。事实上，越是危机四伏，就越应该与员工分享目标。

毋庸置疑，《企业的人性面》是一部经典著作。它不仅影响了诸如罗恩·梅等无数管理者的思想，还被学者誉为“理论研究的试金石”。回忆一下，在最有影响力的出版物中，有多少曾经提到过这本书，并对它推崇备至。《社会科学索引》（*Social Science Citation Index*）杂志从 1966 年开始提供刊物索引信息，尽管我们无法获得本书的精确索引记录，但从图 0–1 中仍然可以清楚地看到，20 世纪 70 年代中期的索引次数达到了前所未有的高峰。这一现象并不难理解，当时社会上兴起了一场“人际关系运动”，而麦格雷戈正是这一运动的公认奠基人之一。更有趣的是，从 1980 年开始，这本书逐渐成为人们心目中的经典著作。因为很少有一本书可以受到如此持续的关注。2000 年，加里·海尔（Gary Heil）、沃伦·本尼斯与德博拉·斯蒂芬斯（Deborah Stephens）共同撰写文章称赞麦格雷戈的作品[①]，而彼得·德鲁克看过这篇文章后评论说：“随着时间的推移，麦格雷戈理论的价值也日益得以证明，它是如此的精辟，占据着无可比拟的重要地位。”

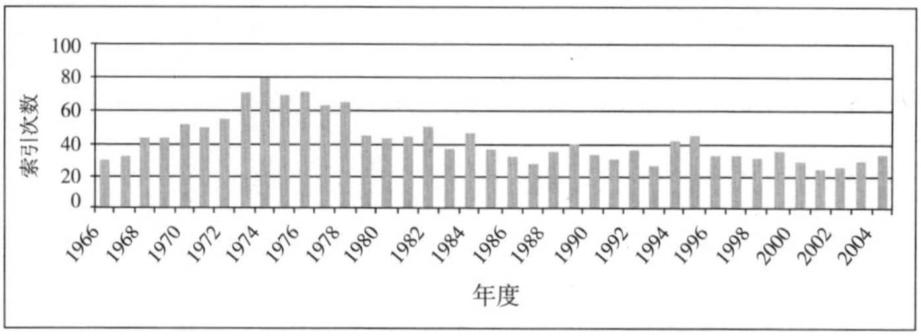

图 0–1 《企业的人性面》于 1966—2004 年间在主流刊物中被引用的年度记录

根据引用频率和刊物的差异性，我们列出了引用麦格雷戈理论的部分刊物名称：

《管理学术执行》（*Academy of Management Executive*）

《管理学术评论》（*Academy of Management Review*）

《心理学年评》（*Annual Review of Psychology*）

《生物化学与分子生物学》（*Biochemistry and Molecular Biology*）

《教育》（*Education*）

---

① 加里·海尔、沃伦·本尼斯与德博拉·斯蒂芬斯合著《再看道格拉斯·麦格雷戈：管理企业的人性面》（*Revisited：Managing the Human Side of the Enterprise*）。——编者注

《教育与社会》(*Education and Urban Society*)

《教育政策》(*Education Policy*)

《性别、工作与组织》(*Gender，Work and Organization*)

《人力资源管理》(*Human Resource Management*)

《国际信息协作系统》(*International Journal of Cooperative Information Systems*)

《国际研究季刊》(*International Studies Quarterly*)

《应用社会心理学》(*Journal of Applied Social Psychology*)

《商业伦理》(*Journal of Business Ethics*)

《保健管理》(*Journal of Healthcare Management*)

《高等教育》(*Journal of International Business Studies*)

《国际商业研究》(*Journal of International Business Studies*)

《组织变革管理》(*Journal of Organization Change Management*)

《职业行为》(*Journal of Vocational Behavior*)

《组织科学》(*Organizational Science*)

《人事评论》(*Personnel Review*)

《警察》(*Policing*)

《监狱学刊》(*Prison Journal*)

《公共卫生护理》(*Public Health Nursing*)

《学校心理学》(*School Psychology International*)

《小型组织研究》(*Small Group Research*)

《社会卫生护理工作》(*Social Work in Health Care*)

《系统研究与行为科学》(*Systems Research and Behavioral Science*)

持久的争议

一定会有人发问，“40 年来，Y 理论在商学院、劳资关系学院、心理学系、职业发展论坛以及其他地方广泛流传，但为什么现在的管理活动并没有按照 Y 理论所说的那样去实践呢？”在麻省理工学院“组织研究会”的一次午餐会上，洛特·贝林（Lotte Bailyn）教授提出了这个问题。后来，工作与雇用关系学院也召开了一次类似的午餐会。

在此期间，人们提出了许多答案。比如，托马斯·科汉（Thomas Kochan）教授指出，管理学的教育历来都与经济学密不可分，而在历史上，经济学则更强调人和组织的竞争。因此，最终应用于管理培训中的观点往往是包含若干理论的混合体。他还指出，近百年来，麦格雷戈所强调的人的竞争行为一直就是争议的焦点。有人强调影响与尊重，有人则信赖权威与控制。因此，不难理解这个问题为何会屡受争议。同样，麻省理工学院一名普通的博士生约翰·弗格森（John Ferguson）也提出了自己的观点。他认为，20 世纪上半叶，员工权利、集体谈判、工作环境等方面都得到了一定程度的提高，同时表现出很好的未来发展趋势。然而实际情况是，美国在20世纪的后30年里，集体劳动政策陷入僵局、员工雇用权利支离破碎、集体谈判日益萎缩、医疗和薪酬水平逐渐衰退。麦格雷戈指出，这些条件的退化使人们的关注点重新回到了亚伯拉罕·马斯洛提出的基本安全的需要上，而不是个人发展与自我实现。

直到今天，在实践中 X 理论与 Y 理论的争议仍热度不减。举例来说，通用电气公司就因宣传“内部竞争促成卓越”而出名。其具体举措包括：一旦无法占据市场主导位置，就出售整个公司；鼓励员工互相竞争，等等。尽管公司稍微放宽了“10–80–10”的绩效考核政策（即业绩居前 10% 的员工获得奖赏，居后 10% 的员工遭到解雇），但其独特的竞争文化，以及在市场上获得的成功得到了外界的高度评价。于是，X 理论在无形中得以巩固。

在互联网上，一流企业应用 X 理论的案例比比皆是。对三星公司来说，约翰·西恩（John Shin）可谓功不可没。他曾经是哈佛商学院战略与竞争研究所的研究员，后来成为三星公司的企业战略专家。他强调“应在企业中渗透 X 理论式的命令与控制文化”。他表示：“在半导体和液晶显示器加工车间中，员工已经成功地逾越了麦格雷戈在书中提到的最低薪酬的界限。他们每周辛苦地工作 70 个小时，没有个人生涯规划的设想。这些人（大概是管理者）平均年薪为 10 万美元，他们从未听说过 Y 理论，或许以后也不会听到。”他形容这是“欧洲前哨基地与总部之间的下级服从上级的交流”。然而，他同时指出：“从《商业周刊》（*Business Week*）、《华尔街日报》（*Wall Street Journal*）到《金融时报》（*Financial Times*）等流行的商业杂志，最近都瞩目于三星公司奇迹般的发展速度。从 2002 年开始，三星公司的利润一直都是日本前 10 名电子公司的利润总和。”

在所有采取 X 理论式企业文化的公司中，沃尔玛也是一个有目共睹的成功案例。员工的偷盗行为一直都是零售业关注的焦点，为此所采取的预防措施则揭露了深层次的文化内涵。一位房地产专业人士曾经在沃尔玛参加谈判。他这样形容该公司总部的会议室：屋内安装了摄像机，员工被要求将双手放在桌面上，以确保不会有私下的小动作发生。2004 年的一期《纽约时报》（*NewYorkTimes*）报道，沃尔玛在夜间将员工关了禁闭，因为担心发生偷窃商品的事件。不久之后，一位读者来信质问：沃尔玛是否已进入了 20 世纪？更不要说 21 世纪了。近几年来，沃尔玛一直处于强大的公众压力之下，包括社区组织、各类协会以及媒体。然而，外在表现或许可以“调节”，潜藏的 X 理论却很可能持续下去。

还有一种更流行、更狡黠的变通方式。那就是：标榜尊重员工价值，并倡导激励，实际上却以此为掩护奉行微妙的控制体系。然而这一切都逃不过麦格雷戈敏锐的洞察力，他可以判断出究竟是真正授权员工去管理人力资源和财务，还是打着授权的幌子，执行一种不易察觉的控制。这里的关键问题是：是否越公开奉行 X 理论就对工作越有效，而强调自我控制、承诺与协调的 Y 理论则应加以压制。

这并不是一场新的争论——其起源可以追溯到最初介绍麦格雷戈作品的文章。尽管我们提倡 Y 理论对个人和组织都有好处，但麦格雷戈仍然激起了一场关于标准的论战。他试图解释自己观察到的工作实践与人际关系。从这个角度来看，他或许可以理解，与 1960 年相比，如今若要奉行 Y 理论似乎更加困难。

现状及未来的挑战

麦格雷戈开始创作本书时，关键问题主要包括绩效考核、员工关系、斯坎伦计划、管理发展等内容——这些都体现在各个章节中。如果本书写在今天，每章的内容又将怎样呢？什么样的观点才能引起人们的注意呢？X 理论与 Y 理论的争论仍然面临着新的挑战。同样，其他关于工作、技术、组织、市场等方面的观点也将面临新的挑战，并共同加入到这场争论中来。请设想一下这样的挑战：

- 全球经济的发展、信息革命的推进以及知识导向型工作的增长，这些都提醒我们应该重新探索有关技术、市场与工作本质的观点。
- 传统社会工作契约的崩溃与“独立顾问”雇用方式的扩张，要求我们重新探索关于法律和雇用制度框架的观点。
- 股票市场的重建与调整，各个部门逐渐撤销管制规定、向私有化方向发展等变化趋势，都使 X 理论的效果得到了进一步的加强。
- 质量管理、精益生产以及六西格玛的兴起，合资公司和战略联盟的发展，相关系统的变化，等等，这些都可以成为研究 Y 理论的新突破口。
- 其他变革，如“坚持原则”的谈判方法以及与之相反的“以兴趣为基础的”谈判方法、强有力地处理工作场所中争论的系统、平衡工作与生活的新方法，等等，所有这些都需要我们拓宽视野，考虑如何应对今天的员工和组织。
- 日益加深的文化隔阂围绕宗教信仰、个人观念和其他复杂的社会挑战展开，所有这些都可能与人和组织的观点交织在一起。

如果麦格雷戈还活着，包括上述在内的诸多挑战一定会引起他的注意。然而，即便他早已不在，但我们仍然可以从《企业的人性面》一书的智慧中大获裨益，获得解决问题的灵感。挑战激励着我们探索潜在的价值与观念。如果麦格雷戈面对这些问题，他会怎么做呢？

首先，麦格雷戈会迅速戳穿那些花言巧语。比如“员工是我们最宝贵的资源”，以及通过单方面控制推进工作的方法。他会指出，如果根据 X 理论进行从上到下的企业改造，结果必然会与建立长期的员工信任与员工关系的挑战相背离。他将愤愤不平，为什么在20世纪90年代，政府只要公布一连串失业数字，股市便会大涨。他不会将关注点停留在问题的表面，而是呼吁人们思考有关人性行为的核心观念，以及这些观念如何促成了当今的社会制度。有关观念的争议将在深层次的水平上得到处理。

同样，麦格雷戈将认真观察诸多解除管制的产业，如货运、航空、电信、能源、银行等，并指出，在制定解除管制的政策之前，几乎没有人针对组织中可能出现的问题进行讨论。拿航空业来说吧，根据资深民意测验机构得到的数据，该行业的员工普遍感到管理者总是充满怨气、好战、缺乏对自己和他人的信任。在新政策之下，企业在员工报酬、激励和福利方面不再受到约束，这样做无疑将产生不同于以往的结果。但这一结果从未和企业间争夺客户的核心问题联结起来，这也是新政策争论的焦点。事实上，在所有解除管制的行业里，最终企业将无一例外地制定强制性规则，或者由管理者与组织制定不成文的潜规则。

使用麦格雷戈的分析工具，将使我们免于从单一视角来描述信息密集型工作、外包与全球化。这一分析工具也促使我们提出这样的问题：人们是否讨论过传统工作与新兴工作的兼容性？是否关注过雇主与员工双方的兴趣和能力？麦格雷戈将蔑视那些所谓的呼叫中心，那实际上只是用现代科技重新创建的血汗工厂。相反，他一定会对类似富士通英国的呼叫中心大加赞扬。在那里，员工被授权了解客户对富士通产品的期望，并决定使用怎样的方法尽快满足客户需求，以避免类似问题的再次发生。一通客户来电可能带来两三个小时的援助工作，以及呼叫中心服务人员的后续追踪。然而，这样做却可能获得比传统呼叫中心优异许多的业绩，这也正是麦格雷戈早已预见到的。当然，这种做法不仅有利于激发员工的潜能，同时还使企业成为以客户为导向，以团队为基础，适时实施改善的组织。也就是说，**高科技可以帮助我们更好地授权员工，而不是取代他们或者压抑他们的才能**。

麦格雷戈在描绘制度体系时，将工会列为扩展机制、鼓励雇用双方利益整合的重要工具。如今，他又会怎样看待工会的衰落呢？首先，麦格雷戈一定会赞扬工会在历史上发挥过的功能：潜藏的利益被进一步明确，集体谈判问题的解决比率大大提高；同时，即使工会进入衰落时期，美国每年仍然有约 5 万家公有或私有公司通过集体谈判制定协议，类似案例的数量呈现逐年增长的态势。麦格雷戈还将衷心地感激，处理争论的方法也得到了较大改善：它摒弃了强调对抗的法律系统，代之以注重解决问题、建立良好关系的新型系统。就此问题，国际机械师协会战略资源主席斯蒂芬·斯雷（Stephen Sleigh）曾经发表如下评论：

> 麦格雷戈的作品充满活力，而且具有前瞻性，从事管理、工会工作的人将不得不反思以往由命令与控制主宰的工作环境。现在，距本书出版已有 45 年之久，我的工会正致力于利用资源发展高效的工作体系，遵从麦格雷戈的观点，即相信工人是善于思考、计划，并且积极工作的。尽管目前这一观点仍然在某种程度上遭到排斥，但在未来的信息时代，它必将成为主流。

其次，麦格雷戈将发现，集体谈判几乎完全围绕薪酬、工时和工作条件展开，同时还广泛地吸取了斯雷关于新工作体系的观点。集体谈判制度从根本上被限制在马斯洛论述的最低等级的人性需要上，这也是问题的关键所在。麦格雷戈不禁会问：为什么集体谈判没有进一步发展成为帮助员工认识自身潜能的工具呢？为什么谈判过程没能帮助员工平衡处理生活与工作呢？只有少量劳动协议是以双赢为目的制定的，而这些协议显然不能满足雇用双方的深层需求。如果没有先进的方法可以借鉴，集体谈判便无从发展。在这里，最需要明确的是：与员工集体利益相关的制度，究竟是与企业运作和员工生活不可分割的一部分，还是仅仅作为附属品存在而已。

本书的观点无疑是一种进步。麦格雷戈指出，**管理模式与雇用关系并不是由政策或规章决定的，而是产生于日常数不清的相互沟通。通过沟通，雇用双方的关系或建立，或破坏，任何一方都可能为双赢而努力，但也可能为不同的目标而工作。**传播佛教的僧人也有类似的发现：人们通过日常行为种下各种“业”，这便决定了日后的生活如何展开。如果这些“业”源于恐怖、嫉妒和不信任，今后的生活也会受到相应的影响。有句话叫作“种瓜得瓜，种豆得豆”，或者我们可以用哲学家威廉·詹姆斯（William James）的话来阐述同样的意思：

> 有关我们这一代人的最伟大发现就是：人可以通过改变自己的心态来改变生活。也就是说，你想变成什么样，就会是什么样。

麦格雷戈的论点也有相似之处。**他并不提倡无条件的单纯的信任，而是认为应当首先从好的方面设想他人，由此创造出一种环境，使人们最终实现你的设想。**更进一步，我们可以将这种模式演化为自我激励，进而推进自我的良性循环。今天，新兴的围绕着“欣赏式探询”[①]开展的各项管理运动，正是以此为基础，通过积极的建设性的问题，而不是消极的、不信任的问题来构筑相互理解与有效的关系。同样，一些阐述复杂性理论的著作也运用基于主体的模型（仿真平台，ABM），通过几个简单的基本假设引导微观的互动，从而帮助人们认识庞大而复杂的系统具备怎样的特征。从这个角度来看，Y 理论对于预期反应及核心基本假设的关注，虽然出现得很早，但在当今，却仍然是领先的观念。

在麻省理工学院斯隆管理学院 50 周年庆典上，有人发表了以麦格雷戈作品为基础的演讲。同时，还附有对即将到来的 21 世纪的预期，如表 0–1 所示。

表 0–1　20 世纪与 21 世纪的组织观点对比

观点假设	反映 20 世纪组织特点	反映 21 世纪组织特点
人	X 理论：人是一种成本，必须被指挥和控制	Y 理论：人是一种资产，应该被珍惜并得到发展
工作	强调分工，以工业为基础，任务按人头分配	强调协作、以知识为基础，任务按项目分配
技术	为控制工作和缩小人工错误而设计	将社会系统与科技相结合，推动以知识为基础的工作
领导力	高层管理者与技术专家	各层级分布式管理
目标	只关注利益相关者回报的单一焦点原则	关注众多相关人员的多焦点原则

① 请参考大卫·库珀里德（David L. Cooperrider）的著作《欣赏式探询》，将由湛庐文化策划出版，敬请期待。——编者注

以上分析表明，提出 X 理论与 Y 理论的目的在于进一步挖掘人与组织的理论基础。正如本篇导言所述，表中的观点仅仅是麦格雷戈探索的开端。

原文的局限

当然，本书有些内容现在已经不合时宜。早些时候，沃伦·本尼斯曾经发现本书过于关注企业内部上下级之间的关系，对组织外部环境则研究得不够。他还指出，**奉行 Y 理论的管理者本身同样需要接受 Y 理论式的管理，这也是他们面临的困境与挑战**。书中用小图表来说明关键点的方法受到了欢迎，但在描述组织环境时，过度使用图表则令我们失去了独立探索重点并向前推进的能力，而这种能力正逐渐成为组织研究中科学论证的必要要求之一。

前面曾经提到，麦格雷戈的观点还有赖于进一步的发展。他倡导尊重员工，创造良好的工作条件，推广集体谈判，然而事实却没能像他所预计的那样乐观。麦格雷戈曾经多次抱怨标准化，但他没有预见到后来由 W·爱德华兹·戴明（W. Edwards Deming）和约瑟夫·朱兰（Joseph Juran）提出的质量管理理论、丰田的产品管理系统以及成效卓著的精益生产、六西格玛等质量管理系统。除此以外，麦格雷戈同样对“一刀切”模式感到厌恶，但他并没有提出其他有效的方法，使一线员工的工作能够标准化：包括自我质量检查、自我管理维护流程、系统的组织学习流程以及其他类似的标准化流程，从而检验企业持续发展所必需的条件。

也许，最复杂的问题在于：麦格雷戈将 X 理论和 Y 理论放在了绝对对立的位置上。《企业的人性面》出版 5 年之后，又出现了另一本经典著作《劳工谈判的行为理论》（*A Behavioral Theory of Labor Negotiations*）。作者是理查德·沃尔顿（Richard Walton）与罗伯特·麦克西（Robert McKersie），他们使整合的概念得到了进一步的发展，同时指出，“整合式协商”与“分配式协商”之间存在着动态张力。尽管整合与分配的概念本身是相对的，正如 X 理论与 Y 理论一样，但它们总会同时出现在协商之中，伴随着附加的态度构建与组织内部的协商。

麦格雷戈的作品清晰且引人注目，因为他使X理论与Y理论差别鲜明。但也有观点质疑：既然如此，组织又是如何长期保持各种矛盾观点并存于制度与实践中的？从纯粹的哲学角度看，如果没有X理论作为对立物存在，Y理论及其他类似的积极观点能够单独存在吗？从实践的角度来看，即便是最文明的从业者，顶多只能做到部分奉行Y理论。这是否意味着：X理论与Y理论在某些方面是相互依存的。X理论中有关人的劣根性的警告，在某种程度上是对Y理论的平衡补充呢？或者，我们还是需要一个更加完善的Y理论概念呢？

麦格雷戈从来不曾彻底解决这些问题，因此留下了永久的疑问。有时，独断专行的管理者从不考虑他人或集体的利益，有时，民主的管理者不得不开除固守X理论的人。在这些情况下，权力与Y理论式的承诺相互交织，引人深思。正如加州大学伯克利分校教授乔治·斯特劳斯所说：

> 20世纪30年代，人们对心理分析还半信半疑，而麦格雷戈已经开始了人格分析。他时常会在授课过程中突然提出一些心理分析概念，比如“移情作用”。然而，当他试图研究“权威”的概念及实践时，却遇到了种种困难。正如他本人所说，上下级关系就像是家长与孩子的关系。对员工的依存或许可以在某种程度上减轻，但却永远不可能消除。

斯特劳斯还评论说：“麦格雷戈在安迪亚克学院担任院长一职，这是一个民主的学校，也是将Y理论付诸实践的地方。”他还引用麦格雷戈的话：

> 我曾经相信，管理者只需充当组织的顾问就能成功地完成工作。我认为自己可以避免成为一名“老板”。然而我错了，我终于意识到管理者不可能避免权威，正如他无法避免为组织中的事务负责一样。事实上，高层管理者的主要职责，就是用自己的肩膀承担起解决不确定问题、制定重要决策的责任；也就是说，管理者必须管理。

埃德加·沙因在本书注释版序中将该观点进一步延伸，清楚地指出，有力的命令是 Y 理论必不可少的一面。但另一面又是什么呢？员工吗？托马斯·科汉在传播 Y 理论的过程中发现：

> 我们可以推断，员工只有在拥有足够权利来约束 X 理论式的管理时，管理者才可能广泛地接受 Y 理论并将其付诸实践。一旦管理陷入无效的境地，管理者将把注意力转移到利益相关者与其他更高职位的人员身上。如果 Y 理论能够通过平衡的权力关系系统，在不同的组织利益相关者中传播，必将远远超过今天在工作场所中传播所取得的成果。

因此，即使压力无法完全解除，至少也能够在某种程度上得到缓解。正如麦格雷戈所说："良好的人际关系应当源自力量，而不是软弱。"

结论

麦格雷戈为安迪亚克学院留下了宝贵的遗产。安迪亚克学院由多个独立而又相互关联的学院综合而成。1992 年，学校为在校生及毕业生们提供了行政管理、冲突解决、教育管理等项目的实践活动，并将学院更名为"麦格雷戈安迪亚克学院"，以纪念创始人麦格雷戈。学院院长芭芭拉·吉尔曼－丹利（Barbara Gellman-Danley）曾经说过：

> 我们这所学院的核心是根据麦格雷戈的理论建立而成的。我经常会要求员工思考这样一个问题："如果是麦格雷戈，他会怎样管理这所学院？"有一次，学校在寒假之外又多给了几天假期，有人问我们为什么如此慷慨。我说："既然我们的学院是以麦格雷戈命名的，那么说到就要做到。"麦格雷戈对我们的意义是重大而深远的，我很自豪能够看到半个世纪以来他仍然受到人们如此的尊重。

大约一个世纪以前，社会生产模式从以手工业为主转向以工业为主。迈克尔·皮奥里（Michael Piore）与查尔斯·萨贝尔（Charles Sabel）最先为产业革命赋予了定义，人们的观念随之发生改变。而早在1960年，麦格雷戈的作品出版之时，就已经对工业模式的界限进行了清晰的注解。正如他所说："现代大型的工业企业是一个具有重要历史意义的社会发明。不幸的是，它现在已经陈旧不堪。以现有模式发展，将很难满足未来社会经济的需要。"今天，无数迹象表明，我们正处于第二次工业革命的早期或中期，革命的表现是多种多样的，比如信息变革、全球化、生产与服务的专业化，以及在经济的诸多领域中，以知识为基础的工作变革，等等。

麦格雷戈预见到未来的发展趋势，并为我们指明了道路：**在一种鼓励参与、互助、信赖和高效的关系体系与理念的环境中，才能建立起良好的工作、组织与社会模式**。当然，其反面便是建立在个人主义、以控制为导向的理念基础之上的"互相降低门槛"的恶性竞争，这种模式的产生也并非没有可能。当我们踏上探险的旅程时，麦格雷戈的《企业的人性面》依旧还是那座灯塔，一次次地指明道路，鼓励我们在核心价值和观念的层面展开争论。毫无疑问，我们也一定会继续探究那个经典的问题，"你认为最有效的（直接或间接）管理员工的方式是什么？"

前言

THE HUMAN SIDE OF ENTERPRISE

什么是管理员工最有效的方式

道格拉斯·麦格雷戈（1960）

几年前，在麻省理工学院工业管理学院的一次顾问委员会会议上，阿尔弗雷德·斯隆（Alfred P. Sloan）提出了几个问题，探讨成功的管理者到底是天生的还是后天培养的。我们都很清楚，这样的问题并不容易回答。然而，这次讨论却激起了长久以来盘踞在我脑海中的想法：究竟是什么塑造了管理者？许多人都曾提出过相关的假设，然而始终没有形成统一的观点。

1954年，阿尔弗雷德·斯隆基金会授权阿历克斯·巴弗拉斯（Alex Bavelas）与我共同就此问题进行深入研究。巴弗拉斯比较关注实验室研究，而我则倾向于产业研究，但我们的焦点都是寻找更合理的管理理论。

1956年，巴弗拉斯进入贝尔实验室工作，而我并不擅长于此，没过多久，我们的研究工作便逐渐停滞了。另外一位同事，西奥多·阿尔弗雷德（Theodore M. Alfred）与我继续在各大企业中进行管理发展项目的比较研究。我们的研究对象多为原斯隆学者（Sloan Fellow），然而在我们尝试了解不同组织中影响管理者成长方式的过程中，却发现各家公司的情况简直千差万别。

尽管研究并未完全结束，本书却提前作为成果面世了。斯隆提出的问题有了更加深远的进展，而我们也为阿尔弗雷德·斯隆基金会的支持作出了相应的回报。

我认为，到目前为止，在管理发展的过程中，管理者的培养并不能简单地依靠形式上的管理来实现，而在于认识管理的根本目的，以及为实现这一目的而采取的政策和实践。**商业活动能否顺利进行，主要取决于员工的潜能能否得到认可，以及管理者将采取怎样的措施来挖掘其潜能**。如此看来，当我们试图在正式组织中研究管理发展状况时，往往遵循的是一条错误路线。

挑选具备管理潜质的员工固然非常重要，然而我相信，还有其他更重要的工作需要完成。尽管理论可以帮助我们挑选有能力成为高层管理者的年轻人，但却很可能使我们忽视了考察日常的工作经验。我们尚未掌握正确使用人才的方法，还远远不能充分了解员工所具备的潜能。要知道，营造良好的组织氛围也可以帮助个人成长。因此，我认为，**在甄选人才之前，首先应该将工作重点放在合理使用人才上**。

本书旨在证明一个论点：**企业的人性面是“一体化”的，即管理者根据怎样的管理理论来控制员工，整个企业就具备怎样的特点，其后续的管理者也具有相应的特点**。

当然，整个管理的运作过程是循环往复的，这也使企业在未来的进步成为可能。高层管理者的关键问题最终将归结为：“你认为最有效的，直接或间接管理员工的方式是什么？”这个问题应该怎样回答，还有斯隆提到的关于培养管理者的问题，以及企业在追求经济利益时令人感到困惑的其他管理问题。通过对这些问题的现有答案进行分析，读者不难了解，我们所提出的管理员工的有效方式还远远不够。

本书的出版得益于诸多人的帮助，他们是昔日的同事、现在的助手以及管理界的众多好友。我无法对他们一一表示感谢，也很难分清他们的贡献具体体现在本书的哪一部分。但是，正是他们教给我现在所拥有的管理学和社会学知识，以及将新旧知识融会贯通的能力。

书中大量例证材料取自多家公司，出于保密的原则，恕不详述。然而，请允许我向 30 多名原斯隆学者致意，感谢他们花费了大量宝贵时间与我和西奥多共同工作。还有上百名公司管理者，感谢他们坦率地回答我们提出的问题，对我们的研究表现出浓厚的兴趣。

最后，我要衷心感谢阿尔弗雷德·斯隆基金会提供的资金支持，使本书的出版成为可能。还有斯隆先生本人，尽管我的兴趣曾经遭到质疑，他仍然赋予了我追寻理想的自由！

THE HUMAN SIDE OF

ENTERPRISE

第一部分

管理的理论假设

THE
HUMAN SIDE
OF
ENTERPRISE

第 1 章

管理与科学知识

本章导言

在第 1 章中，麦格雷戈鼓励大家完成一个简单的任务：在管理会议上，或者人们讨论政策时，“请侧耳倾听”。他说，“去了解他人关于人性行为的假设，无论你所面对的是一个人，还是一个特别的组织……工程师从来不会责备顺流而下的水，也不会责备受热后膨胀而不是紧缩的气体。然而，当员工对管理决策的反应不尽如人意时，管理者最通常的做法就是责备他们，认为是因为员工愚蠢、不合作或者懒惰才导致了发生的一切，而并非管理本身的问题引发失控。”麦格雷戈认为，“事实上，没有任何一种预测可以脱离理论，也就是说，管理决策与实践都是依存于某种行为假设而存在的。”因此，在本章中，我们将以人性行为假设为起点，开始一段探索的旅程。

同时，麦格雷戈还暗示了另一个问题，直到今天，这个问题也只得到了部分答案。他提出：社会科学是否可以通过分析，实现与自然科学类似的预测功能？事实上，从 1960 年开始，尽管管理科学、组织科学以及决策科学等领域得到了很大的发展，其中包括人性判断、复杂网络优化等相关内容作品的出版。然而，针对人类工作天性的研究，却至今没能获得可预见性的、科学性的进展。

所谓专业人士，是指那些运用知识来实现目标的人。比如，工程师设计机器设备、医生为病人诊断开药、律师和建筑师服务客户，等等。专业人士可以运用的知识包括：科学知识、同事的知识以及通过个人经验获取的知识。专业人士与外行相比，对前两种知识依赖较深，对后一种则相对较浅。①

这样看来，企业管理者成为专业人士也并非没有可能。他可以利用适当的社会科学知识来实现管理目标，同时摆脱对个人经验与观察的绝对依赖。

任何一个行业的进步，都离不开专业人士的预测能力和控制能力，这对企业管理者来说也同样适用。管理的主要任务之一，便是组织人力，以实现企业的经济目标。因此，任何管理决策都将引起行为上的结果。**成功管理的因素固然繁多，但最重要的莫过于拥有预测及控制人性行为的能力。**

然而今天，我们在这些方面的能力却良莠不齐。比如，处理日常事务的表现通常都十分出色，在处理安排约会、签订采购合同、拨打长途电话、要求员工准备报告、邮寄信件等事务时，我们大多可以准确地预测别人将怎样做，并依据自己期望的结果来控制他人的行为。

① 本书开篇，麦格雷戈将“知识”与经济等目标联系在一起，对专业人士进行了重点讨论。今天，随着更多的工作开始采取以知识为基础的形式，上述原则的应用也日趋广泛。请参考乔·卡彻·格尔圣菲尔德等人的著作《知识驱动型工作：从日本与美国的工作模式中学到的意外课程》(*Knowledge-Driven Work*：*Unexpected Lessonsfrom Japaneseand UnitedStates Work Practices*)。——注释人注

在其他方面，我们的预测能力和控制能力则相当匮乏，具体可以表现为诸多严重的社会问题：不良少年、犯罪、居高不下的交通事故率、劳资冲突、冷战问题等。

然而，人们在处理企业管理的事务时，却表现出较高水平的预测能力和控制能力。今天，如果说某一家公司已经取得了经济上的成功，也将同时意味着，该公司的管理层有能力吸引其他人加入公司，有能力组织并指挥员工努力工作，进行产品及服务的生产与销售。然而，更多的管理者却对自己的预测能力与控制能力并不满意。

如今，人们对新出现的管理问题如此感兴趣，正说明他们已经认识到企业管理方面存在着不少亟待改进的问题。与此同时，众多兜售“管理秘方”的游走郎中屡屡行骗成功，也从另一个角度说明了人们对于改变自身知识匮乏的渴求。相信大部分管理者都会同意这样一种说法：如果能够了解如何发掘企业人力资源的潜能，至少可以取得组织效能翻番的成果。

我与许多同僚都深信，尽管社会科学的发展已经大大推动了管理的进步，但企业的人性面更会让管理从中受益。然而，很多因素导致了这一进展的延迟，其中包括社会科学自身的原因：

- 与自然科学相比，社会科学仍处于发展的初级阶段。
- 许多科学成就都是支离破碎、散漫无序的。
- 社会科学缺乏准确性。
- 不少重要课题至今仍处于争论之中。

当然，这些问题只是相对而言的。若是将今天的状况与30年前相比，就不难发现我们已经取得了重大进步。今天的社会科学尽管尚未完全成熟，但对管理学来说，不可不谓是一个丰富的资源宝藏。

有人认为，社会学家的研究成果大多以专业术语发表，因此不能为普通大众所理解。对于这种观点，我无法苟同。物理学家的研究成果又何尝不是如此！又有观点认为，一些社会学家太过草率，将尚未成熟的理论随意拿来运用；另一些人则全然不顾实践，只知道埋头搞研究。但这种行为又岂是社会学家所独有的呢？今天，大部分管理者不得不依靠自诩为社会科学顾问的“中间人”，或通过介于专业科学杂志与大众通俗读物之间的刊物，来解释理论，判断研究成果的科学性。可以预见，这样的一天即将来临：

- 与其他专业人士一样，精干的管理者将发现自己必须精通与工作有关的科学原则。
- 必须能够读懂专业读物，从而判断研究成果的科学性，并应用于工作之中。

这并不意味着社会学家可以忽视自身的责任，而是说，未来有这么一天，社会科学对管理者而言，就像自然科学对工程师一样，具有无比重要的意义。**专业人士并不一定非要成为科学家，但他必须具有相当的专业水平，能够将科学知识有效地应用到工作实践之中。**

任何管理工作都要以理论为基础

将社会科学知识应用于管理工作的进程之所以缓慢，还有另外一些原因。其中最重要的两点在于：第一，每个管理者都自然而然地认为，自己就是社会学家。从儿童时期开始，接触各色人等的丰富经验让他感到，自己根本没有必要再向别人学习有关人性行为的知识了。社会学家的知识经常表现得太过理论化，与日常处理的事务联系并不紧密。相比之下，似乎经验更为实用。

将人力资源管理的理论与个人经验进行比较，是一种极为常见，却又令人烦恼的事情，这已经成为影响管理领域进步的严重障碍。结果往往是：尚未成熟或者理解有误的科学成果被广泛应用于实践之中，毫无价值的管理项目一再被虚夸推销。

任何管理工作都是建立在设想、假设与归纳的基础之上的，也就是说，是以一定理论为基础的。尽管假设经常是盲目、不严密的，甚至有时还自相矛盾，然而没有假设便无法预测。比如，只有根据一定的假设，才能预测采取方案 A 将产生结果 B。一句话，理论和实践是密不可分的。

当你再次参加管理会议或者研究某项工作时，不妨尝试做一个有趣的游戏。在讨论过程中，记录下人们对于人性行为的假设，包括信念、选择、看法和原则等。有些假设是直接陈述出来的，比如作为管理者，必须精通相关的专业知识，这样才能管理手下的专业人士；但更多则是隐含的，比如我认为办公室人员，也应该像工厂一样上下班都打卡。无论讨论的是人事问题、财务问题还是技术问题，都没有太的区别。**请仔细聆听人性行为假设的内容，无论是个人、群体或泛指的一般人性行为**。最终，当你看到记录结果的数量和种类时，一定会大吃一惊。①

我们有可能作出不够充分的理论假设，但绝不可能在没有假设的前提下，制定出管理决策和措施。有时我们所谓的尊重实践，其实就是指："接受这种理论假设吧，不要争论，也无需考证。"当然，根据未经验证的理论假设执行工作，难免会产生明显矛盾的管理行为。

比如，一位管理者谈起对员工授权的事情。有人问其假设的依据从何而来，他说："每个人都应该学会承担责任，只有最了解情况的人才能作出最好的决策。"然而同时，他却经常收集员工的行为资料，并以此监督员工的行为，揣测其决定。他解释说："我这是在履行责任，我需要知道发生了什么。"他不认为自己的行为是自相矛盾的，也没有意识到其中隐含的假设"人是不能信任的"或"他们不能像我一样作出好的决策"。

一方面，管理者根据一定的假设，对员工进行授权；另一方面，又遵循另外的假设，使授权形同虚设。他不但看不到自己行为的不一致，而且一旦有人指出其中的矛盾，他还会坚决否认。

还有一种观点认为，管理其实是一门艺术，这无异于否认了理论对于管理行为的重要性，同时，也排除了检验假设的必要性，将管理行为的依据定义在个人直觉和感受之上。然而，问题的关键不在于管理是不是科学。事实上，管理并不是科

① "仔细聆听人性行为假设的内容"其实是一项技巧，后来由彼得·圣吉提出，旨在帮助人们聆听并理解组织中的"心智模式"。在圣吉的作品《第五项修炼》中，引用了汉诺瓦保险公司总裁比尔·欧布瑞恩（Bill O'Brien）的谈话：对传统的独裁式组织来说，其信条就是管理、组织与控制。而在学习型组织中，这一信条将被想象力、理想与心智模式所取代。健康发展的公司将采取系统化手段，使人们聚集在一起，开发最优心智模式，解决即将到来的问题。——注释人注

学，其目的也与科学不同。科学关注的是知识的进步，而管理重视的则是实际目标的达成。因此，问题的关键在于：**管理能否运用科学知识来达到自身的目标**。坚持“管理是一门艺术”的观点，往往否认了系统化的经过验证的知识与实践之间是有关联的。**如果一位管理者拒绝验证自己的假设，他也不可能合理地利用各种科学知识**。社会科学浩如烟海，却总是被认为与个人经验相抵触，对大众的“美好幻想”造成威胁。既然如此，最简单的办法莫过于干脆将其拒之门外，更何况科学知识本来就存在着种种欠缺。

控制是选择性适应的结果

前面谈到，社会科学未能很好地运用于管理之中。除了上述原因之外，还有一个同样重要的因素，那就是：**人们对于人性行为的控制存在着误解**。从工程学角度来看，控制是指顺应自然规律，而不是按照主观要求来支配自然。比如，我们不可能挖掘一条沟渠，让水自下而上地从山脚流向山顶；发生火灾时，我们不可能用汽油去救火；设计内燃机时，我们必须遵守气体受热膨胀的客观规律，而绝不会反其道而行之。面对物理现象，控制意味着选择合适的方法，更好地利用我们关注的现象。①

人性领域也存在特定的规律。然而，我们却常常希望“引水倒流”。在控制他人行为时采取的方法，不仅不是选择性适应的结果，反而直接违背了人性。我们期待使用这些方法，按照自己的意愿改变他人行为，却根本没有顾及人性的自然规律。既然不能像对待工程任务那样采取适当的措施，又怎能期待产生同样有效的成果呢？

就拿个人激励制度来说吧，其中有关行为控制的部分往往是违背“人性规律”的。我们可以具体研究一下工业机构中的例子。

按照激励制度的逻辑，人人都需要金钱，而且愿意辛苦工作以赚得更多的金钱。根据这样的逻辑，我们考核各项工作，制定出标准日工作量以及相应的奖金幅度，凡工作量高于标准就能获得奖金。

---

① 在本书编写的时代，有关技术系统的控制理论与反馈原则，是衡量工程领域进展的关键。今天，这些技术系统和社会系统的控制理论原则，已经成为麻省理工学院新建立的工程系统学院的研究对象。——注释人注

但是这样的激励制度，没有考虑组织内人性行为的其他特性。

- 第一，大多数员工都需要得到同事的认可，必要时宁可牺牲收入的增长。
- 第二，无论管理者怎样保证，恐怕也无法说服员工，令他们相信奖金比例会永远与工作量挂钩。
- 第三，员工的智慧是无穷的，足以对付管理者设计的任何控制制度。

一项良好的激励制度将带来生产的适度增长，比如提高 15%，但同时也会使员工产生各种自我保护的行为，比如有意地控制产出量、私藏生产工具、私藏产品、虚报生产记录、攻击奖励制度及标准工作量等。除此以外，往往还会使员工产生与期望完全相反的态度，比如对制定奖励制度者的敌意、对管理者人格和公正性的质疑、对组织内其他部门的冷漠以及对协作重要性的忽视（在共同对抗奖励制度时除外），等等。

无疑，企业将因此受到损失。管理者不得不重新设计应对方案，比如加强管理工作、精确控制流程、严密监督体制、降低奖励标准、发放停工补贴、机构重组等，而重设方案的成本，包括直接成本与间接成本，将远远高出生产力提高所获得的效益。**因此，如果激励的目的仅仅在于控制员工的行为，使其向组织目标努力，那么激励的效果必然是有限的。**

有关控制人性行为的管理方式，还有一种常见的错误，那就是：当我们无法实现预期目标时，总是四处寻找别人的原因，但根本原因却往往是我们采用的控制方法不得当。工程师从来都不会责备顺流而下的水，也不会责备受热后膨胀而不是紧缩的气体。然而，当员工对管理决策的反应不尽如人意时，管理者最通常的做法就是责备他们，认为是因为员工愚蠢、不合作或者懒惰才导致了发生的一切，而并非管理本身的问题引发失控。[①]

---

① 了解相关观点的评述，请参考史蒂文·克尔（Steven Kerr）的文章《与其幻想第一，不如期待第二》（*On the Folly of Rewarding A, While Hoping for B*），《管理学术期刊》（*Academy of Management Journal*），18 卷，1975 年。——注释人注

一家大公司的运营研究部经理抱怨，他们针对公司生产问题研究出对策，却很少能被相关部门采用。该经理向公司高层管理者表示，希望对相关部门下令，采用其研究成果。他的观点是："如果他们不明白怎样做才对公司有利，当然得有人告诉他们。"在这里，他作出了两种错误的设想：第一，这些部门实在太愚蠢了；第二，只要高层管理者下令就可以解决问题。在他看来，问题都是别人的，因此始终不曾怀疑自己采用的控制方法。

当人们完成工程任务或医疗工作时，有效的预测与控制是必不可少的。事实上，管理工作也是一样。如果我们希望提高组织能力，引导人们达到经济目标，就必须认识到这一点，同时承认自己在这方面所犯的错误，并及时加以改正。

其实，人性行为是可以预测的。但是，正如自然科学一样，准确的预测必须以准确的理论假设为前提。没有任何一种预测可以脱离理论而存在；管理决策与措施都必须依存特定的行为假设。假如我们像鸵鸟一样埋起头来，对错误的理论视而不见，并且认为这样才是尊重实际，或者抱定"管理是一门艺术"的观点，那么我们关于企业人性面的进步肯定会十分缓慢。相反，只有研究并验证理论假设，才能消除矛盾，使假设更加充实严谨，进而提高预测的能力。

若想提高我们的控制水平，就必须意识到"控制"是对人性的选择性适应，而不是让人性来配合我们的需求。大多数控制行为的失败，通常都是因为选择了不适当的控制方法。如果一味责备员工没有按照我们的预测行事，管理能力将永远不可能得到改进。

控制与职业道德

当人们讨论人类行为控制的相关课题时，总有一种观点认为，这实际上是对他人的操纵和剥削。这种观点由来已久，但随着管理的专业化，以及管理者运用社会科学实现企业目标的水平日益提高，更多的人开始关注这一问题。因此，我们有必要认真研究专业人士的另一个重要特性：**他所持有的道德价值观。**

科学知识本身与科学的用途，原本是两回事。从这个角度看来（也只有从这个角度看时），科学并无价值可言。科学知识既可用于行善，也可用于作恶；既能为人类造福，也可以摧毁人类。比如今天核物理学的种种运用，就足以说明这个问题。显然，**管理者运用科学知识的水平越高、越专业，就越应该具备相应的道德价值观**。一方面，他们必须考虑宏观社会价值；另一方面也必须在控制组织成员时，考虑可能涉及的微观社会价值。

近一个世纪以来，原有的“管理自由”逐渐受到限制。先后出台的各项法案，囊括了禁止雇用童工、妇女就业、员工待遇、集体谈判等各个方面，无不显示出社会对于管理道德问题的关心。如果这种情况发生在一二个世纪以前，人们恐怕会视一切管理限制为不合理，并盲目地与之抗争。而在今天，我们应该做的是：**重视人性的价值问题，有意识地建立积极的道德准则，进行自我控制**。我们常说的“社会责任”，便是在这种方式的基础上形成的。①

尽管许多管理者意识到了这些问题，也在努力改进自己的行为，以期符合道德标准，但若要使管理道德发展到可以与医疗道德相比的程度，还有很长一段路要走。不幸的是，事实表明，诸多不符合管理道德的行为不是被人们忽视，就是被合理化的外衣掩盖起来了。

今天，许多大型企业都会鼓励，甚至要求员工每年进行一次身体检查。不久之前，据说这些公司还会参考体检结果制定人事决策。但是今天，大多数公司制定了严格的政策，规定个人医疗资料仅供本人与医生使用。公司高层能否了解这些资料，则由员工决定。今天的大多数公司管理层都在小心翼翼地遵守着这个政策。

让我们将上述做法与把员工的心理测验和人格诊断资料用作任职参考的做法进行比较。这些资料并非用于入职遴选，而是在员工加入组织一段时间后，采取新的人事安排时使用。结果自然会影响员工的职业发展。

---

① 对此，在麻省理工学院就读的约翰·保罗·弗格森博士发表意见说：“1935—1960 年，集体谈判广泛发展，员工从中获得巨大保障，企业管理的自由度相应降低，麦格雷戈由此认为 X 理论几乎已无用武之地。对此，我要辩解两句。事实上，麦格雷戈视 Y 理论为工会与集体谈判的补充，而不是替代品。然而，大部分从事人力资源管理工作的麦格雷戈后继者并不接受这个观点。他们似乎无法理解，为什么奉行 Y 理论的大型组织和人力资源专家会逐渐减少，而在工会却相对更受欢迎。”——注释人注

心理测验和人格诊断资料属于员工的个人隐私，他们在进行测验时毫不设防，根本搞不清楚这些资料将用于何处。因此，将这类资料用在人事管理方面，显然是侵犯了员工的权利，与利用体检资料并无区别。但是，今天许多公司对待这两类资料的政策完全相反，岂不是自相矛盾吗？

期待通过管理实现企业目标是很自然的。然而，根据社会立法的历史沿革来看，**企业只有在保障人性价值的基础上，才能被赋予追求组织经济目标的自由。**医疗、教育、法律等与人密切相关的领域，都建立了高度的职业道德标准。在组织人员工作的企业中，管理也具有类似的情况。**因此，无论是管理领域，还是社会的其他领域，自由都意味着责任的履行。**

THE HUMAN SIDE OF ENTERPRISE

第 2 章

影响与控制的方法

本章导言

在第 2 章中，麦格雷戈对“来自静坐思索的结果，而非实际经验的总结”的传统管理及管理培训进行了批判。他说：“如果说传统组织理论具有某种主宰的假设，那就是以权威为中心的管理控制方法；组织的其他规则，如单一命令、上级与下级、控制幅度等都是直接根据这个假设衍生出来的。”麦格雷戈不主张依存控制手段，而是指引我们关注各种形式的影响力，“如果组织一方在某种程度上依存另一方”，那么影响力就可以派上用场。他推断：“影响力并不是靠实施权威就可以实现的，而是通过选择适合特定环境的方法所产生的。放弃权威被视为放弃控制的力量，这种观点是完全错误的。”

事实上我们发现，在沟通与协商的领域中，使用能够产生影响力的方法来解决争议，的确取得了不小的进展。许多涉及领导力的作品在这方面都进行了深入研究，证明通过管理行为产生影响力比直接控制效果更好。这些作品大多直接引用了麦格雷戈的观点，并称他为“思维活跃”的理论家。

关于组织的理论，在管理课程中已经传授了多年，且相关论著极为丰富。管理学教科书中讲述的组织原则，比如等级结构、权威统治、统一命令、任务分工、上下级划分、控制幅度、责权一致，等等，共同构成了一套逻辑性强、极具说服力的假设体系，对几代人的管理行为产生了深远的影响。尽管这些理论主要都是闭门造车的结果，而非实际经验的总结，但相关作品却让人印象深刻，感到这些经典原则真是无与伦比。有一家大公司的管理培训手册中，曾建议培训师通过类推、举例等方式，说明“这些原则具有与物理学定律相似的地位”。

管理学教科书中讲述的原则，通常夹杂着许多个人假设，有些假设与理论吻合，有些则明显不符。因为根深蒂固的感情因素很少会在学术理论面前低头（至少在社会科学领域是如此），某些管理者宁肯牺牲正式原则，也要保留个人信念。另外还有一些人，选择在学术理论与个人信念之间折中。在牺牲正式原则与实行折中战略的过程中，许多新“成果”出现了，其中亦不乏成功案例。

事实上，要想在现实中找出与管理学教科书上的组织原则相矛盾的例子，实在不是什么难事。针对矛盾之处引发的争论自然十分激烈，然而抛却争论的益处不说，这些传统原则似乎更加偏离了与物理定律相比的标准。导致这一结果的因素虽多，但以下面三条最为突出：

- **传统组织原则通常都是借鉴既有模式形成的，而借鉴对象却与现代组织截然不**

同，比如借鉴军队和教会的管理模式。有一种观点认为，一定存在着某种通用的组织原则，而这些原则可以从军队、教会等成功运作的古老机构中找到。不过，即使真的存在适合所有企业的通用原则，其理论根源也绝不可能来自于研究军队与教会的理论家。举例来说，“统一命令”原则，也就是组织中的成员只能有一位上级，非常适用于战场，但并非放之四海而皆准。在现代组织中，无论企业的组织结构如何，任何一位中层管理者都不可能只受一位上级管理。在某些公司，当任务较为复杂时，常常会组成一个项目小组。小组成员需要同时接受项目经理与部门经理的管理。而在另外一种组织中，员工则要接受两个老板的共同管理，那就是：家庭！[①]

- 传统的组织理论常常“自我感觉良好”[②]，因此从不考虑政治、经济、社会等环境因素对组织形成及管理实践的影响。然而，我们生活的世界已经与半个世纪前大不相同了。以美国为例，生活水平、教育程度、政治复杂程度等方面均对组织行为产生了深刻的影响。同时，技术的进步也为各类组织带来了变化。比如，在军队中，与 20 年前以步兵为主的部队相比，重装武器部队的管理难度大大增加。这样的部队构成需要高度自治。[③] 由于不可能时时准确收到上级指示，部队必须在不违背基本原则的条件下，自行调整作战计划，相时而动。有趣的是，军方仍然期望对重装武器部队尽量维持“集中控制”，比如遵守作战计划等。可见，控制理论一旦建立，便很难取消，即使面前就是再清楚不过的现实。
- 在古典组织理论的原则背后，是一系列有关人性行为的基础假设。然而，这些

① 在挑战“每个组织成员只能有一个老板”的说法时，麦格雷戈同时预测了矩阵管理的原则。对于马克斯・韦伯（Max Weber）等人的观点，即赞美层级管理是一种创新的组织模式（与前述不公平或者绝对独裁的原则系统相比），麦格雷戈提出了反对意见。——注释人注

② 麦格雷戈关于“自我感觉良好”的论述仍然没有过时，至今仍在鼓励我们思考组织的政治、社会及经济环境。——注释人注

③ 这里所谈及的“自治”与研究社会技术系统的作品是同时出现的，麦格雷戈在当时便预见了有关团队组织的作品即将面世。——注释人注

> 假设最多也只能算是部分正确。[①] 这样看来，今天的组织理论，与本世纪初的经济理论颇有类似之处。最近几十年来，知识积累的速度大大提高，传统组织理论的诸多假设不断受到威胁，已经到了有必要详细验证的时候了。

不幸的是，尽管古典组织理论的原则存在种种缺陷，比如没有考虑政治、经济、社会和技术环境，基于错误的人性行为假设，等等，却仍然影响着企业人力资源管理的基本思想。面对假设不充分所产生的问题，以往的解决办法是寻找新公式、新技术、新制度。然而，这种办法并没有抓住根本病因，而是在症状上纠缠不清，结果自然令人失望。因此，我们真正需要的是一套新理论、新假设，以及对组织结构内人性行为特性的重新认识。

影响方法

如果说传统组织理论具有某种主宰的假设，那就是以权威为中心的管理控制方法。这也是管理学教科书中管理理论的基本组织原则。组织结构就是按层级划分的权威关系，而所谓的“上级”“下级”则是区分不同级别权威的尺度。组织的其他规则，如单一命令、上级与下级、控制幅度等都是直接根据这个假设衍生出来的。[②]

首先，社会影响或控制的一种方法是权威。对于多种多样的方法而言，这只是其中之一，比如，直接体罚就是一种最原始有力的社会影响及控制方法。几个世纪以前，体罚十分盛行，尽管今天的文明社会已经严令禁止，但仍有地方会偶尔采用这种方式。比如在处置某些犯罪行为时，可以作为合法的社会控制手段；激烈的劳工争执中，偶然可见；父母教育年幼的孩子时，经常使用。今天，我们已经花费了相当可观的国家预算，来预防一种最为恐怖的体罚：战争。

---

① 尽管没有点名，所指很像是来自泰勒的《科学管理原理》（*Principles of Scientific Management*）一书。——注释人注

② 讨论控制型管理与组织的关系，以及影响型管理与组织的关系是麦格雷戈的主要贡献之一。今天，各个独立组织间的依存关系渐渐紧密，使得这一论题更加符合战略协同、公私合作等新的发展趋向。——注释人注

其次，社会控制的另一种方法是劝导。它的表现形式也多种多样。比如，在商品销售场所，显然不可能使用权威和体罚，因此只有求助于这种影响办法；在管理工作中，咨询与协商部分地代替了权威的功能。在处理某些关系时，一旦劝导行不通，我们往往希望借助权威的力量，甚至使用体罚。这类现象尤其常见于劳工关系与国际争端。在企业组织里，当管理者劝导不成，不得不运用权威来进行控制时，经常会委婉地将措施“推销”给员工。但是，在销售关系中，一旦劝导不成，转而运用权威手段也是不可取的。显然，情况在这里大大不同。

最后，还有一种影响方法是来自专业人士的协助。这种影响并不是通常意义上的劝导，但我们对其特点却知之甚少。专业人士，比如律师、医生、建筑师、工程师等，凭借的都是“知识权威”。专业人士与客户之间的关系将“独裁主义”发挥到了极致，所谓的协助实际上完全是单方给予的。专业人士往往不会意识到，对方有权拒绝他们的建议，甚至终止双方的关系。

真正的专业协助，并不是在客户面前扮演上帝的角色，而是应客户的需求运用自己所拥有的知识和技能。这是一种非常重要的社会影响方法，然而我们却并不十分了解。本书第 5 章及第 12 章将就其本质再做详细探讨。

上述各项社会控制方法都是相对的，而非绝对的。应该采取怎样的控制方法，要视具体情况而定。也只有如此，才能实现有效的控制。比如，工程师不会挖掘沟渠，令水流由下而上；推销员不会用强制的口吻要求客户；管理者不会对自己的上级发号施令；两国交战，也绝不会互相提供专业协助；父母更不可能对周岁婴儿“好言相劝”。

最终，我们判断一种社会影响或控制方法是否成功，还要看它能否改变对方达成自身目标或满足需求的能力。控制的结果或者导致能力提高，比如通过提供产品、提出专业性建议，或作出奖励的承诺等；或者导致能力降低，比如通过纪律的约束、量刑的宣判、职务的解除，或惩罚的威胁等。控制所带来的影响力可以较微弱，比如通过媒体对产品进行广告宣传；也可以很强大，比如组织中管理者的行动可以影响员工一生的事业前途。但无论是哪种情况，影响力之所以能够发挥作用，必定是由于组织一方在某种程度上依存于另一方。这种依存或紧密、或疏松，或单方、或双方。但是，如果根本没有依存关系的存在，也就不可能进行控制。也就是说，除非我感到你能影响我满足自身需求的能力，否则你不可能影响我的行为。

因此，依存的性质与程度，是决定我们选择的控制方法是否有效的关键性因素。[①] 从这个角度考虑，针对组织关系的选择性适应具有十分重要的意义，很有必要进行深入细致的思考。

权威的限制

在通常情况下，有关组织与管理实务的论著都将权威描述成一种绝对的概念，而不是相对的概念。论著中也没有说明，控制方法的选择应该配合组织关系中依存关系的性质和程度。这样做的后果相当严重。比如在今天的美国，企业人力资源管理中出现的最棘手的问题，往往都和这项错误的假设有关，即认为权威是绝对的。既然假设是错误的，由此衍生出来的控制行为必定有欠妥当。

权威作为一种社会控制的方法，其有效性首先要看是否能够运用于惩罚之中。军队和教会是古典组织理论的两大基础模式，而这两类组织的强制色彩极为浓重。在军队里，权威的强制性凭借军法得以推广，最极端的惩罚甚至包括死刑；而在教会里，逐出教会的惩罚无异于被判心理上的死刑。

半个多世纪以前，有一项企业管理手段大大促进了权威的强制力，那就是解雇。后来，解雇作为终极惩罚，又变本加厉地体现在“黄犬合约”[②] 和“员工黑档”[③] 之中。但今天的情况已经大大不同。20 世纪 30 年代的社会立法、失业津贴政策、经过数十年劳资谈判争取来的独裁限制，以及公民的迁徙自由等，都大大缓解了以往解雇所带来的严重后果。因此，权威作为强制力的推广工具，自然不能再和

---

① 依存关系被认为是“决定我们选择的控制方法是否有效的关键性因素”。在这里，麦格雷戈预见性地提出了随机制宜法，尽管他没有明确表示需要多少案例来定义依存与控制之间的关系。——注释人注

② 即员工受雇用时，企业要求其签订不得参加工会的约定。——译者注

③ 即将“不良员工”列入雇主黑名单中。——译者注

军法及逐出教会的惩罚相提并论了。[①]

由此可见，今天的就业关系已经不再具有半个世纪以前的依存程度。更加复杂的关系、更加多样的需求，以及更加灵活的达成目标的方法，使得员工即使终止就业关系，也不会蒙受太大的损失。况且，管理者并不能完全自由地解雇员工，法律层面的限制也使依存程度大大降低。社会关系依存程度的降低，并不仅仅体现在工业企业中。回顾美国过去50年来，妻子在婚姻关系中的地位变化，以及成年子女在家庭中的地位变化，我们不难发现，由于家庭关系中依存程度的降低，权威已经很难再作为社会控制方法发挥以前的作用了。然而，就业关系（包括管理本身及劳资双方的关系）的巨大变化，却并没有为我们所真正了解。

另外，权威作为一种控制方法，还不断受到各种对抗的限制，这也是其有效性降低的原因之一。根据不同情况，对抗或缓和（如降低工作效率），或激烈（如公开对抗）。集体谈判就是一种通过对抗降低权威有效性的方式。类似的还有：故意降低产量、人为增加员工，以及其他阻碍组织目标达成的方法等。由于这类对抗行为的存在，今天的管理者不得不面临这样一种处境：**过分依赖权威将使自己寸步难行**。而且，这类对抗行为并不仅限于员工，也不仅仅发生在设立工会的企业中。管理者本身也会做出故意降低产量及增加额外员工的行为。甚至某些身处副总经理职位的人，也会悄无声息地进行对抗！

此外还有许多行为，尽管不太容易被人察觉，却同样具有影响管理目标达成的作用，比如，对组织目标漠不关心、工作绩效标准降低、各种自我保护行为，以及拒绝承担责任等。事实上，人们对这类现象再熟悉不过了。因此，管理者在处理其日常业务时，几乎从不采取施加权威的方法，除非遇到紧急情况，比如当其他影响和控制方法都不能发挥作用时例外。管理者在组织中的层级越高，这类现象越明显。在高层管理者中，指挥与命令的运用微乎其微。而在50年前，甚至25年前，这种情况都是不存在的。

① 麦格雷戈预计，保护员工个体与集体权益的趋势将进一步遏制独裁管理。然而事实上，美国的情况却背道而驰：集体谈判日渐萎缩，所谓的“随意雇用制”开始盛行，工作运营全球化，等等。——注释人注

现代企业组织有这样一个突出的特点：**各类组织关系之间是高度依存的。**不仅下级需要依存上级，以满足自己的需要并达成目标，上级也需要依存下级，才能达成自己及组织的目标。

> 美国纺织工人联合会（Textile Workers Union of America）的干事贝洛克（Beloc）讲过一个自己亲身经历的故事。有一次，一位新上任的经理来到他所负责的纺纱车间。经理问道："你就是贝洛克吗？"他回答是。经理又说："我是新到任的经理，今后车间的所有事务都要由我来安排，明白吗？"他点点头，轻轻地挥了挥手。车间工人看到这一幕，立刻将手头的织布机全停掉了。他走到经理面前，说："好吧，你可以开始安排了。"①

这个戏剧性的例子说明，组织中任何级别的管理者都必须依存于员工。而当员工组成具有对抗性的工会时，这种依存将更明显，也更直接。其实，无论成立工会与否，甚至无论是被管理层还是管理层，依存都无处不在。但问题是，过分重视权威的概念将使我们忽视自上而下的依存。有些人热衷于担任管理职位，以为可以凭借权威避开依存关系。然而，这样做的结果往往是弄巧成拙。

组织中的依存关系并不局限于"上对下"与"下对上"两种类型；除此以外，还有横向的相互依存关系。相互依存性是上下级关系的重要特征，是行政职能与业务职能之间关系的重要特征，是许多业务部门之间关系的重要特征，尤其是当某一部门的产出为另一部门的投入时，也是向同一位管理者汇报的诸多员工之间关系的重要特征。在群体之中，经常发生有关权力、地位及奖赏的竞争，这也正反映出群体内部相互依存关系的存在。

---

① 在《企业的人性面：不要让管理者变成刽子手！》（*The Human Side of Enterprise：Don't Turn Managers into Executioners*，选自《服装工业》［*Apparel Industry*］杂志，1997 年 5 月刊）一文中，管理顾问托马斯·布朗（Thomas Brown）将麦格雷戈的作品与理想主义哲学家、纺织厂商罗伯特·欧文（Robert Owen）的作品联系在了一起：罗伯特·欧文是一位成功的苏格兰纺织厂商，1813 年，他出版了一本小册子，提出纺织业同僚"至少"应该像关注生产设备一样关心一下员工："如果关注没有生命的机器可以产生有益的效果，那么投入同等的关心在最重要的机器（员工）上，不是能取得更大的收益吗？"——注释人注

传统的组织理论充分认识到下对上的依存性，然而对相互依存性却少有涉及。这也是理论家选择特定研究模式的结果。教会作为组织，遵循的是单向依存关系，一切权威和力量的终极来源都是上帝，其成员也全部依存于上帝；而军队作为组织，其建立的基础是应对战争，军人必须牺牲个人目标和需要，以保卫国家的安全，因此个人只能接受下对上的依存。而且正如上文所说，教会和军队还可利用制度手段来加强这种单向依存性。

从另一方面来说，企业是社会的经济器官，最终目的是追求共同利益。企业中没有超越人类极限的权威，除非遭遇危急情况，企业没有充分的理由可以要求个人为组织牺牲自身目标，更没有哪种方法可以迫使人们达成组织预期。在今天的自由企业社会中，我们不能使用任何制裁力量来实行管理权威。事实上，由于依存是相互的，制裁可以自上而下，也可以自下而上。管理者也许会通过规章制度巩固权威，但是员工可以辞职，可以加入强有力的工会，也可以借助其他方法来影响管理者的决策。要知道，下级固然依存于上级，但上级同样也依存于下级。

因此，我们必须了解依存关系的本质，并认识到这种关系是任何组织理论的基础所在。在今日美国的政治、经济和社会环境中，企业管理者已经不可能仅仅（或者主要）凭借权威来驱使员工完成组织目标了。上级对下级的依存关系日益加深，单方面控制的方法终将被抛弃。

图 2-1 的曲线简要地说明，权威的行使是否适当与依存状况是互相关联的。[①]当依存关系相对完全时，比如在奴隶制度下，或者父母对待年幼子女时，权威将得到充分的运用，同时不必担心产生负面效果；但在另一种极端情况下，即双方依存程度相等时，权威根本不可能发挥控制的作用，比如朋友之间的关系。

在今天的美国企业中，员工所处的地位只存在部分依存关系。**权威作为一种影响方法，当然并非一无是处，但在许多场合，采取劝导和专业协助的方法似乎更为**

① 在行为学家保罗·赫塞（Raul Hersey）与管理学家肯·布兰佳（Ken Blanchard）提出的“情境领导”概念中，包括“指挥”“支持”“教导”和“委派”等名词，而这些内容都建立在权威与依存关系的核心区别基础之上。请参考赫塞与布兰佳的合著作品《组织行为管理：善用人力资源》(*Management of Organization Behavior*：*Utilizing Human Resources*)。——注释人注

妥当。完全依靠权威必将引起不满、降低绩效，甚至公然的反抗。要知道，依存关系的力量并不足以保证权威的实施，比如家庭中成年子女的教育问题就是如此。①

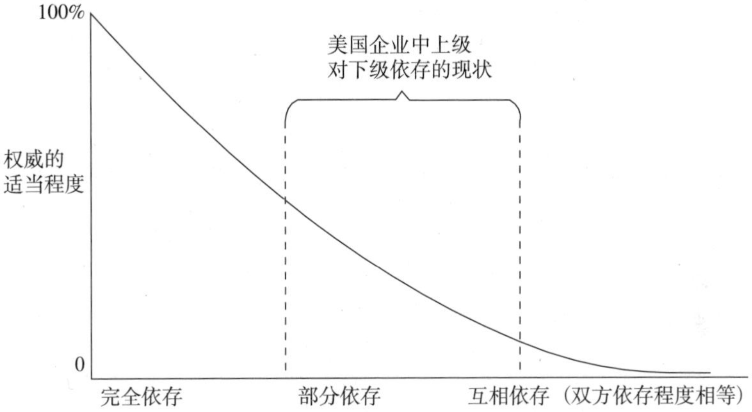

图 2-1　权威的行使与依存状况的关系图

依存心理分析

诸多约束限制了权威有效性的发挥，而人们对这些约束却知之甚少。究其原因，还在于依存关系往往与一些根深蒂固的心理反应相关联。依存使人满足，能够受到他人的照顾与保护固然很好，但依存也会带来挫折感：一方面，自由受到限制；另一方面，必须接受他人的影响，忍受强制与不公。

同样，独立也能使人满足。自立、自主、自在固然很好，但威胁也将伴随着独立而来。一个人的力量毕竟有限，风险实难预测。

人类依存与独立的心理反应源自与生俱来的本性。从诞生起，人类便生存在几乎完全依存的关系之中。婴儿和幼童如果缺少照顾，几乎无法生存。随着一步步长大，这种依存状态逐渐改变，我们才慢慢担负起成人的责任。

① 这里关于子女的类推清楚明了，很好地说明了强加控制的困难所在，但这个例子也使情况变得更加复杂，似乎暗示了员工也具有类似子女的角色。——注释人注

成长的结果并不是独立。在这个社会中，没有任何一个人可以完全独立。相互依存才是现代复杂社会的最基本特征。生活的任何方面都离不开人与人的相互依存，唯有如此才能达成我们的目标。我们的食物不是自己耕种的，衣服不是自己织造的，交通设施、房屋不是自己建造的，教育也不是自己提供的。我们都明白，在社会中，只有大家专业分工，才能得到彼此想要的东西。而专业分工的代价就是相互依存。

在这种复杂的相互依存关系中成长和学习，不可能没有感情的冲突。因人而异的感情需求与渴望将对我们产生深远的影响。无论我们在长大成人后将如何处理这些相互矛盾的感情需求与渴望，只要身处于类似婴儿时期的依存关系中，便不得不引发心理的变化。比如，作为组织中的下级，当所处环境类似于婴儿时期的依存关系时，我们就会敏感起来，甚至有时还会引起感情的爆发。

成长过程的理想结局，是形成维持平衡的能力，即能够容忍一定形式的依存，而不致产生不当的挫折感；同时，能够在某些方面独立，而不致产生不当的忧虑。有些人永远也学不会安于依存，他们充满敌意，只要有丝毫权威加在自己身上，便视为威胁；另外一些人对自立感到不安，他们乐于依靠别人，对安全和保护格外渴求。当然，在这两种模式的基础上，还会演变出更多的类型。然而，不管怎样，几乎没有人可以达到心理的真正成熟，从而完全客观地接受依存关系。可见，依存关系极容易影响人的心理变化。

角色关系

通常认为，管理关系基本上是单纯、统一的。比如，管理者就是管理者，他所执行的永远都是管理者的工作。然而，环境每时每刻都在变化，管理者在执行不同工作时，情况也不尽相同。因此，究竟该选择怎样的影响方法，应当根据情况而定。

当我们描述各种社会关系时，总是倾向于为某人贴上一个最能体现其特征的、单一的、固定的标签。比如，我们说某人是父亲、丈夫、朋友、管理者等。然而，每个人在不同的时间里，所担任的角色也会变化。举例来说，作为父母，有时也会成为孩子的伙伴、老师、法官、监护人等。因此，在父母担任不同角色的情况下，所采取的行为以及影响方法也应随时进行调整。

管理者也是一样。有时，他承担员工的管理者的角色，有时，又是同事中的一员；有时，他承担教师的角色，有时，又是一位决策者、纪律监察员、助手、顾问或者旁观者。当他帮助员工分析问题，找出解决方案时，他所采取的影响方法就不应该与纪律监察时使用的方法相同。环境发生变化，关系的性质也随之改变。而且，管理者在与其他部门经理交往时、与顶头上司交往时，或与组织中更高层的管理者交往时，担任的角色都不尽相同。①

管理角色不是单纯不变的，而是复杂多变的。通常，我们并没有意识到自己会随环境变化调整角色，但旁观者将发现行为和态度的重大变化，以及对方相应的行为变化。然而，传统组织理论却没有认识到，管理关系中也存在“角色弹性”。

管理角色的弹性具有一定限度。这一限度不但受到管理者自身理论假设和态度的影响，同时也受到员工对其期望的影响。员工具有常识上的假设：认为管理者就是管理者，应该执行管理者的工作。组织层级的划分，以及通常认为只有管理者才可以行使权威的控制方法，使得员工很难将管理者看成普通同事或者顾问。只有管理者本人体会到自己担任的不同角色，并表现出相应的行为，员工才可能作出适当的反应。如果一位管理者在与员工相处时，一向表现得十分独裁，那么当他突然变成具有参与性的角色，又没有明确表明意图时，员工很可能会迷惑不解。

尽管存在种种困难，但是上下级角色的变化，需要环境提供较大的角色弹性。如果我们接受这样一种理论假设：适当的控制是因情况而异的，就不应忽略上述含义。

---

① 亨利·明茨伯格（Henry Mintzberg）是麻省理工学院 20 世纪 70 年代早期的博士生，与陈旧的管理学教科书不同，他在研究管理者行为的经典著作中，扩展了这一观念。请参考亨利·明茨伯格的作品《管理工作的本质》（*The Nature of Managerial Work*），已由湛庐文化策划，浙江人民出版社出版；《卓有成效的组织》（*Structure in Fives: Designing Effective Organizations*）已由湛庐文化策划，中国人民大学出版社出版。——编者注

当然，有时候管理者只有扮演管理者的角色才最为恰当。比如，直接发布命令时、采取正式的纪律行动时、解雇某位员工时，等等。然而，还有许多其他情况需要管理者扮演管理者以外的角色。比如，处理员工之间问题时，管理者担任的就是仲裁人的角色；或者，当面临若干建议方案时，管理者担任的就是决策人的角色。很显然，适当地变换角色比一成不变地担任管理者角色效果要好得多。

角色弹性有时也会使管理者陷入两难的境地，甚至在面对个人或者群体时，兼具两种完全矛盾的角色。比如，在进行绩效考核时，就往往需要管理者同时扮演裁判和顾问的角色。某些参谋部门也常常需要同时扮演专家（提供专业建议与服务）和警察（进行管理控制）的角色。

很显然，一个人承担多重矛盾角色的情况势必引起关系的紧张和混乱，结果很可能使组织付出巨大的代价。在第 6 章中，我们将进一步讨论矛盾角色的问题，并在第 12 章讨论上下级关系时再次分析。

从体罚到选择性适应

综上所述，如果说管理的目的是影响他人的行为，以达成组织的目标，那么对美国企业来说，权威就不是一种合适的控制方法。尽管在某些情况下权威是必需的，但在促进协调合作的过程中，权威只能发挥极其微弱的作用。

在漫长的历史发展过程中，组织控制人性行为的主要方法曾经历过两次主要的转变。第一次是从完全依赖体罚的方法，转变为依赖正式权威。① 这项转变经历了好几个世纪。直到今天，当其他影响方法失效时，我们仍不免会考虑重新采取武力。很明显，在美国和欧洲诸国，这种转变更加深远。在国际关系层面上，我们摇晃地迈出了变革的第一步，由原始武力上升为较高级的影响方式。

第二次转变期已经历了至少一个世纪，其根基仍然深深扎在过去的土壤中，使得转变至今无法完成。国内政治方面，独裁主义开始受到怀疑；家庭教育方面，

① 尽管没有点名，所指很像是来自泰勒的《科学管理原理》（*Principles of Scientific Management*）一书。——注释人注

禁锢逐渐被突破。我们已经认识到，单纯依靠权威所解决的问题远远不及其造成的麻烦多。宗教组织中，权威的力量渐渐减弱。婚姻关系中，丈夫已经无法运用权威来控制妻子的行为。

我们最大的困难在于：尚不清楚应该向哪个方向前进。经过反复试验之后，我们逐渐意识到，放弃权威并不是取代独裁主义的最佳方案。而在独裁主义与放弃权威两个极端之间，也没有简单折中的办法。因此，**只有摆脱原有观念，即认为我们只有或多或少地采取权威的方法这一条路径，才有可能走出目前进退两难的困境**。替代权威的方法绝不只有一种。在某种特殊情况下，为了完成某个特殊目的，任何一种方法都可能成为合适的路径。

在某些情况下，权威也可能成为影响行为的最佳方法。也就是说，并不是只要发布命令，或者单方面决定就一定是错误的。只不过在许多情况下，采取权威的方法并不能达成期望的结果。于是，在这种时候下，就不是多用一些权威还是少用一些权威，而是应当改用其他的方法。

如果管理者的工具箱里只有权威一种工具，他将很难圆满地达成目的，但这并不表明应将这个工具丢弃。有时，当其他工具无法达成目的时，他或许还能用得上这个工具。

权威影响他人的效果，并不在于我们运用权威的程度，而在于它是否符合环境的需要。传统组织理论告诉我们，权威的效果与权威运用的程度是成正比的。因此，放弃权威似乎就等于丧失了影响力。这实际上是一个完全错误的观念。

今天，我们至少已经学会了相关的基本知识，能够识别各种影响他人的方式，以及每种方式所适合的具体情况。尽管这些基本知识仍然有限，但对于企业管理却具有极其重要的意义。

THE HUMAN SIDE OF ENTERPRISE

第 3 章

X 理论：管理与控制的传统观点

本章导言

在第3章中，麦格雷戈再次提醒我们："在每个管理决策和管理行为的背后，都有一种人性与人性行为的假设。"他指出，X理论以三个假设为基础：

- ○ 假设1：一般人都对工作具有与生俱来的厌恶，因此只要有可能，便会逃避工作。
- ○ 假设2：由于人们具有厌恶工作的本性，因此必须对他们进行指挥、控制、监督，以及予以惩罚的威胁，才能促使他们努力向组织目标奋进。
- ○ 假设3：一般人都愿意接受监督，希望逃避责任，胸无大志，安于现状。

麦格雷戈发现，这些假设"几乎从不会被直接表达出来"，而对"人类理想价值的赞扬不过是口头说说而已"。他指出，事实上，正是X理论的假设"从根本上广泛影响了美国企业的管理策略"。不过，"如果没有大量证据的支持，这些假设将不可能持续下去"。同时，"在企业及其他地方存在着许多稳定的、可以观察到的现象，并不符合这种人性观点"。特别是，"在过去25年中，社会科学知识的发展，使得组织结构中关于人性及人性行为的假设有可能重新形成"。在这里，他暗指马斯洛的需要层次理论，比如，他发现"满足需要层次并不具有激励行为的作用"。麦格雷戈认为，关注执行过程或执行方法，与关注事物本身所蕴涵的假设同样重要。

在每个管理决策和管理行动的背后，都有一种人性与人性行为的假设。其中一些假设堪称深入人心。但在大部分关于组织的论著中，以及近期关于管理政策及实践的讨论中，这些假设却颇为隐讳。具体假设如下：

- 假设 1：一般人都对工作具有与生俱来的厌恶，因此只要有可能，便会逃避工作。这一假设有着深刻的根源：亚当和夏娃偷吃了智慧树上的果实，被逐出伊甸园后，来到一个必须工作才能生存的世界。管理强调生产力，强调日均工作量，反对额外雇工和故意降低产量，提倡按业绩奖励。对企业的目标来说，这些观点似乎很合乎逻辑，但同时也反映出一种基本理念[①]，即认为管理必须控制人类厌恶工作的本性。在大部分管理者看来，这种说法非常正确。
- 假设 2：由于人们具有厌恶工作的本性，因此必须对他们进行指挥、控制、监督，以及予以惩罚的威胁，才能促使他们努力向组织目标奋进。人类对工作的厌恶是如此强烈，以至于给予奖励也不足以克服。人们接受奖励，并不断提高期望的标准，但是仅仅依靠奖励并不能达到理想的结果。只有给予惩罚的威胁

① 今天，这种假设的准确性逐渐遭到质疑，多少是因为受到了麦格雷戈的影响。不过，在这一假设基础上产生的强调控制与激励的观点依然存在。毕竟，对组织经济中影响领域的成长和提升来说，其主要推动者还是企业的高层管理者和以激励为导向的组织模式。——注释人注

才能实现这一功能。

近年来，很多人开始批评所谓的“人际关系”，指责工业中的“放任管理”和“民主管理”，抨击战后某些企业从分权化返回集权化的趋势，等等，这些观点都隐含着同一个假设，即认为人只有在强迫和控制的条件下才会工作。1957—1958 年的经济萧条，结束了几十年来“温和式管理”的试验，使得上述假设受到了更加公开的支持（事实上，该假设从未被人们遗弃过）。

- 假设 3：一般人都愿意接受监督，希望逃避责任，胸无大志，安于现状。尽管这种假设认为“大众是平庸的”，却很少有人会直接表示出来。事实上，对于人类理想价值的赞扬不过是口头说说而已。因为以我们的政治价值观与社会价值观来看，这种公开的赞扬似乎很有必要。对于这样的假设，大部分管理者也抱有同样的看法，这可以很容易地从他们的管理政策和日常工作中看出来。家长式管理虽然已经成为一个令人厌恶的字眼，但它还远未消亡。

我曾经建议将上述假设命名为 X 理论。在本书的后续章节中将进一步阐述：**X 理论绝不是供我们抨击的稻草人，事实上，它是一种广泛影响今日美国产业管理政策的理论**。而且，许多管理著作中讨论的组织原则，几乎都是在 X 理论的基础上衍生而来的。如果我们采用的是其他的人性假设，必定会形成与今日组织原则大相径庭的结果。①

X 理论解释了企业中的部分人性行为。如果没有足够的证据加以维持，这些假设也不可能存在。然而，企业中及其他许多地方，亦能看到更多明显的迹象，与 X 理论对人性本质的评价并不相符。

此类现象并不少见。科学发展史中便存在许多例证：尽管某些理论只能算得上部分正确，却能够流行很长时间。牛顿运动定律就是一个例子。直到本世纪相对

① 1990 年，一家汽车制造商的人力资源经理在接受《战略谈判：有关劳工管理关系的变革理论》（*Strategic Negotiations：A Theory of Change in Labor-Management Relations*）一书的采访时，颇为自豪地说道：“我们采取的是 X 理论。”这家组织刚刚摆脱了一场声势浩大的罢工，正试图表现出与员工恢复关系的举动。——注释人注

论问世之后，牛顿运动定律的矛盾和缺陷才得到认识和修正。[①]

过去 20 多年来，社会科学知识的发展赋予我们力量，重新认识组织中关于人性本质及人性行为的假设，从而有可能解决 X 理论中固有的矛盾。当然，新的认识还远未成熟，但它却为我们在企业中对人性行为的预测和控制提供了更有利的基础。

关于动机的几种假设

任何人力资源管理理论的核心，都是有关人性行为动机的假设。但这却是令人困惑的课题，各种意见过于繁杂，即使社会科学家之间也无法达成统一。不过，近几年来，已经逐渐形成相对集中的研究成果，以及为众人所接受的有关动机的基本概念。这些概念的力量颇为巨大，使 X 理论的欠缺之处以及在运用中的局限得到证实。同时，这些概念又为我们提供了一套完全不同的管理理论基础。

以下是一些简化的行为动机通则。动机的条件之多，几乎无法进行一一介绍，而与此相比，管理的特征之少不免相形见绌。下列通则并不影响事实的准确性，但的确忽略了某些不太符合我们研究目的的内容，诸如人性行为的复杂性，等等。

人是充满欲望的动物。欲望即需求，每当一种需求获得满足时，另一种需求便紧接着出现，取而代之。这样的过程从出生到死亡，周而复始，永无止境。

人类的需求根据重要程度划分，形成了一系列的层次。其中层次最低的需求，便是生理需求。生理需求的层次虽低，然而一旦失去便几乎无法生存。比如，人依靠粮食生存，一旦失去粮食，后果将不堪设想。当然，人还有其他需求，比如爱情、地位、名誉等，但是对于一个饥肠辘辘的人来说，这些需求便退居其后了。只有在实现温饱的条件下，饥饿才会变得不那么重要。对于其他生理需求，休息、运动、居住、安全等，也是同样的道理。

满足需要并不具有激励行为的作用。这是一个极其重要的事实，然而传统的

① 对物理学本质的探讨，是隐含在本书中的重要焦点之一。——注释人注

人力资源管理方法却时常忽略这个事实。这部分内容将在后文加以讨论。在这里，我们只需一个例子就能够说明。设想一下你对空气的需要，除非无法呼吸空气，否则它不会对你的行为产生什么影响。

当生理需求获得满足之后，下一个层次的安全需求便成为行为的主宰，承担起激励行为的功能。安全需求就是保护个人免受危害、威胁、剥削等的需求。有些人错误地将安全理解为保障，事实上，人除非是身处某种依存关系之中，随时担心受到剥削，否则并不会要求保障。人的需求只是得到“适量的面包”，当他自信能够得到适量的面包时，便不愿再冒风险。只有在受到威胁或依存于他人时，保护和保障才成为最大的需求。

由于员工几乎都处于某种程度的依存关系之中，安全需求便具有相当重要的地位。因此，独裁式的管理行为、影响员工职业生涯的行为、某种偏好或者偏恶的行为、制定政策时的不确定行为，等等，都将成为刺激安全需求的强有力因素，其对象既包括员工，也包括公司高层管理者。另外，管理者对员工的依存关系，以及管理者之间的横向依存关系，也使他们同样具有安全需求。管理特权及职权划分之所以被如此强调，也是出于上述原因。

当生理需求得到了满足，不必再担心安全问题之后，社会需求将成为人类行为的重要激励因素。社会需求包括归属、交际、被接纳的需求，以及赋予并获得友谊和爱情的需求，等等。①

尽管今天的管理者大多认识到这些需求的存在，却时常错误地认为，这些需求会对组织产生威胁。许多研究表明，在同等情况下，紧密团结的工作群体在达成组织目标时，远比数量相等但分别工作的群体更为有效。然而，管理者却担心群体与组织目标产生对立，于是竭力控制并指挥员工行为，全然无视人类喜结群体的天性。这样一来，社会需求，或许还包括安全需求便受到压抑，人们开始采取反抗组织目标的行为。抗拒、敌意、不合作等行为产生了，但这些行为绝不是原因，而是

① 尽管马斯洛的需要层次理论没有经过正式证实或者证伪，但是由于心理治疗和心理学领域的相关研究与其观点一致，使得这一成果在某种程度上被广泛地接受。麦格雷戈对此十分感兴趣，从近乎心理治疗的角度，对这一观点进行了详细的分析。——注释人注

一种结果。

在社会需求之上，是更高层次的尊重需求。这种需求只有在其他低层次的需求得到满足之后才可能受到激发，它也是对管理、对本人意义最重大的需求。尊重需求可以分为下列两种：

- 有关人性自尊的需求：包括自重和自信的需求、自主的需求、成就的需求、发展能力的需求，以及获取知识的需求，等等。
- 有关个人声望的需求：包括地位的需求、被人认可的需求、被人赏识的需求，以及受人尊重的需求，等等。

与其他较低层次的需求不同的是，尊重需求很难得到满足。一旦人们感到这类需求对自己十分重要之后，便会永无休止地追求更多的满足。然而，在生理需求、安全需求、社会需求尚未得到相当的满足之前，尊重需求并不会明显地表现出来。当然，这条通则也有例外的时候，尤其在人的生理需求被剥夺，人性尊严受到玷污时更是如此。政治革命往往就是压抑生理需求、社会需求，以及尊重需求的结果。

在典型的企业组织中，基层员工的尊重需求通常很难得到满足。按照传统的组织工作模式，特别是在大规模生产企业中，员工行为动机中的尊重需求几乎从未被考虑过。倘若“科学管理”的目的就是为了压抑此类需求（当然，事实并非如此），那么提倡科学管理的人士恐怕不可能拥有今天的成就。①

最后，位于需求层次最高点的是自我实现的需求。这类需求包括：实现个人潜力的需求、自我持续发展的需求、最大限度发挥创造力的需求，等等。

现代企业的特点使得这类需求少有实现的机会。大多数人较低层次的需求都

---

① 很明显，上述内容提到了弗雷德里克·泰勒（Frederick Taylor）的《科学管理》（*Scientific Management*），这部作品中提到：这种懒散，或者所谓“磨洋工”的原因有二。第一，由于人的天性趋向于轻松随便，这可称之为“本性磨洋工”；第二，由于人与人的关系而造成的错综复杂的思想和重重顾虑，这可称之为“故意磨洋工”。需要注意的是，泰勒并没有把这种行为的责任归于员工，而是归于组织管理不当、激励方法使用错误等。从这个角度来看，麦格雷戈与泰勒之间存在着某种共通之处。——注释人注

被不同程度地剥夺了，因此他们把全部精力都放在追求低层次的需求上，对最高层次的需求则一直处于无意识状态。

下面是有关动机问题的一些观点。

我们都清楚，人在食物严重缺乏时，身体将变得虚弱。也就是说，当生理需求遭到剥削时，便会产生相应的行为后果。对于较高层次的需求也是一样，然而人们却很少能够意识到这一点。一个人若被剥夺了安全需求、交际需求、独立需求或者地位需求，也会变得虚弱起来，就好像得了软骨病一样。而且这种疾病还会引起相应的行为后果：有人态度消极，有人充满敌意，有人拒绝承担责任。如果把这些行为归为人类天性，那就大错特错了。这些行为都是患病的特征，是被剥夺了社会需求和尊重需求的后果。

当较低层次的需求得到满足以后，便不再有任何动机可以激励人们追求同样的需求。更实际地说，是这些需求已经不存在了。管理者常常会问："为什么员工的生产水平没有提高？我们付出优厚的薪酬，提供舒适的工作环境，安排保障性福利，使工作关系更加稳定。可他们却不愿多付出一点努力！"要回答这个问题，不妨思考得更加深远一些。

在雇用关系中，最常见的满足员工需要的方式就是发放薪酬。有人得出一个有趣的结论：大部分员工只有在下班之后，才能使用薪酬来满足自己的需求。比如，薪酬无法在上班时间花掉，唯一可以在工作中满足需求的就是因薪酬差异所带来的地位差异。这便可以解释，为什么薪酬水平的细微差别也会引起激烈的斗争。问题并不在于金额多少，而在于薪酬差异造成的地位差异，这是员工在工作中满足需求的唯一方式。

大多数福利项目，包括加班费、休假、医疗保险、养老保险、股票认购权或红利等，都只能在下班之后才能满足员工的需求。但是对于管理者来说，也只能提供这种形式的福利和薪酬。因此，无怪乎许多靠薪酬维生的员工，会认为"工作是一种惩罚"，是为了在工作以外获得满足感而必须付出的代价。既然员工这样认为，自然很难期望他们会“主动承受更多的惩罚”。[①]

今天的管理模式，为满足员工的生理需求和安全需求提供了相当优厚的条件。美国的生活水平已经很高，除了严重的失业时期以外，人们一般不会遭受生理需求被剥夺的痛苦。即便是在严重的失业时期，人们也可以借助20世纪30年代以来的社会立法降低所受打击的程度。

管理模式所提供的丰厚条件，使行为的激励重点转向社会需求与尊重需求。因此，除非能够从工作中得到高层次需求的满足，否则员工仍然会有被剥夺的感觉，并产生相应的行为。在这种情况下，如果管理者仍然只关注生理需求，仅提供薪酬一种形式，注定不会产生多大效果；而采用惩罚的威胁手段，也将不可避免。这样一来，X理论的基本假设之一，看起来果然应验了，但实际上却是我们将结果错误理解为原因的缘故。

在这种情况下，员工“一定”会追求更多的金钱报酬。于是，他们更加重视用金钱换来的商品和服务，尽管商品和服务只能有限地满足他们被压抑的需求。也正是因为员工除了金钱以外无法得到其他，金钱便顺理成章地成为关注的焦点。

有一种理论往往与X理论共同使用，那就是“胡萝卜加大棒”的动机理论。这一理论在某些情况下行得通。也就是说，管理者有权决定是否采取办法，在一定限度内满足员工的生理需求和安全需求。雇用关系本身就是一种方法，另外还包括薪酬、工作环境、福利等。只要员工仍在为生存奋斗，就无法逃脱这些方法的控制。在面包缺乏时，人们总是专为面包而活的。

可是，一旦员工达到了足够的生活水平，行为动机开始转向较高层次的需求时，“胡萝卜加大棒”的理论便不再发挥作用。管理本身无法满足员工自尊的需求、被人重视的需求，以及自我实现的需求，等等。**管理者可以创造一种工作环境，使员工受到激励，主动追求较高层次的需求；反之，如果不能创造这样的环境，员工的需求便会受到压制。**

---

① 各种福利设立的目的与其实际效果之间的差距，似乎证明了麦格雷戈的观点是不言而喻的。同时，这一问题又与管理者持久的剥削行为紧密联系。——注释人注

所谓创造一种工作环境，并不是指通常意义上的“控制”，也不是一种特殊有效的指导行为的方法。因此，管理者不免会感到困惑。在科技高度发达的今天，生活水平大大提高，我们的生理需求和安全需求已经得到了较为充分的满足。唯一例外的是，管理者无法创造出“机会公平”的工作环境，员工的安全需求因此而受到压抑。可是，管理者一旦使员工的低层次需求获得满足，便很难再有效地运用薪酬、承诺、奖励、威胁等在X理论的传统假设中提倡的控制方法了。

强调指挥与控制的管理哲学，无论它是刚性还是柔性的，都无法再发挥激励功能。因为在今天的社会中，这些管理哲学所强调的人性需求已经不再是人类行为的激励因素。社会需求和尊重需求一旦受到重视，指挥与控制对于行为的激励作用就极其有限了。

人的需求如果无法从工作中得到满足，尤其是在最迫切的需求无法满足时，便会产生我们之前预料到的行为：懒散、消极、不愿承担责任、反对任何改革、情愿随波逐流，而且不断地提出经济方面的种种不合理要求。这样看来，我们似乎是搬起石头砸了自己的脚。

X理论或许可以很好地解释某种管理政策所产生的后果，但它无法解释也无法形容人类的本性，尽管它号称自己可以。**X理论所依据的各项假设过于狭隘，使我们受到限制，无法认识其他管理策略的含义**。有时，所谓的新战略，比如分散管理、目标管理、咨询管理、民主管理等，只不过是换汤不换药，因为这些任务的执行流程仍然是从不充分的人性假设中衍生出来的。类似种种针对企业的人性面所提出的“新方法”，已经使管理界无所适从。问题的关键在于：这些新方法只是采取了不同的手段，比如不同的项目、不同的流程、不同的花样，但其基础仍然是不变的X理论。①

在抚养子女的过程中，父母必须经常改变控制子女行为的方法，以适应子女从婴儿到成年的成长过程中，能力和性格的改变。企业管理也是如此，员工的能力会随着不断学习和个人成长而发展。员工培训和管理拓展活动便是因此而产生的。

① 正如麦格雷戈所说，假设所影响的不仅仅是我们做了什么，还包括具体是怎样做的，即政策与政策的执行过程是联系在一起的。——注释人注

但是，按照人力资源管理的基本概念，似乎人一旦成熟就永远不会改变。**X 理论正是建立在这种对人性极端错误的认识之上的，认为员工永远与过去一样。**无怪乎阿吉里斯会在他的作品《个性与组织》(*Personality and Organization*)中这样戏剧性地表述：传统的组织管理政策，以及企业人力资源的指挥与控制方法等，与其说是针对成人设计的，不如说更适合儿童的能力和性格。①

在管理研究的有限领域中，有人逐渐认识到管理政策的制定应符合“选择性适应”的原则。但人们只将管理研究当作特殊问题，没有认识到这一原则的普遍应用性。正如前面章节和本章所谈到的，大部分人已经在包括教育程度、态度与价值观、行为动机、依存程度等方面发生了改变。这些改变不仅提供了适应性选择的机会，也提出了适应性选择的需要。然而，**只要 X 理论的假设仍然影响管理策略，我们便无法发现人类的潜力，更谈不上运用人类的潜力了。**

① 上述讨论进一步明确了有关成人与青少年的观点。然而，请注意波音公司前总经理弗雷德·斯塔尔(Fred Stahl)(他曾经是麻省理工学院精益航空进取计划的行业执行理事)对此作出的强烈反应：“麦格雷戈在《企业的人性面》中的讨论实在脱离现实。公众的注意力都被引导向那些带有侮辱性的、残忍的管理定义上，产生了不良的效果。谁说管理哲学认为人一旦成熟就永远不会改变呢？又有多少管理者真正相信这种说法呢？”——注释人注

THE
HUMAN SIDE
OF
ENTERPRISE

第 4 章

Y 理论：个人目标与组织目标的融合

本章导言

在第 4 章中，麦格雷戈发现：“通过一段时间的努力，管理者比以前有了很大的进步，能够更公正、更慷慨地对待员工……为他们提供安全、愉悦的工作环境，但所有这些改变都不涉及其基础管理理论。”当然，他在这里指的是 X 理论的方法。随后，他进一步否决了“柔性”管理，认为“退让不是代替独裁管理的有效方式”，并随之提出了 Y 理论，其凭借的假设如下：

- 工作对于体力与智力的消耗是再正常不过的事情，就像游戏和休息一样自然。
- 要想促使人朝着组织目标而奋斗，外在的控制及惩罚的威胁并非唯一的方法。人为了达到自己承诺的目标，自然会坚持“自我指导”与“自我控制”。
- 人之所以对目标作出承诺，是为了得到实现目标后的各种酬劳。
- 在正常情况下，人不但能学会承担责任，还会争取责任。
- 以高度的想象力、智力、创造力来解决组织中的各项问题，这是大多数人都具有的能力，而不是少数人特有的能力。
- 在现代企业模式下，大部分人都只是发挥了一部分智能潜力。

在这样的假设基础上，麦格雷戈发现，如果组织中人与人之间的协作存在限制，也绝不是由于人类本性所造成的，而是管理者没有搞清楚应当如何充分利用人力资源潜力的缘故。

有些人认为，前面的分析未免过于苛刻。过去25年来，企业的人力资源管理水平难道就一点进步也没有吗？我们难道从未认识到人才的重要，并在管理政策方面作出较大的改进吗？难道从20世纪20年代以来，人事管理和劳工关系的发展没有产生良好的作用吗？

过去二三十年来的进步是有目共睹的。当时，关注企业的人性面已经成为管理的重中之重。闻所未闻的管理政策、计划和实务开始大量出现，并迅速成为大家司空见惯的事情。企业员工，无论是普通员工、专业人士，还是高层管理者，都远非19世纪同时代的人可以比拟。管理价值观比过去更符合人性，企业对待员工也更公平、更慷慨。经营困境得以缓解，产业间的摩擦逐渐消除，员工获得了安全、愉快的工作环境。但是，这些改变所依赖的仍然是过去的管理理论。尽管与传统管理理论相悖的实践处处可见，并且这些实践的重要性也十分明显，然而X理论的假设却一直贯穿着经济活动的始终。

20世纪30年代，经济大萧条使管理面临严重压力：公众抗议的浪潮、大规模生产行业的公开对抗联盟、普遍反对独裁主义的呼声，以及“新政”法案带来的管理动荡，等等。然而，当时及其后10年中管理政策与实践的变革，只不过是面对强大的劳工力量，以及社会舆论压力所作出的调节举措而已。[①]

---

① 这里强调了只改变政策与实践，却不改变潜在假设的局限性。这一课题后来由埃德加·沙因在《组织文化与领导力》（*Organizational Culture and Leadership*）中进一步阐述。——注释人注

从变革趋势来看，管理方式正在逐渐远离“刚性”，趋向“柔性”，但每次变革都是如此短命，而且总能找到失败的理由。很明显，最初伴随“人际关系法”出现的战略论述实在天真，与早期“进步教育法”的论述颇为类似。我们现在才明白，简单地取消控制并不能解决问题，退让不是代替独裁管理的有效方式。员工需求的满足与生产力的提高之间没有直接联系。**“产业民主”不是任由每个人决定一切；“产业健康”并非消除了不满、意见，甚至冲突就能够实现；和平不等同于组织的健全；对社会负责的管理绝不是放任的管理。**

如今，管理已经恢复了往日的声望与力量，很明显，“柔性”管理的趋势只不过是暂时且肤浅的反应，而并非对基础假设或基本战略的修正。另外，尽管我们在过去 25 年中取得了许多进步，但也逐渐变得收益递减。我们几乎用尽了传统管理策略中一切可行的措施。如果不修正理论本身，新的发展将无法产生。

Y 理论的各项假设

过去半个世纪中，在社会科学理论方面，很少有几项突破性的进步能够与自然科学的发展相比。然而，将许多专门领域中人类行为的知识汇集起来，也足以归纳出若干通则，可以作为新的人力资源管理理论的开端。在第 3 章的内容中，我们讨论了有关动机的假设。下面，是几项有关 Y 理论的假设：

- 工作对于体力与智力的消耗是再正常不过的事情，就像游戏和休息一样自然。一般人并非天生厌恶工作。工作到底是满足的来源，即人们会主动表现，还是惩罚的来源，即人们会主动避免，完全是可以人为控制的。
- 要想促使人朝着组织目标而奋斗，外在的控制及惩罚的威胁并非唯一的方法。人为了达到自己承诺的目标，自然会坚持“自我指导”与“自我控制”。
- 人之所以对目标作出承诺，是为了得到实现目标后的各种酬劳。[①] 在各种类型

① 后来产生的关于“高度承诺工作制度”的相关研究，说明了以这些假设为中心的工作系统是如何进行组织的。参见理查德·沃尔顿的文章《从控制到承诺》（*From Control to Commitment in the Workplace*），《哈佛商业评论》（*Harvard Business Review*），1985 年 3 ～ 4 月刊。——注释人注

的酬劳中，尊重需求及自我实现需求的满足可以趋使人们朝着组织的目标而努力。

- 在正常情况下，人不但能学会承担责任，还会争取责任。常见的逃避责任、胸无大志、贪图保障等现象是后天形成的结果，而并非先天本性。
- 以高度的想象力、智力、创造力来解决组织中的各项问题，这是大多数人都具有的能力，而不是少数人特有的能力。
- 在现代企业模式下，大部分人只是发挥了一部分智能潜力。

与 X 理论相比，上述假设对于管理策略具有截然不同的意义。这些假设是动态的，而不是静态的，它们指出人具有成长和发展的可能；同时强调“选择性适应”，反对单纯依靠固有的控制方法。这些假设的构成基础并不是员工的共同特性，而是员工切实具有的潜力资源。

最重要的是，Y 理论的假设说明了一个事实：**组织中，人们互相合作的限制并非来自人类本性，而是源于管理方法不当，不知道该如何充分利用人力资源的潜力**。X 理论为管理者提供了很好的理由，可以解释组织绩效低下的原因，即人类本性所致。而 Y 理论则将问题归于管理本身：如果员工表现懒散、态度冷漠、逃避责任、拒绝合作、缺乏创新，那一定是因为管理者没有采取适当的组织与控制方法。

Y 理论的假设还没有最终得到证实。然而，与 X 理论的假设相比，这些假设更加符合社会科学的既有知识。毫无疑问，这些假设仍然需要通过进一步的研究，加以精练、明确、修正，但绝不至于被全部推翻。

表面看来，这些假设似乎不难接受。但是将它运用于实践，却并不容易。对于我们根深蒂固的管理思想和行动习惯来说，这些假设可谓是不小的挑战。[①]

① 这些“管理思想和行为习惯”后来被编入组织心理学作品中，用于探讨心智模型，请参考彼得·圣吉的作品《第五项修炼》。——注释人注

目标融合原则

“通过执行权威进行指挥与控制”的原则，是根据X理论衍生出来的基本组织原则，也被称为“阶梯原则”（the scalar principle）。同样，Y理论也可以衍生出一条基本组织原则，即“融合原则”（*the principle of integration*）：**创造条件，使组织成员达成自身目标，最佳情况是，同时努力追求组织的成功。**对于人力资源管理的任务来说，这两条原则有着完全不同的意义。但是，阶梯原则对管理者的态度影响太深，导致融合原则往往不为人所了解。①

鱼久居于水中，而不觉水之存在。企业管理的“心理环境”亦如水之于鱼，与组织生命融为一体，令我们浑然不觉。社会特性以及社会中组织生命的特性，早就完全确立，并深深扎下根来，我们很难想象如果情况改变会是怎样。因此，一系列的管理政策、管理实践、管理决策和管理关系，被看成是理所应当的事情了。

在今日美国，组织生命中普遍存在的特性之一，便是针对组织成员采取特定的“管理态度”，这源于X理论。几乎没有任何人质疑这样一种管理假设：组织要求应优于个人需求。从根本上讲，员工签订劳动合同只是为了获取报酬，他们因此而不得不接受外来的指挥与控制。融合原则与自我控制的观念，对我们平时思考雇用关系的思路相当陌生。因此，对于这种观念，人们不是给它戴上无政府主义的帽子，或称其与人类本性不合予以拒绝，就是有意无意地进行歪曲，直到它符合既有的概念为止。

融合与自我控制的概念意味着：**如果组织能够依据员工的需求与目标，适当**

---

① 玛丽·帕克·福莱特（Mary Parker Follett）对融合的分析为我们理解融合原则起到了奠基的作用。在她做过的5次著名演讲中，有一次是1933年在伦敦经济学院落成典礼上发表的，她认为有三种方法可以解决分歧：控制、折中和融合。很显然，控制意味着一方胜利，另一方失败。从长远的角度考虑这种方法不可能成功，因为失败的一方总会寻找机会重新占据优势。第二种方法是折中，大多数情况下我们采取的是这种方法，双方各退让一步，以求得和平。但前两种方法都不能让人满意。在第一种方法中，只有一方得到了想要的东西；在第二种方法中，双方都没有得到想要的东西。是否有另一种方法可以解决分歧呢？现在，我们认识了另外一种方法，有时还会加以运用，这就是融合的方法。让人格外感兴趣的是，这种方法可以带来新的发展。通过控制，你只能停留在原地。通过折中，你同样没有接触新的价值。但是通过融合，新事物产生了，第三种方法超越了只能二选一的局限。——注释人注

地加以调节，将更加有利于其经济目标的达成。

在一个按地区实行分权管理的大公司里，一位区域经理接到通知，总公司将调他出去担任政策管理职务。升职后薪酬会大幅度提高，新职位也拥有更大的权力，这位经理还将有更多的机会接触到总经理。

在任命这一职务之前，总公司曾经认真考虑过其他候选人，但最终认为只有他才符合条件。公司总部一直在观察他的表现，发现他不仅有资格担任新职位，甚至还能升至更高的职位。高层管理者为能发现这样一位人才深感满意。

不料，这位经理却吓坏了。他并不希望获得新职位。他表示，自己的目标就是成为“分公司的好经理”。他十分喜欢与每位员工直接接触，并不希望到更高级别的职位工作。他和太太都很享受小城市的生活，不喜欢总部所在的大城市的喧闹，包括生活与社会交往都是如此。

于是，他态度坚决地说出了自己的感受，但是没有人理会他的反对意见。组织要求如此，而他竟然拒绝升职，这在许多人看来简直无法理解。公司管理者认为，只要他接受了新职位，不久就会认识到这是一个正确的选择。于是，这位经理只好前往总公司就职。

两年过后，这位经理升到了总公司更高的职位，甚至有传言说，不久他就将成为公司的执行副总裁。然而，私下里，他却常常表示出不满，说他和太太宁愿付出一切，回到两年前的状态。

按照X理论的普遍假设，人事升迁与调动都是管理层单方面的决定。毫无疑问，组织要求应该高于一切。如果说还要考虑个人目标，也只是有关薪酬和职位能否令他满意而已。个人一旦拒绝升职或调动，又没有合理的原因，比如健康关系或者家庭问题等，那他一定会因为自己的“自私”而毁掉前程。管理层在作出此类人事决策时，几乎从不给个人参与的机会，即使决策可能影响到个人最重要的目标。**但是，根据 Y 理论的假设，如果管理层忽略个人需求和目标，组织本身也将因此而受到伤害**。因此，管理层对人事升迁问题的单方面决定，将使人力资源管理的效果大打折扣。

“融合原则”要求同时兼顾组织和个人的需求。[①] 当然，如果组织和个人可以共同协作，找到双方的契合点，那么融合的解决方案就可以同时满足双方需求。然而，这个契合点却并非总能找到，因此 Y 理论有时会看起来不切实际。也正是在这一点上，Y 理论与普遍流行的指挥与控制的管理态度产生了冲突。

按照 Y 理论的假设，如果无法做到融合，组织就会因此受伤害。人事升迁的单方面决定将影响组织目标的达成，因为这种指挥与控制的方法不能使员工心甘情愿地发挥自己的全部能力。尽管管理者在作出单方面决策时，也是为了“组织的利益”，但激励程度越低，员工的自我指导及控制的程度也就越低，假以时日，成本总和将超出所得利益。

还有另外一个例子，可以进一步说明 X 理论与 Y 理论的巨大区别。

有人争辩说，融合原则已经成为经济教育的重要内容，这表明管理对这项原则给予了高度的关注。我们投入大量财力与人力来教育员工：个人的幸福与公司的发展和自由企业制度的成败息息相关。我们想尽一切方法使他们了解：只有努力达成组织目标，才能更好地实现个人目标。难道这还不足以说明管理已经引入了融合原则吗？

答案是否定的。事实上，这些管理上的努力大多数都反应出于 X 理论的影响。中心意思不外乎是要员工努力工作，遵守命令，以维持自己的工作和生活水准。言外之意，企业凭借以往的经营方式已经取得了许多成就，如果员工遵守命令，还会取得更大的成就。在这种观点的背后，实际上还是以组织需求和组织成功为先，员工的个人需求居后。[②]

---

① 注意，“组织和个人的需求融合之后，双方都能够受益”这一假设能否成立，仍然需要更多的研究加以证实。——注释人注

② 这是个很好的例子，揭露了驱使管理行为的隐含假设。——注释人注

显而易见，融合原则是指大家共同为企业的成功努力，并共同分享成功的果实。但管理隐含的假设却是：共同努力意味着员工要调节自身来符合组织的需求。按照现有的观点来看，我们几乎无法相信员工在追求个人目标时会进一步推进组织目标。相反，结果必然是自由散漫、工作混乱、自我兴趣与工作冲突、缺乏责任感、无法决策、计划失败等。

如果我们不能创造条件，使组织成员了解只有努力促成企业成功才能达成个人目标，上述后果将无法避免，甚至还会出现更糟的结果。如果 Y 理论的假设确实可行，那么问题的关键就是：**究竟能否创造出合适的条件，如果可以创造，该条件又能够达到怎样的程度**。本书以下各章，将就这个问题展开讨论。

Y 理论的应用

在自然科学中，有许多现象理论上可能发生，实际上却无法实现。比如绝对零度和绝对真空就是这样的例子。其他诸如核动力、喷气机、人类太空飞行等，早在实践之前就已经被理论证明可行了。这并不表明理论没有实际用处。如果我们不信服理论，今天的太空飞行恐怕很难得到发展。事实上，没有过去一个半世纪以来自然科学的发展，恐怕我们至今还停留在乘坐马车和驾驶帆船的时期。可以说，几乎所有的技术进步都是相关理论发展的结果。

同理，有关人性的各种假设和理论，也无时无刻不影响着企业人力资源管理的发展。离开了理论的根基，任何可能性都将无法得到认知，任何变革也将无法实施。有了 X 理论的假设，我们得以构想出组织及指挥人力资源的各种方法。有了 Y 理论的假设，我们才能拓宽管理政策与实践的新视野。[①] 与自然科学理论的发展一样，设想不一定会立刻成为现实；由于代价过高，或者实验的硬件无法配备，有些设想甚至可能永远封存。

有充分的证据表明：人的潜力是无限的，远远超出今天已经开发利用的水平。

---

① 在谈判领域，“关注潜在兴趣和选择，而不是关注固定立场的原则”同样说明：不同的方法既可以扩展可能性，也可以限制可能性。——注释人注

但如果我们固守 X 理论的假设，便无法意识到这些潜力的存在，更不要说投入时间、精力和金钱去开发这些潜力了。反之，如果我们接受 Y 理论的假设，便有机会面临新的挑战，探询组织与人力资源管理的新方法，尽管我们清楚，绝对完美的组织不可能存在，正如绝对真空不可能存在一样。

Y 理论所涉及的管理内容十分广泛，但我们尚不必为此担心。当然，对大型企业来说，员工一旦参加与企业为敌的工会，实行融合原则自然将面临较大的难度。也许需要数十年的时间，我们才能积累足够的知识来实现这方面的应用。因此，Y 理论的应用首先应当在较为有利的环境中，以较为有限的方式来进行检验。不过，管理人员和专业人士对 Y 理论的应用，在今天却是大有可能。在管理的各个层级中，Y 理论的假设可以得到检验和精练，通过 Y 理论的应用还将发明出合适的技巧与方法。今后，随着知识的不断积累，在大型组织的员工阶层实施 Y 理论将比今天容易许多。①

在绝对完美的程度上实现组织目标与个人目标的结合，可以说是不现实的。**因此，所谓融合原则的应用，实际上是寻找一种最理想的“融合程度”，使员工在为组织效力的同时也能实现自身目标。**所谓“最理想”的程度是指：员工实现自身目标的最佳途径是为组织效力，而不是对组织工作漠不关心、推卸责任、阳奉阴违、消极怠工等。②也就是说，员工将受到组织的鼓励，自主发展并运用自身能力、知识、技能和天赋，为企业的成功作出贡献。③

采取 Y 理论绝不表示“退让”或柔性管理，也不等于放任管理。前文曾经提

① 麦格雷戈认为 Y 理论在员工层面的运用难度最大，然而颇具讽刺意味的是，大部分的进展却发生在员工层面，通过员工参与、质量圈、团队工作系统等方式使员工的承诺发挥了更大价值。很多人提出批评，认为上文所述观点并没有使一线员工与中层管理者（麦格雷戈认为挑战难度较小的群体）享有相似的运用途径。——注释人注

② 这是个关键点。麦格雷戈指出，人们选择融合原则并不是因为它固有的优点（无论它多么有价值），而是因为它很可能成为这样一条途径。——注释人注

③ 最近，一项针对管理人员及专业人士工作满意度的重要研究表明，“自我实现”是提升工作满意度与工作绩效的主要条件。研究者发现，员工的欲望可分为两类：一类认为职业发展是个人成长的根源；另一类则将工作看成必要的生存基础，只关心能否获得公平的待遇，包括薪酬、管理、工作环境及工作实务等。第二类需要并不能激励个人追求更高职位，或在本职位上发挥更好的绩效。第二类需要的满足，只能减少工作不满和绩效低下的状况。——注释人注

到，根据柔性管理和放任管理的概念基础，权威仍然是管理控制的唯一方法，“放任”只是为了缓和权威的负面效果。**而 Y 理论则认为，人们在完成组织目标的过程中可以实现自我指导与自我控制，指导与控制的程度取决于个人对组织目标的承诺水平**。如果承诺水平低，自我指导与控制的程度必定有限，这时就需要施加一定的外在影响力，如果承诺水平高，各种传统的控制手段就相对多余，甚至还可能弄巧成拙。而管理政策与实际工作状况则直接影响着承诺水平的高低。

要想让员工对组织目标作出承诺，施加权威并不是一种合适的办法。为了达到这个目的，还需要采取其他的方法。比如，采取融合的原则。**根据 Y 理论的观点，减少外界控制反而更利于员工对组织目标作出承诺**。Y 理论的假设强调人类具有自我控制的能力，因此管理者应该对其他控制方法给予更多的重视。当然，在特殊情况之下，只有运用权威才更为适当，尤其在员工不可能对组织目标作出承诺时更是如此。Y 理论的假设并没有否认权威运用的适用性，而是否认了权威适合所有组织目标、所有的工作环境的观点。①

很多人认为，我们今天已经掌握了大量的专利技术，足以解决可能发生的任何问题；下半个世纪，最主要的产业进步将发生在企业的人性面。然而，**只要管理仍然以 X 理论的假设为基础，直接或间接地组织、指挥和控制人力资源，这种进步便不可能发生**。真正的创新不是对目前的管理策略进行打磨或者修补。首先，我们必须接受另一套关于人力资源特征的假设，这一假设与以往相比将更加灵活。其次，根据这项新的假设，我们将采取选择性的适应方式。从这个角度考虑，Y 理论将成为我们创新的基础。

---

① 关于人与技术互相依存的问题，IBM 知识管理学院执行理事及《知识管理：组织该如何管理自身知识》（*Working Knowledge：How Organizations Manage What TheY Know*）一书的合著者拉里·普鲁萨克（Larry Prusak）曾经说过：有人认为“技术在知识管理中最重要的角色就是加快知识变革的速度，扩展知识变革的广度”。信息技术的确十分有用，尤其在计算、存储、结构知识与编码知识分类等方面更是如此，组织中的人也正是通过这些渠道了解到更多的知识信息。然而，信息技术在知识创造过程中仅仅充当了一个有限的角色，因为这一过程是社会化的过程，许多难以用编码表示的知识与个人经验是互相交织的。同样，信息技术本身也无法创造出一种以知识为基础的环境，从而加强知识的运用与分享。为了使技术运用达到最优化，我们可以通过战略、流程、文化等方式进行扩展，同时还应当提倡支持知识分享的行为，以及以知识为基础的行为。——注释人注

THE HUMAN SIDE OF

ENTERPRISE

第二部分

Y 理论在实践中的应用

THE
HUMAN SIDE
OF
ENTERPRISE

第 5 章

整合管理与自我控制管理

本章导言

为了进一步扩展本章主题“整合管理”，麦格雷戈将重点放在“创造适当环境，促使员工实现自身目标，并最终通过努力实现组织目标”之上。他提出管理者和员工应展开互动对话，主要围绕下列 4 个步骤展开：

- ○ **明确担任某项工作所需要的能力水平。**
- ○ **建立某一时间范围内需要完成的确切目标。**
- ○ **制定该任务期间内的管理流程。**
- ○ **对任务完成情况进行考核。**

上述流程的关键在于：每个步骤都不是直接执行管理者的命令，而是通过互动对话进行，以确保员工对每一步负责。麦格雷戈就此评论说：“重要的不是谈话内容，而是双方对各自角色的重新定义。”他在本章指出：“对自我指导与自我控制等责任的接受，与目标的承诺有关。如果目标是从外部被强加上去的，员工就很难发自内心地作出承诺。”同时，他还拒绝机械地套用上述 4 步管理法，并指出：“‘推销’4 步管理法将使整合管理与自我控制的发展受到阻碍。”“如果一位管理者认可 Y 理论假设条件，并且能够正确理解相关策略的概念，就能在此基础上制定自己的方法。如果他所信奉的是 X 理论，那么无论采取怎样的技巧或者管理方式，都不可能实现整合管理与自我控制。”

现在，让我们对以Y理论为基础的管理策略进行详细研究。近几年来，“目标管理”的概念已经被人们普遍接受，在某种程度上是受彼得·德鲁克作品的影响。然而，在很多人看来，目标管理只不过是一套新的策略方法，仍然摆脱不了指挥与控制的管理范围。

下面将讲到应用Y理论所制定的管理策略。这种管理策略的目的在于创造适当的环境，促使员工实现自身目标，并最终通过努力实现组织目标。通过这种策略，不仅组织的管理绩效将得到提高，员工较高层次的需求也能获得满足。从这个角度来说，下面所介绍的策略方案具有一定的特殊性，并不同于传统意义上的目标管理。

该策略分为4个步骤：[①]

- **明确担任某项工作所需要的能力水平。**
- **建立某一时间范围内需要完成的确切目标。**
- **制定该任务期间内的管理流程。**

① 这个模型的关键在于：每个步骤都源于自发，而不是源于地位所具有的权威。——注释人注

● 对任务完成情况进行考核。[①]

哈里·埃文斯（Harry Evans）是一家制造公司的副总裁，该公司遍及美国中西部和南部各地，共有20家分厂。该公司管理风格积极，财务也相当成功，因此成长很快，先后收购了若干家小型公司，不断开拓各地新市场。

三年前，公司总裁感到有必要加强组织的管理职能，于是聘用埃文斯加入该公司。总裁特别关注公司的人事部门。人事部门成立于20世纪40年代早期，但地位就像一位没人疼的“养女”。总裁认为人事部需要更多的协助和指导，才能担负起相关的责任。

人事部门经理汤姆·哈里森（Tom Harrison）任职尚不足一年，是埃文斯在众多候选人中精挑细选出来的。尽管哈里森并没有像其他同事那样专业，却显示出比别人更适合这一职位的能力。哈里森约40岁、风度翩翩、为人精明、雄心勃勃、吃苦耐劳，同时拥有10多年人事管理的经验。

哈里森担任人事部门经理几个月后，埃文斯对他作出以下评价：

> 哈里森过于迫切地希望给高层管理者留下好印象，反而影响了工作绩效。他总是细心地察言观色，见风使舵。凡是高层管理者的指示，无论任务多么琐碎，哈里森一律“照单全收”。这样做自然能给人留下好印象，但对人事职能的增强却没有帮助。公司高层管理者天真地以为，人事工

① 在本章内容中，麦格雷戈提供了详细的例子来说明整合管理与自我控制。底特律能源公司的人际关系经理丹尼斯·达布尼（Dennis Dabney）为我们讲述了他在这家知名企业中的工作经验：有一次，我们在底特律的工厂迎来了一位与众不同的经理。每天，他都要去工厂，看到员工工作出色就会表扬他们。他每个季度都与员工达成协议，设定目标和衡量业绩指标，如果员工达到该季度的目标，就能获得奖励。结果，第一个季度我们就提前30分钟完成了任务，大家在工作场所举行了欢庆会，一边享用热狗和糖果，一边参与有趣的游戏。员工们笑啊、玩啊，高兴极了。更重要的是，生产效率提高了，质量也开始上升。后来，在每季度的欢庆会上，他都会计划更多的娱乐活动，把工作和家庭联系起来，庆祝每一点的业绩进步。他说，公司真诚感谢员工带来的业绩提升。但事实并非如此，他和大家一起玩游戏的事情传到了公司高层管理者那里。据说，高层管理者不同意大家在工作场合娱乐，该经理也被调换了工作。没过多久，我们的业绩又降到了之前的水平。——注释人注

作可以全部交给单个管理部门负责，“你负责人事工作，公司经营问题交给我们”，而哈里森也没有说服和改变高层管理者的想法的意思。

哈里森根本算不上一位出色的管理者，他似乎只能胜任部分管理工作。哈里森把员工看成是容易出错的孩子，并不认为他们是可以利用的资源。他喜欢凭工作经验和常识来告诉员工如何工作，不重视他们具有的专业知识。他急于将人事部门进行重组,对于像自己一样拥有实践经验，但缺乏专业训练的员工委以重任。

根据以上印象，埃文斯判定哈里森不了解人事工作的性质，人事部门也没有担任起应有的角色。高层管理者重视哈里森的实践经验无可厚非，但如果不对人事职能采取一套新观点，公司的真正需求将难以得到满足。埃文斯相信，哈里森还是有能力履行职务的，因此暂不打算对他进行职位调动，但哈里森必须得到协助。于是，埃文斯拟订了如下 4 个步骤。

第一步，明确职位的主要需求。埃文斯建议哈里森根据过去的经验，对人事部门经理职位的性质进行深入思考。他要求哈里森列出自己的主要职责，但不能主观臆断；如果愿意，可以利用人事部门现成的职位说明。他说：“你上任已经 8 个多月了，我希望知道你对这个职位的看法。”

哈里森最终拿出来与埃文斯进行讨论的责任清单如下：

1. 本部门的组织工作。
2. 为公司的高层管理者服务。

   了解公司所面临的问题，并提出解决方案及政策建议。
3. 本部门的生产力规划：

   （1）有关人事计划及人事服务的有效处理。

   （2）委任管理人员完成相关任务，订立完成时间，并进行进度调查。

   （3）定期考核本部门员工的工作绩效，采取相应的行动。

4. 与各分支单位的沟通与联系：

（1）对各分支单位提供建议、完备的计划、信息等。

（2）定期访问各分支单位的人事部门，确保其人事业务的正常运行。

埃文斯与哈里森针对这份责任清单进行过多次长谈。埃文斯说：

哈里森，我要求你将自己的主要职位需求写下来，以便我们讨论。也许你原本希望由我来确定你的职务，并告诉你该做些什么。但假如我那样做，这就不是你自己的工作了。当然，我并不认为自己会同意你写的全部内容。但我们的目的是相同的，那就是使你的人事部门无论和谁比都是出类拔萃的。我们的讨论可能面临这样的困难：即使你不同意我的意见，你也会觉得必须接受不可，因为我是你的老板。事实上，我希望帮助你完成一份我们双方都满意的清单。但是，如果你单纯地顺从我的要求，或者我因为害怕给你压力而不敢说出自己的观点，讨论就没有任何意义了。所以，请试着把我看成一位普通的同事，我的经验和知识仅供参考，是否采用全由你自己，不要把我看成你的老板。我确信，即使我们意见不同，也一定可以找到解决办法。

在讨论过程中，埃文斯提出了自己的观点，但他主张应由哈里森自己检讨自己的观点。埃文斯坦诚地发表了对公司情况的看法，以及对人事部门所担任角色的认知。他告诉哈里森，自己对人事职能的知识十分有限，而其他员工则受过专业培训且经验丰富，一定能够帮忙建立起更加完善的概念。于是，哈里森与人事部门的同事进行了几次讨论，过后再与埃文斯进行深入商谈。

在这些讨论中，最重要的不是谈话内容，而是双方对各自角色的重新定义。埃文斯的成功取决于他的态度，而不是什么豪言壮语。哈里森终于明白：埃文斯并不是以传统管理者的口吻在和他说话，而是站在咨询顾问的立场，为他提供知识与经验的参考，最终帮助他把工作做好。

随着哈里森逐渐觉察并理解埃文斯的用意，他开始尝试转变自己的角色。哈里森没有像以往一样，设法了解埃文斯怎样为职务下定义、埃文斯希望他做些什么、埃文斯同意什么不同意什么，等等。相反，哈里森开始自己思考。而且，在埃文斯的鼓励之下，哈里森可以更加自由地扮演自己的角色，对员工的态度也发生了改变，他们不再只是“帮手”，而是成了一种可以利用的资源。①

结果令人难以置信，哈里森对自己及工作的认识都发生了戏剧性的改变。下面，是哈里森修正后的责任清单，由此我们可以看出，哈里森在与埃文斯及人事部门的员工讨论之后，发生了怎样的改变：

1. 本部门的组织工作。

2. 对公司的短期需求与长期需求进行持续的考核，主要通过以下方式：

（1）对其他分支单位的调查。

（2）对有关管理问题的了解。

（3）对本部门员工意见的调查。

（4）对外界趋势的认识。

3. 对各级管理层提供专业协助：

（1）解决问题。

（2）战略规划。

（3）调查研究。

（4）人事工作及政策的高效化。

（5）人事服务工作的高效化。

① 今后，哈里森也会将埃文斯对待自己的方式运用到其他人身上，这种方式体现了行为的榜样作用，以及双方互惠的模式。——注释人注

4. 管理人员的发展。

5. 个人的发展。[①]

埃文斯信奉Y理论，他对哈里森管理的第一步也反映出这一特点。埃文斯认为，哈里森必须承担起自我发展的责任，但同时也需要管理者提供相应的协助。个人目标与组织目标的融合是一个积极的过程，其间不可避免地会遇到不同的意见与争论。哈里森很可能会不假思索地同意他的观点，而这当然是埃文斯不希望看到的事情。因此，埃文斯特意与哈里森建立起关系，使哈里森将他看成一位帮忙的朋友，而不是传统意义上的老板。埃文斯知道，建立这样的关系需要时间，但产生的结果将是长期的、格外重要的。埃文斯并不指望哈里森第二天就能进入角色，因此暂且承认了哈里森编写的不甚完美的工作定义。埃文斯相信，6个月以后再次讨论时，情况一定会发生改变。

如果哈里森愿意学习并提高自己的能力，如果他希望通过这一过程获得更高层次的满足，就必须不断地挑战现有工作。假如他的工作完全局限于正式的职位说明书，或者管理者的指示，他就不可能取得进步。因此，融合原则从一开始便发挥了十分重要的作用。采用融合原则并不意味着忽略组织规划。**很显然，任何组织都必须进行合理的职责划分**。事实上，所谓职位说明是指一套指导性的原则，个人可

① 在麦格雷戈理论的基础上，黛安·伯顿（Diane Burton）和马修·比德韦尔（Matthew Bidwell）撰写了《管理雇用关系：管理者角色在员工管理中的作用》（*Managing Employment Relationship：The Roleof Managers'Attachment Beliefs in How Workersare Managed*）一文，从此进入崭新的研究领域，旨在证明管理者的思维方式将直接塑造员工的行为。他们写道：麦格雷戈在他卓越的关于X理论和Y理论的作品中谈道，管理者对于管理员工行为的理念不同，其采取的管理系统也不同。很多作品研究过高效工作系统与心理授权的内容，以及麦格雷戈的相关理论，即分享式管理可以使公司和员工实现双赢。然而，很少有作品研究麦格雷戈的另一个观点，也就是管理者对员工行为的态度是决定雇用关系的关键。研究管理者对员工行为所持的观点，将有助于我们从两方面扩展自己对雇用关系的理解。首先，它有助于我们以超出常规的思维来理解管理者的工作实践；其次，它有助于解释管理实践中产生的变化。以高科技企业为例，我们通过对工程师和管理者进行调查，来检验管理者的观点是如何影响员工管理方式的。并且，在广泛研究和参考优秀作品的基础上，我们创造出一套标准，用以衡量管理者的观点；同时检验这些观点怎样影响管理者的管理方式，以及员工的最终产出。研究表明，管理者的观点将直接或者间接地影响员工的工作满意度。可见，管理者的观点无疑是塑造员工雇用关系的重要因素之一。这一发现为人力资源管理的日常实践提供了不同的观点。——注释人注

以此为依据，灵活处理具体工作；如果不能理解这一点，职位说明很可能会成为一件束缚手脚的紧身衣。那种认为组织计划就是把员工“一个萝卜一个坑”地安置起来的看法，很显然与融合原则是全然不符的。

上面叙述的第一个步骤与德鲁克所说的“了解我们所处的工作状况”颇为类似，只不过这里涉及的范围相对小一些。从高层管理者的角度通观整个组织，这一步骤无疑具有重要的指导作用。即使在较为局限的范围内，比如在上文的案例中，也将获得有益的成果，尤其是在管理者能够像埃文斯这样鼓励员工时更是如此。

第二步，设定目标。在与哈里森讨论完职位的主要需求后，埃文斯建议哈里森设想一下，在今后6个月内，他本人以及人事部门应该分别达成怎样的目标。埃文斯提出，哈里森需要同时考虑个人与部门应取得怎样的进步，以及采取哪些步骤来实现目标。埃文斯说：“我不会直接告诉你怎样工作，只希望你能仔细考虑如何推进。在你的想法形成之后，我们可以进行讨论，或许我能提供些帮助。”最后，埃文斯还要求哈里森考虑，他需要什么资料，以及如何获取这些资料来检验目标的达成度。等哈里森进行思考并完成相关计划以后，埃文斯将与哈里森再次进行讨论。

第二步是计划的阶段，也是鼓励员工对自身绩效负责的阶段。根据传统流程，目标通常由高层管理者制定，然后交由低层员工执行。这样做的理由是：只有高层管理者才具备提出计划的广博知识。在某些情况下的确如此，但是只要仔细分析一下两种计划方式——一种是由核心管理层决定下属所有部门、所有员工的具体工作任务；另一种是由核心管理层公布总体期望目标，各部门自主决定完成怎样的工作——便不难发现，两种计划之间存在着巨大的差异。

即使通盘目标都由核心管理层事先制定好，目标本身也一定存在限度，通常会与某种绩效水平联系在一起，比如生产目标、成本目标、利润目标等。其他方面的目标则需要由各部门自行制定，这与个人的目标计划是紧密相连的。

根据Y理论的重要观点，对自我指导与自我控制等责任的接受，与目标的承诺有关。如果目标是从外部被强加上去的，承诺将变得难以实现。如果被动接受外

部目标，后果往往是冷漠与对抗。凡是以 Y 理论为基础的管理计划，其制定目标的过程中必定具备相互参与的机制。从埃文斯对哈里森的建议中可以明白地看出这个道理。

在讨论目标时，管理者应该扮演协助的角色，而不是权威的角色。他的主要兴趣在于协助员工规划自己的工作，使组织目标及个人目标能够同时达成。尽管管理者的职位决定他拥有否决的权利，但只有在绝对需要时他才会这样做。

的确，员工有时也会制定不切实际的目标，尤其是第一次从事某种工作时更是如此。根据一般经验，目标设定过高的现象比较常见，偏低则不多。管理者固然可以为员工提供明智的建议，帮助他们修正不切实际的目标，但从长远角度来看，似乎更应该让员工自己总结经验教训，而不是简单地指出计划的缺陷。

哈里森准备与埃文斯进行讨论的目标列表如下：

1. 通过下列途径，设定公司主要的长期需要及短期需求：

   （1）访问分支单位，与当地管理人员进行讨论。

   （2）与高层管理者进行深入讨论。

   （3）调查人事部门管理人员的意见。

   为完成上述工作，我将提供一份相关计划，包括职责分配及工作日程表，期望能够在 6 个月之内结束研究，但相关报告和后续计划将于 9 月前完成。

2. 与部门管理人员共同研究目前的工作项目。

   以我们目前正在进行的计划方式展开工作。

3. 部门管理人员的发展。

   上述 1、2 两项可作为任务的实施工具。我仍然需要帮助，来学习如何与员工和谐共事，尤其希望能够消除老员工与新入职毕业生之间的摩擦。

4. 自我发展。

（1）我希望通过阅读专业书籍充实人事管理的认识，或者参加大学的相关课程。期望得到您的建议。

（2）我自觉才疏学浅，尚未具备担任管理者应有的才能。听说本部门一些管理人员不同意我担任人事部门经理，我希望通过努力改变现状，但不清楚怎样做才好。

5. 为人事部门制订完善的组织计划。

在推动上述各项计划的过程中，我一定能够获得很多有益的观点，帮助我们更好地完善人事部门功能。

通过前几次的讨论，埃文斯和哈里森之间已经建立起良好的工作关系，双方沟通十分顺畅。埃文斯很看中哈里森拟订的第一个目标，认为它可以为重新定义人事部门角色提供新的概念基础。如果哈里森能够敞开胸怀，审慎行事，则他本人也能从中学到很多东西。因此，埃文斯特地花了几个小时来帮助哈里森分析他所制定的战略，从人事管理角度考虑公司的需要。哈里森也明白了这项工作的意义，他将以此为基础完成清单所列出的目标。

有了前面的经验，埃文斯没费什么劲就说服了哈里森，同意员工参与计划的拟订。埃文斯建议在今后的几个月里，两人最好能再见几次面，继续讨论并考核这一流程。埃文斯认为，这才是帮助哈里森提高管理能力的最好方法。

他们一致同意，今后几个月里，哈里森可以调查一下大学里的相关课程，以供今后需要时选修。同时，他们还列出一份参考书单以及读后感的讨论时间。

由于人事职能的特殊性质以及哈里森所面对的特殊问题，他们订出的目标无法像生产目标一样可量化衡量。不过，在埃文斯的协助下，哈里森拟订了一份相当详细的计划，包括如何在6个月之内完成任务的具体步骤。埃文斯相信，6个月届满时，哈里森就可以凭借这份计划来检验工作成果了。

接下来，埃文斯建议讨论一下两人今后的关系问题。埃文斯说：

我不会每周都来检查你的工作成果。这些是你的计划，你完全可以尽全力实现目标。而且我也希望你在需要时自己寻求帮助，我的经验可以供你参考。就这样吧，你在需要时可随时来找我，但不是汇报工作情况，而是寻求帮助，或者和我讨论有关计划调整的问题。

就这样，在埃文斯的帮助下，哈里森明白了该如何扮演管理者的角色，同时也认清了自己作为一名员工该负起怎样的职责。

第三步，执行的阶段。这一步属于管理策略，而不是人事工作技巧。这一阶段位于制定目标与考核成果之间，具有与前述两个步骤同等的重要性。其间可能出现怎样的现象，要视当时的情况而定。**此阶段的目的在于进一步促成员工的成长：包括才能的增长、自我指导与自我控制等责任的接受、获得能够实现组织需要与个人目标的能力，等等。**

在此案例中，埃文斯的关注点主要在两个方面：第一，促使整个公司对人事职能产生较为充分的认识；第二，建立强有力的部门，对公司各级单位的管理工作负起管理责任，同时提供专业协助。埃文斯认为，通过推进策略的前两个步骤，哈里森已经对目标作出了相应承诺。他也相信，哈里森提出的衡量公司人事管理需要的方法，正是达成目标的有效手段。

不过，埃文斯提醒自己注意两个方面的问题。首先，不能期望太多、太快。公司目前并没有处于紧急状态，因此没有必要仓促上马。哈里森的计划无疑将使他本人及其他管理人员受益匪浅。其次，埃文斯还认识到，只要哈里森的学习过程能够顺利推进，他就应克制住自己干预的念头。当然，以哈里森目前的水平，出错是难免的，他还不能认清整个任务的全貌。尽管如此，埃文斯还是决定，即使哈里森向他求助，他也会把自己的影响限制到最小，这样做将使哈里森获得更大的进步。

埃文斯这样做了一段时间后发现，他对于哈里森的信任终于得到了印证。哈里森与其他管理人员灵活巧妙地处理问题的方式甚至超出了埃文斯的预期。很快，哈里森便能把握问题的实质了。一天，哈里森找到埃文斯，表示他们正准备扩大调查范围，访问更多的大学研究中心，向学术界人士学习更先进的观点。同时，他们还计划研究其他公司的经验，以便对一些新观点进行验证。

通过这次讨论，埃文斯感到哈里森的智慧得到了提升，对员工资源的运用能力也大大增强。终于，埃文斯最初的担忧烟消云散，他决定今后只在哈里森遇到困难时再帮他解围，但他相信这种情况几乎不会再发生了。

第四步，自我评价。8月底，哈里森提醒埃文斯（而不是埃文斯提醒哈里森），6个月期限已满。"您什么时候需要我的报告？"哈里森问。埃文斯回答说他并不需要报告，而是希望哈里森根据6个月前设定的目标进行自我考核。埃文斯说："你可以此为基础制订下半年的计划。"

一周以后，哈里森提交了以下讨论资料。

绩效考核

9月1日

1. 公司主要需求的确定：

（1）完成各分支单位的访问工作。

（2）我与人事部门管理人员正在起草一项建议，目的是建立公司人事管理的新观点。30天内，我们将提出草案以供讨论，希望您能抽出一天的时间，让我们有机会展示成果并提出建议。

（3）我们的工作成果表明，人事部门对公司高层管理者承担着教育的任务，我将把这方面的计划列为下一个阶段的工作目标。

2. 与本部门管理人员共同确定当前计划。

目前，我和人事部门全体管理人员就目标设定召开了会议，讨论下一年度的计划方案。所有重要的项目——无论是个人项目还是群体项目——都将在会议中详细讨论。部门会议结束后将继续召开个人计划会议。

3. 部门管理人员的发展。

（1）通过推行本部门的重要计划方案，我对员工的看法也发生了改变。我正在学习如何更好地与他们共事，而他们也取得了显著的进步。有关这部分的内容我将在下个月讨论时进一步说明。

（2）您提出的目标设定法使我受益匪浅，我也将效仿这种方法对员工给予协助。另外，上述谈到的部门计划同时也是一项发展工具。我曾经与实行这一计划的 B 公司相关人员进行讨论，相信该计划也可以有效地应用于本公司。

4. 自我发展。

我最大的感受就是：过去 6 个月中，我所学到的东西比过去 5 年还要多。

5. 人事部门的组织计划。

由于这方面的工作并不紧急，我尚未采取相关行动。我们目前的部门计划似乎还算不错，没有建立新体制的必要。今后 6 个月内或许会考虑到这方面的工作，但应该首先办理其他更重要的事情。

6. 总结。

如果是 6 个月以前，我会不切实际地对自己的工作履行状况做出比现在更高的评价。现在看来，要符合您对人事部门经理的任职要求，恐怕还需要学习两三年，但我相信自己一定可以做到。

以上关于自我绩效考核的讨论十分详细。埃文斯认为，哈里森已基本了解了自己的优势和劣势，因此双方可以很客观地对有待提高之处达成共识。比如，哈里森坦承自己过去对上级过于顺从，通过最近与高层管理者的接触，他的自信增加了。哈里森说："我想，今后我会坚持自己的主张，不再退缩。是您帮助我认识到我可以自己思考，可以通过讨论维护自己的观点。"

埃文斯和哈里森商定，先由埃文斯与人事部门全体人员进行一天面谈，然后再讨论今后6个月的计划。“接下来，”哈里森说，“我还要和您讨论重新修订的职位说明书。”

管理策略与人事技巧

理解融合原则及自我控制管理的关键在于：这是一项管理策略，是一种管理人的方式。具体方法视情况不同而形式各异，表单及流程则相对不那么重要。我之所以特别指出这一点，是因为根据以往的经验，只要我和同事一提出目标设定问题，便会有人立刻“搬”出各式表单，通常名为“自我考核表”等，问我这些能否作为推行新方案的工具。

“推销”4步管理法或生搬硬套标准表单和程序，将使整合管理与自我控制的发展受到阻碍。如果管理者认可Y理论假设条件，并且能够正确理解相关策略的概念，就能在此基础上制定自己的方法。如果他所信奉的是X理论，那么无论采取怎样的技巧或者管理方式，都不可能实现整合管理与自我控制。①

如果管理部门对设定目标的潜在价值感兴趣，就应该设计一套方法，使管理层可以检验其基本假设，考虑现行策略可能产生的后果，并与其他策略进行比较。但建立这种管理哲学所需要的工具绝不会是工作手册和表单，而是对待员工以及管理角色的态度与信念。

在通常情况下，融合原则与自我控制的管理是由个人提出的，而且此人一定已经建立起自己的管理策略，并深切认识到该策略的价值。随后，其员工开始效仿他的行为。接着，周围其他人也开始询问相关问题，并考虑应用他的观点。如果最初的步骤从高层管理者开始（实际操作时，可以在组织中的任何地方开始），观点的推广将十分迅速。如果相反，最先感兴趣的人级别不高，则管理部门在说服高层管理者时就会面临较大的困难：首先必须解释该策略不是仅仅换了个花

① 麦格雷戈对于“表单”的批判，意在引导人们采取更具建设性的方法，这一批判得到了广泛的认可。然而，他却没有预测出，标准化即将充当“持续发展的必要基础”的重要角色。而这正是精益生产及六西格玛等相关体系的核心所在。不过，需要注意的是：只有在一线员工主动工作的基础上，标准化才能有效发挥作用。——注释人注

样；其次说明并不需要重新建立正式制度因为通常认为，新的人事方案必然有相配套的新制度。①

推行融合原则及自我控制的管理者认为，这项策略的建立极为费时，因为角色很难确定，双方不能在短期内对员工的职责达成一致看法，不经过反复讨论就无法制定出适当的目标。直接将职位说明书交给员工，或者将下一年度的目标告诉员工，自然简便许多。然而，一旦我们认识到该策略是一种管理方式，采取后可以减少对员工的监督，并促进管理能力的增长，那么时间的耗费也就值得接受了。

这项策略只是高层管理者履行职责的另一种方式，因此并不会增加其工作负荷。凡是有效推行该策略的管理者，很少会对耗费的时间感到不满。相反，一些管理者认为："如果这还算不上主要的管理工作，那什么才算呢？"

① 图书馆管理专家约翰·鲁本斯（John Lubans）在《LA&M 杂志》的"论管理"专栏中，发表了一篇题为《唯独她不听取批评：坏老板必然落后》（*She Took Everything but the Blame: The Bad Bossis Back*）的文章，其中这样说道：我挑选了一个研究小组，向被测试者提供一种测试 X 理论与 Y 理论倾向的自我检测方法。测试者一共要参与两次测试，即如何管理他人与希望被如何管理的测试。然后他们根据自己如何管理他人的测试分数进行分组，通常的结果是在绝对的 X 理论与绝对的 Y 理论倾向之间会存在很宽的过渡区域。然后，测试者重新按照希望被如何管理的分数进行分组，通常的结果是大部分人都倾向于 Y 理论。因此，那些强烈支持以 X 理论管理他人的人会感到奇怪："为什么我会成为一个连自己都不喜欢的老板啊？"——注释人注

THE
HUMAN SIDE
OF
ENTERPRISE

第 6 章

绩效考核

本章导言

第 6 章开篇，麦格雷戈指出，绩效考核不只是一种人事管理的技巧。他说：“它一旦运用在管理之中，就成为了管理策略的一部分。”他进一步表明，绩效考核的潜在逻辑是“为了使员工为组织的目标而效力，管理者必须告诉员工应该做什么，衡量员工业绩的好坏，并给予相应的奖励与惩罚”。以这一假设为焦点，麦格雷戈指出：“设计考核制度不仅是为了更加系统地控制员工行为，同时也是为了控制管理者的行为。”“职位说明书并不能清楚地表明它们原本想要提供的东西。”“职位说明书的主要价值在于：

- 第一，满足组织规划人员追求条理和系统化的需要。
- 第二，让高层管理者放心，每个人手中都有一份文件，告诉他们应该做些什么。

危险的是，这两部分人都有可能认为职位说明书描述的就是实际情况。”这些控制方法“并不特别适合控制今天企业中的人性行为”。最后，麦格雷戈断定：“从表面看来，这样的制度也算是对于人性的一种适应。”

戴明博士将绩效考核列为 12 个极度不合理的工作方法之一，原因与麦格雷戈的观点相同。尽管如此，大部分大中型组织依然重视绩效考核，定期要求企业顾问重新设计。

绩效考核的弊端的确十分明显，而个人反馈、职业规划等可选择性方法的生存能力也不过如此，我们仍然需要更好地理解个人发展过程中的核心价值与假设。

将融合原则、自我控制的管理策略与我们熟悉的绩效考核制度加以比较，这种做法无疑是十分有益的。绩效考核经常被看成是人事管理的技巧，然而它一旦应用在管理之中，就成为了管理策略的一部分。绩效考核的潜在逻辑是：为了使员工为组织的目标而效力，管理者必须告诉员工应该做什么，衡量员工业绩的好坏并给予相应的奖励与惩罚。这项策略因公司不同而有所差异，但一般说来，主要包括以下几项步骤：

- 一份正式的职位说明书。通常由管理者负责编订，规定职位承担的责任以及享有的职权范围，使每个人都清楚自己应该做怎样的工作。
- 在正式职位说明书的限度内，由管理者进行日常的指挥与控制。作为管理者，应当负责为员工安排任务、监督绩效、奖优罚劣、矫正错误、解决困难等。
- 由管理者提出一定格式的标准化考核表，根据员工绩效制定定期、正式的记录。一般来说，考核包括员工工作的质量与数量、员工对待自身工作及对待公司的态度（忠诚度、合作程度等）、人际交往能力、判断能力、承受压力的能力、个人潜力及为升职所做的准备等因素。
- 召开会议，管理者将自己的想法告知员工，与员工讨论原因，并提出执行方式的建议。
- 将正式的考核应用于薪酬管理、职位升降及管理发展计划之中。

上述流程可应用于提高管理者判断的客观性、增强管理者业绩的可比性、加深鉴别的精益性，等等。举例来说，有些制度采取复式评价，由不同的管理者提出意见或参考小组考核结果；有些制度采取“强迫选择”的方法，为特定评价赋予相应的分数，管理者并不清楚各个评价的分数，也无法把握员工考核的总分，直到最后的计算结果产生。许多公司还设置了培训项目，帮助管理者掌握考核流程，提高协商技巧。

设计考核制度不仅是为了更加系统地控制员工行为，同时也是为了控制管理者的行为。举例来说，很多人相信考核制度将迫使管理者关注绩效低下的问题并加以处理，同时还要与员工进行有关绩效的沟通，等等。[①]

关于这项策略的实际应用，我们已经积累了一定的经验。其目标达成度如何呢？让我们来分析一下。

职位说明书

首先，正式的职位说明书为管理者提供了有条理的组织描述，以及员工具体承担的工作职责。职位说明书确立了正式的指挥链，划定了职权范围，使人与人之间的工作互不妨碍。职位说明书还是公平薪酬制度的基础，不过仅能粗略地反映现实情况。从告知员工应该做些什么的角度来看，职位说明书并不是一个特别实用的工具。在组织层级中，即便是同样的职务，前任与后任的工作也很难完全相同；就算没有人员的更替，时间久了也会前后不一。不但情况会变，工作技能、相对能力以及个人对工作优先性的判断也会改变。因此，如果管理者只知道定时修改职位说明书，而不采取其他措施，公司对于人力资源的运用将日益退步。

中层与基层管理者在实际工作中几乎不用职位说明书。一般情况下，他们只会大致浏览一遍职位说明书，看看是否符合普通要求，随后就进行归档，搁在一边。许多研究表明，员工对于职位需求与优先性的认识，与管理者的认识常常有很大出入。职位说明书的目的本来是为了增加了解，实际上却未必能达到这个结果。

① 这里强调了 X 理论假设的普遍特征，它甚至会影响高层管理者对基层管理者的评价。——注释人注

许多组织采用职位说明书是为了实现控制，比如政府机构就是如此，然而却导致了种种管理措施的产生；具有讽刺意味的是，这些措施的目的竟然正是打击控制系统。在这种组织中，管理者往往通过在职位说明书中耍花样来满足自己的需要，比如聘用不符合条件的员工、调整薪酬、授意升职等。这样一来，原本单纯的制度自然就失效了。①

组织企划部门有时会采取参与管理的方式来消除这些困难，他们鼓励个人贡献自己的知识，协助管理者编写职位说明书。这种做法的确可以减少员工对整个工作的阻力，但能否使职位说明书更好地应用于行为指挥与控制，仍然令人怀疑。

管理职位的实际情况常常会因特定时间、特定环境、特定人员而有所不同。影响职位“形态”的变量，大抵有以下几项：

- 上级、下级和同级人员履行职务的方式。比如，对负责销售的副总裁来说，总裁究竟是具有丰富的销售经验，还是具有研发经验或制造经验，对他的职位所产生的影响是截然不同的。
- 个人的资历，包括经验与才干。经验与才干会随时间而变动，因此个人对于职位的认识以及履行职务的方式也会相应变动。
- 个人兴趣。与资历有关，但并不等同于资历。
- 个人对自己承担的管理者角色的观点假设。比如，对员工授权的程度不同，管理者的职位状况也会有所不同。
- 外界环境的变化引起职位需求的变动。经济状况、市场特征、政治环境、竞争情况以及其他变数，都要求职位产生不同的绩效，从而影响职位的性质。

在不同的时间里，比如一年前后，某一职位的职责可能会从图 6–1 所示的情况，改变为图 6–2 所示的情况。然而，正式职位说明书却仍然保持原状，如图中长

① 标准职位说明书是精益生产和六西格玛系统的发展基础，也是维系持续发展的基础。麦格雷戈的观点十分明确：如果同样的职位说明书用于控制的目的，则其对于持续发展的功效将遭到削弱。——注释人注

方形所示。即使我们有意适时更新职位说明书，以配合个人对该职位职责的观点，职位变动的真正情况恐怕也很难把握。

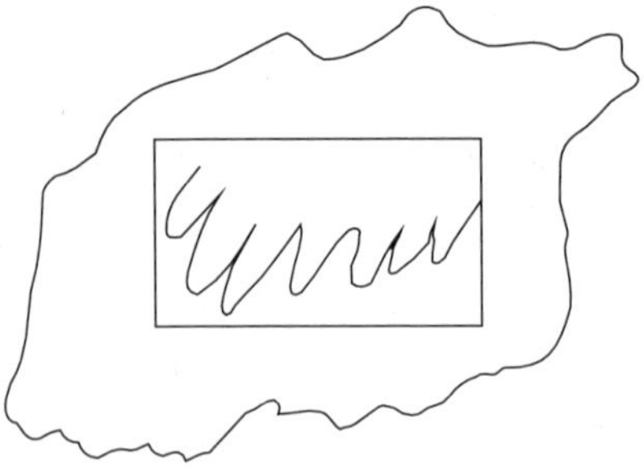

图 6-1　职位的职责（一年前）

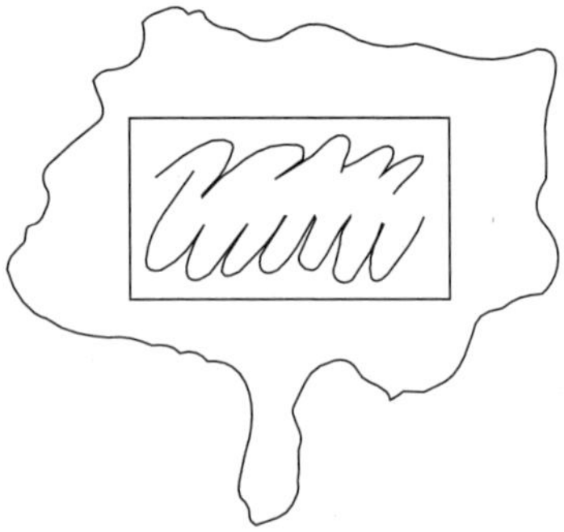

图 6-2　职位的职责（现在）

除了为薪酬管理提供依据以及在录用及任命方面偶有帮助外，职位说明书的主要价值在于：

- 第一，满足组织规划人员追求条理和系统化的需要。
- 第二，让高层管理者放心，每个人手中都有一份文件，告诉他们应该做些什么。

危险的是，这两部分人都有可能认为职位说明书描述的就是实际情况。[①]

考核：　行政管理的目的

现在，让我们研究一下考核在多大程度上达到了预定目的。其目的之一，就是行政管理，将考核结果应用到薪酬管理、升职、调动、降级、解职等工作内容之中。当然，工作的执行会有一定的困难。

首先，考核的判断标准不一，这个困难始终没有完全解决，更不要说消除考核判断的主观偏见所带来的影响了，这些问题的严重程度要视考核（比如，是否采

① 由上述职位说明书的使用风险可以看出，关注潜在假设有利于我们理解为什么很多工作无法通过实践达到预定目标。——注释人注

取多层考核）以及培训情况而定。然而无论如何，考核结果的偏差仍会存在。比如，针对考核表中这样一道问题："A 君的工作成绩如何？"其答案不但受到被考核人实际工作绩效的影响，还会因上级的特定心理状况而有所不同。[①]

如果我们凭借有缺陷的资料来为员工的调薪和升职提供依据，固然可以拥有漂亮的说辞，但与实际情况却全然不符。通过贯彻简单的流程以及实行消除主观偏见的对策，说不定能够分辨出最优、尚可与最差的员工。可是，如果要使用考核结果进行更加精细的辨别，则无异于自欺欺人。事实上，许多薪酬管理和升职计划都在用考核结果来区分高低，区分结果往往与考核前的判断相差无几。

事实上，员工的工作绩效往往取决于管理者的管理方式。[②] **因此，以绩效考核作为行政管理的目的，引发的问题将更加复杂。**比如，有些人在管理者赋予充分自由的情况下，可以表现得相当出色，然而不幸的是，这种人恰巧遇到了过于严格缜密的管理者。在这种情况下，即便是最客观的评价也不适合用在员工身上，而应该反过来用于管理者才是。

最后，还有一个明显的现象：**管理者在考核员工绩效时，往往会视考核目的是否用于行政管理而作出不同的判断。**

某公司使用正式考核制度已有数年之久，但只是把它作为管理者与员工之间沟通的基础。考核表全部归入档案中，大家都很清楚，考核表将不会用于行政管理

---

① 在《取消绩效考核：为何事与愿违以及怎样挽回事态》（*Abolishing Performance Appraisals: Why They Backfire and What to Do Instead*）一书的序言中，汤姆·柯恩斯（Tom Coens）和玛丽·詹金斯（Mary Jenkins）引用提摩西·谢尔哈特（Timothy D. Schellhardt）在《华尔街日报》中的话，写道："如果不超过 1/10 的客户认为一种产品是有效的，而 7/10 的客户对该产品产生怀疑，你就应该停止生产，不是吗？既然如此，为什么大部分公司不取消年度考核制度呢？"柯恩斯和詹金斯在他们的作品中进一步阐述了绩效考核的局限性，并认为整个考核工作应该就此取消。这样说似乎有些刺耳。考核代表了传统的智慧。尽管它有着不可否认的缺点，但我们已经习惯了它的存在。但是，如果感到绩效考核背弃了人性的需要，比如对于反馈、指导和发展的需要，对于获取测量工具的需要（使组织了解个人的工作状况），干脆就把它抛弃了吧。取消绩效考核并不意味着背离良好的意图。相反，良好的意图将被保留，与此同时寻求另外一种交流路径，将考核本身固有的问题规避在外。——注释人注

② 如果麦格雷戈之前针对绩效考核的批评还不够充分，那么提出管理者及系统应当对员工业绩承担责任的观点则恰好进行了补充。——注释人注

的目的。

后来公司高层发生人事变动。有人认为公司在管理组织方面的“庸才”太多，于是指示管理部门将过去的考核表从档案中调出，挑选长久以来没有进步的员工。接着，这些员工的上级接到要求，令相关人员立刻改正行为，或者干脆予以解雇。公司宣布，从今以后，定期考核结果将用于行政管理的目的。

最终，的考核结果显示，业绩水平戏剧化地提高了，大多数“庸才”也从部门中消失，当然他们仍然留在公司里。如此看来，高层管理者希望通过考核推行控制的做法的确带来了变化，但实际上却并非他们本意的革新。

我们似乎可以得出这样的结论：**绩效考核不是用于薪酬、升职、调动及解雇等行政管理的理想工具**。那么，将考核用于获取资料会有价值吗？员工能否通过这种方法了解自身的实际情况？

考核： 沟通的目的

厌恶批评乃人类天性。正面评价或许可以促进有效沟通，但提出负面评价而不引起对方自卫，就显得格外困难了。

考核面谈的困难通常表现为一种自相矛盾的现象：如果管理者对员工提出的批评是以抽象概括的语言表达的，员工一定会要求他说得具体一些，举出实例。因为员工认为，过于概括的批评将使他们没有依据来改正自己的行为；然而，如果管理者举出具体实例，员工又会立刻提出各种理由，来证明这些行为是情有可原的。

管理者在对员工提出批评时经常会发现，沟通的效果与员工听取意见的程度是成反比的。态度越严厉，员工就越难接受批评。如果管理者坚持不懈地批评，则他的意见的确可以传达给员工，但结果往往是损害了双方关系。考核面谈的确是一件重要的事情，在谈话过程中，管理者将自己对员工的评价和盘托出，但员工却总感到管理者话中有话。这种做法加重了下对上的依存关系，使员工产生了内心的焦虑与敌视。另外，在正式场合提出批评，远远不同于日常工作闲谈时提出批评。日常工作中的批评并不会对个人构成威胁，因此比较容易听取和接受，而正式考核中的批评则大不相同。[①]

有一个问题由来已久，就是“员工是否真心实意地愿意了解自己所处的状况？”当然，如果直接询问，大多数人会坚定地作出肯定的回答，但这些回答可以有多种理解方式。也许员工的意思是：“我不清楚老板对我的工作是否满意，因为他从不在日常工作中谈论我的业绩。我觉得自己做得还不错，当然也想知道老板是否这样认为。”这种想法很显然不是为了获得冷静客观的评价，不过是表达内心的忧虑，希望获得管理者的肯定罢了。如果这位员工的确做得不错，管理者也只是针对一些微不足道的小问题提出了批评，考核结果或许能够满足他的需要。反之，如果他表现欠佳，考核结果必将加重其内心忧虑。要想在这种情况下得到员工的真实反应，恐怕很难。

对另外一些员工来说，口头上说希望了解自己所处的状况，真实意思可能是：“我知道自己在某些方面做得并不理想，不过只要老板看不出来就好。我只想确认他是否真的没有看出来。”而其他员工的意思也许是：“我的工作是一流的，希望老板能更好地认识到这一点。他似乎并不了解我的业绩。”

这些态度都是很自然的结果，足以说明考核的职责在于管理者，而不在于员工本身。如果管理策略强调员工的依赖性，认为员工对待管理者的考核应当像学生对待考试一样，那么对方在考核中表现得不够成熟也就不足为奇了。

考核面谈同时还是一种沟通工具。由于大部分考核除了对客观工作绩效进行评价之外，还会涉及管理者对员工态度与个性的评价，因此很可能会伤害到员工的人格。考虑到考核面谈的微妙之处，许多管理方法都建议管理者将考核面谈应用于咨询的目的。

可以肯定地说，几乎没有哪位管理者懂得精神疗法。而且，在考核面谈过程中，管理者作为提出评价的一方实在很难采取咨询的方式。有效的咨询关系应该是：咨询人员持中立观点，既不批评也不表扬。他唯一关心的只是对方的健康与幸福。然而，在正式的考核面谈中，管理者的咨询方式却异常滑稽，就像是对犯人

① 有关教练与顾问方面的研究，进一步强调了及时准确反馈的重要性。——注释人注

进行逼供一般。管理者对员工进行评价是为了改变员工的某些行为，双方都很清楚，如果不改变行为，管理者便要行使惩罚的手段了。显然，在这种情况下，即使管理者深谙精神疗法，也无法进行有效的咨询。裁判与顾问的角色原本就是截然不同的。

考核：激励的目的

最后，让我们对考核的激励目的再做研究。根据常识，要想改变某人的错误行为，比较有效的方法是提出忠告。当然，如果对方无法接受负面的劝告，不同意我们的观点，就不会采取行动。但这种情况发生的可能性不大。请对比以下两种情况：

- 第一，员工针对自己事先设定的工作目标，自行检讨绩效。
- 第二，管理者根据自己的标准和目标，评价员工的绩效。

在后一种情况下，员工会认为评价是强加的、需要防卫的、难以理解的，而且管理者过于武断，有失公平。这样一来，激励的效果自然很难产生。

半年或者一年一次的考核不可能成为有效刺激学习的方式。最主要的原因在于：评价是对个人行为的“反馈”，但反馈的时间却距离行为发生的时间过于久远。人们当然能够从反馈中学习和改变。事实上，这也是唯一的学习方法。然而，**最有效的反馈应该是紧接着行为之后提出的。员工可以从错误中吸取教训，也可以从工作失误中学到很多，但前提必须是立即分析错误与失误的原因。**一旦拖延三四个月，从经验中学习的效果便会大打折扣。如果管理者提出的概括性批评是针对数月以前的诸多事件，员工学习的效果就更加微乎其微了。

最后，让我们来谈一个普遍的经验：管理者大多不愿承担正式考核的工作，尤其是在对员工作出批评的评价时更是如此。有时，这些考核还要承担重大责任。管理者意识到上述困难的存在而产生抗拒，但根本原因则源于对整个制度的怀疑。尽管这项制度看似可以激励员工高效工作，但怀着厌恶心情的管理者将很难有效推进。可以说，正式考核与面谈都无法成为合适的控制工具，因为它本身就违背了人类的特性。

值得注意的是，许多管理者在Y理论假设的基础上设计了其他办法。从而将传统的考核制度加以修正，避免了上述部分困难。

这里有一个简单的例子。有一位任职于某大型制造业公司的总工程师，每隔6个月便将公司的考核表分发给员工，并告诉他们："我建议你们根据自己过去几个月的工作表现来填写这张表格。我也会另外填写一份。如果我们的观点一致，就不必再进行考核面谈；如果不一致，我们将通过讨论消除不同观点。"

当然，这样一套"花样"如果由一位主张X理论的管理者操作，很可能会变成破坏性的武器。但这位工程师凭借着自己的管理哲学，使这种方法变成了弥补考核制度不足的有效措施。

根据X理论的假设，自然而然地会产生相应的管理策略：指示员工做些什么、考核员工的绩效、给予奖励或者惩罚，通过类似绩效考核制度的方式加以推进。从表面看来，这种制度也算是对于人性的适应，而且也行得通。然而，这种制度背后的管理策略却并不特别适合控制今天企业中的人性行为。**可以肯定的是，融合原则与自我控制的管理策略更加适合于知识员工，也更有益于个人的成长、学习和进步。**

THE
HUMAN SIDE
OF
ENTERPRISE

第 7 章

薪酬管理与升迁管理

本章导言

第 7 章开篇，麦格雷戈提出了从他的观点所引发的核心问题，涉及薪酬、升职、调动和解雇等方面的内容。他指出 X 理论将金钱视为“激励组织中人类行为的主要因素”，而且更加直接地表示“劳动合同其实只是以接受指挥来换取经济报酬的意向书”。尽管现存的多种薪酬决定办法，比如市场调查、生活成本指数、工资不低于平均水平等，都被评价为有助于实现公平工资，但事实上还是由“集体与个人谈判”来“决定最终的薪酬水平”。接着，他对绩效工资提出了批评意见，举例说明在怎样的情况下个人将获得 3%、6% 和 10% 的绩效工资增长。这个例子表明：绩效考核计划中出现的衡量错误，似乎比管理中出现的错误还要多几倍。最后，麦格雷戈总结如下：

- 只有少数人的薪酬差异可以进行衡量，通常，这些人的业绩“可直接与工作结果的客观标准联系在一起，比如盈余或亏损”。
- 针对工作的平衡性，他建议将“服务时间”作为薪酬增长的依据，“只要绩效不至于令人过于不满”。
- 他建议“为少数绩效特别突出的员工加薪”。
- 最后，他建议“按照公司、部门、小组取得的客观经济结果提供团体奖励”。

也许有读者会问："你说得有道理，可是又该怎样处理薪酬和升职之类的实际问题呢？'不拘泥于形式'、'避免管理者为考核员工而烦恼'，这些话的确很动听，可是关于调职、解雇等问题，我们该如何解决呢？我们该如何决定为谁加薪，或者为谁提供业绩奖金，金额如何确定？自我考核是否意味着可以自主决定收入与职位的变动？"

这些都是合情合理的问题。为了证明这些问题可以获得部分的解答，我们有必要对传统的薪酬管理及升职、调动的处理方式先做一个分析。

工资及薪酬的管理

在X理论的思想架构中，企业管理层可以通过给予或拒绝给予经济报酬作为行使权威的手段。金钱一向被视为激励组织中人类行为的主要因素。它的确可以满足多方面的需要，这使得管理层可以运用金钱，换取员工对指挥与控制的接受。从这个角度来说，劳动合同其实只是以接受指挥来换取经济报酬的意向书。①

正如我们所见，就业的相对充分、生活水平的提高、人口的合理迁徙，以及种种社会立法，都使员工的依存性获得了某种程度的减轻。金钱的确可以满足多种

① 如今，"劳动合同"再次成为人们关注的焦点，但它已经脱离了麦格雷戈时代的含义，逐渐演变成为以市场为基础的协议体系。——注释人注

需要，但员工已经不像从前那样，仅仅依存于同一位雇主才能获得金钱了。②

还有一个更重要的问题：与员工签订劳动合同需要支付多少金钱？当然，金额的多少是相对的，取决于多方面的因素。

- 首先是劳动力市场的供需状况，以及通常的经济状况，包括生活费用的高低、税费结构等。
- 其次是职位在组织中的层级位置。
- 最后要看个人贡献的高低。即使职位相同，不同个人的生产力也有所差异。

建立工资与薪酬结构。通常，两项主要的考虑因素决定了工资与薪酬管理的政策和实践。

- 第一，关于公平的考虑。也就是说，金钱的多少能否配合市场状况、经济状况、工作重要性以及个人的贡献。如果不能配合，结果不是个人不愿就职，就是勉强就职但态度消极，比如限制自己的产出，对组织目标漠不关心甚至敌视，采取相反措施来抵抗管理者的指挥与控制。
- 第二，关于激励的考虑。广泛地说，包括一切类型的经济报酬，即通过报酬的增减改变员工的努力程度。一般认为，报酬越多，努力程度也越高。

在工资与薪酬管理领域，特别强调衡量的重要性。因为人们相信，系统化地决定经济报酬一定会比凭借武断决策、个人意见、压力以及个别观点等因素的决定方式更为公平。如果经济报酬能够通过不因人而异的客观方法来决定，势必可以减轻争论、摩擦和反对意见。这样一来，“衡量”就成为保证经济报酬管理公平性的关键。

然而，在管理中通过衡量来获得薪酬的公平，其可行度则要视问题的性质而

① 麦格雷戈写作本书时，认为提高工作灵活性将增强员工的能力，使他们的自身利益超越经济奖励的范围。20 世纪 90 年代，这一观点在某些领域得到了显著的印证，尤以高新科技企业为主。然而，后来的经验也表明，在紧缩的劳动力市场上，个人与企业讨价还价的权利将受到限制，除非选择离职。——注释人注

定。在根据经济情况制定薪酬水平时，我们遇到的困难固然可以通过系统化的方法得以缓解，但仍然无法彻底解决。诸如市场调查、生活成本指数分析，以及各种政策的制定，比如提供不低于平均水平的经济福利等，的确提高了人们对薪酬制度的接受程度。然而，这些公式化的解决方案却无法实现公司“支付能力”的提高以及员工“分享企业经营成果”的目标。另外，集体与个人谈判等问题也将成为“衡量”难以解决的一大问题。①

今天，很多人倾向于使用“工资与薪酬分类计划”来制定组织内不同职位的薪酬，这是一种系统化地衡量职位重要性的方法，管理界已经在这方面取得了相当的成功。但是，仅凭今天的评价方法，仍有一些不公平的现象无法消除。举例来说，员工职位的最高薪酬与管理职位的最低薪酬之间的差别，一直以来都是争论的焦点。还有许多职位，比如研究专家和高层管理者，其工作便很难衡量。有时，市场也会为我们带来难以解决的不公平现象。比如近年来，受过技术培训的大学毕业生的薪酬日益高涨，使薪酬结构承受了巨大的压力。

大体来讲，事实已经证明，职位评价及薪酬分类计划有可能使薪酬制度更趋公平。然而，很明显，一味追求衡量的精确化反而会使我们弄巧成拙。一些专家过度沉醉于将衡量工作复杂化，以致于设计出来的计划难以理解，令人不免怀疑其实用性。公平的前提是要为人所接受，简单的分类计划远比复杂的“科学”制度更容易实现这一点。

根据个人生产力差异给予奖励。如何在工资与薪酬分类架构中，以一般工资水平衡量个别员工的贡献，是工资与薪酬管理面临的最大问题。员工不同则绩效也会有所差异，这对任何职业来说都是如此。作为管理者，一直都在寻求使经济报酬配合差异的方法。当然，管理者的目的是激励，但同时却难免牵涉待遇公平的问题。②

---

① 值得注意的是，在美国，集体与个人谈判远非麦格雷戈所预测那样：足以成为稳定的员工关系的基础。——注释人注

② 现在，这个问题已经成为一个重要的研究课题，相关的顾问服务应运而生，提出不同形式的“薪酬给予方式”。尽管一些文章已经认识到建立这种系统的复杂性，但根据潜在的假设，薪酬仍然被认为是一种激励个人提高业绩的工具，这与麦格雷戈的观点正好相反。——注释人注

只要我们愿意深入研究，便不难从薪酬激励制度中得到建设性的观点。我们已经付出了极大的努力来研究如何衡量员工的产出，从而使经济报酬与之有效配合。然而，个人激励制度却从未产生过激励的效果，尽管从逻辑上讲应当有效。待遇公平的问题总是困扰着管理者，而寻求解决方案的代价未免过高，以至于许多管理者最终放弃了激励制度。现在我们还不能得出结论，证明哪种方式更好，但是很显然，**即使在最佳的条件下，组织通过激励制度获得的利益也将极为有限。**

对待按月领取薪酬的管理者和员工，以考核制度代替激励制度或许能够使经济报酬配合个人贡献的差异。但这样一来，衡量便成为更加困难的事情。除了在少数情况下，可以用盈余或亏损额来进行衡量以外，大部分员工的贡献根本没有衡量标准。

即便是最周密的衡量员工贡献的系统方法，事实上这种方法几乎不存在，往往也是建立在主观评价或绩效高低的基础之上。这种衡量方式通常都是挑出工作绩效中容易测评的特质，设计相应的评分表单，专门衡量与整体评定联系最为紧密的项目。然而，挑选出来的衡量项目与实际绩效的相关程度并不高，其中能够说明绩效差异的项目甚至连半数也难以达到，即使将所有的项目合并也无法反映实情。退一步说，纵然相关性足够高，也只是针对某一特定方面的绩效进行考核，仍然摆脱不了主观的局限。

任何考核制度都无法达到科学研究那样精确的程度。通常在考核评分表上会列出一系列变量，而这些变量只是纯粹的假设，并没有验证过在多大程度上与企业贡献相关。管理者凭借主观规则填写考核表，进而以某种方式汇总，得出绩效的“衡量结果”。对于这种考核制度，我们不必多做研究便能知道其适用性如何。

举例来说，假定这里有一份考核表，其中一项为“忠诚”。当然，缺乏忠诚的人很可能无法对企业作出贡献，但最忠诚的人就一定会对企业有所贡献吗？盲目忠诚的人在面对陈旧的企业政策、实践或决定时，是否有可能看不出修正的必要性？对于那些忠于组织高于自身最高原则的人，企业也应该给予他最高的评价吗？[①]

类似的天真假设还有不少，比如“品质”和“成本控制”常常作为独立的考核项目提出，但在某些情况下这两个项目其实是相互矛盾的。

还有另一种观点使考核制度的问题更加复杂，那就是对个别管理职位的薪酬采取保密政策。公平，这里指可令人接受的公平决策制度，不能完全依赖于公正的衡量系统，还应取决于该系统能否公正地执行。衡量系统的合理性本来就受到严重怀疑，再加上保密的要求，更不免令人对管理的结果失去信任。

最后，还有一个复杂的因素：考核制度本来只能用于对个人差异进行粗略的区分，而我们却一再要求细化。有人获得3%的加薪，有人获得6%，甚至10%。前文曾经说过，绩效考核计划中出现的衡量错误，似乎比管理中出现的错误要多几倍。这样看来，管理者之所以要对薪酬保密，也许正是为了掩盖管理的错误吧。

综合考虑上述因素，我们不妨提这样几个问题：如果基本工资的结构已经完善，小幅度提升薪酬是否更有利于激励员工努力工作？按照之前对行为动机的分析，有限的经济报酬是否只能发挥部分的激励作用，其他则需要满足个人的社会需求、尊求需求和自我实现需求才能实现？在现行税制下，为某位年薪20万的人加薪5%或10%，能产生显著的激励作用吗？根据X理论假设选定的影响方法，是否就是最不适当的方法呢？诚然，管理者可以利用职权作出加薪或不加薪的决定，但这些做法也会影响员工实现更高层次的需求。因此，这是否说明：与其通过权威控制对经济报酬进行微量增加，不如好好地研究融合原则更有裨益？

以下是针对薪酬管理的相关内容所得出的结论：

- **经济报酬的公平问题能够通过系统化的方法合理解决，这些方法包括薪酬市场调查、关注生活成本、采取类似“不低于平均水平”的薪酬政策、合理设计职位分类计划、集体与个人谈判等。通过这些方法，我们可以确定员工是否得到**

① 有关“吹口哨者”（指揭发丑闻的人）的立法以及社会对管理伦理的不断关注，使人们逐渐认识到，个人应当以“自己的最高原则”为荣，即使这样似乎是对组织的不忠。——注释人注

了平均水平的经济报酬，其本人也会对公平性给予认可。

- 关于行为动机的问题，可以按照这样的方式解决：一方面制定公平的基本工资结构；另一方面提供机会，使员工通过为组织目标效力而获得较高层次需要的满足，即融合原则。
- 下面提供 4 种基本工资之外的经济报酬增长方案：

  （1）根据工作成果的客观标准。比如盈余或者亏损，对相关报酬进行增长，但只有少数人的薪酬差异可以进行衡量。而且，增加额只有足够多才能获得真正的激励效果。

  （2）将“服务时间”作为薪酬增长的依据，只要绩效不至于令人过于不满，增加额便会自动增加。增加额不宜过大，这种方法的主要价值在于符合公平原则，其基本假设是工作时间越久，能力就越强，贡献也越大。

  （3）根据既有的薪酬级别，为少数绩效特别突出的员工加薪。为了避免衡量误差过大，这种方法只能针对绩效的粗略差别，而且必须给予相当大的增加额，才能真正发挥激励的作用。

  （4）按照公司、部门、小组取得的客观经济结果提供团体奖励。奖励由部门全体员工共享，按照基本工资的一定百分比分配，关于这种奖励方法，请参看第 8 章的斯凯伦计划。
- 传统式薪酬方案，对组织内大部分员工提供有差别但金额较低的增加额。根据我们目前衡量员工对企业贡献程度的能力，这种方法并不实际。由于客观绩效标准的缺乏以及衡量工作的困难，这类方法很难符合公平原则。而且，这种经济报酬的激励效果也很不确定，尤其是与融合原则等其他方式相比则更令人怀疑。[①]

---

① 本书前面章节曾经提到赫茨伯格、莫斯纳及辛德曼三位学者。他们的研究也支持本节结论。该研究指出，如果薪酬也是引发不满的因素之一，则一定是由于“公司内部的薪酬制度存在不公平的现象。而不公平往往体现在加薪幅度上，而不是薪酬的绝对水平。薪酬管理制度通常最容易受到批评，人们不是认为加薪太少、太迟，就是认为新老员工之间的薪酬差距过小”。但从另一方面来说，加薪有时也是让人满足的因素之一，因为加薪能够带来工作的成就感。最后，他们做出这样的结论：“与其说薪酬有利于提高工作满意度，还不如说它容易降低工作满意度更为合适。”——注释人注

讨论到这里，我们在本章开头提出的关于薪酬管理的问题便有了答案：**作为管理者，并不一定非要通过考核才能决定员工的经济报酬**。当然，极少数业绩突出的人员除外。某些人也许认为这简直就是失败主义者的论调。当然，如果一直固守X理论的思想架构，这的确是失败主义者的论调。但从Y理论的观点来看，这个结论只表明我们过去采取的是不适当的控制方法。传统的薪酬管理考核制度并没有针对情况作出选择性的适应，我们面临的挑战是寻找另外一套激励方法，而融合原则及自我控制管理正是我们所需要的。

上述结论绝不意味着经济报酬不重要，而是说经济报酬应该以公平的薪酬结构为基础。但即便是在公平的薪酬结构之内，通过经济报酬的少量增加来提高生产力，也很难取得理想的成果。

升迁管理

很不幸，当管理者对员工进行升迁决策时，主观判断几乎无法避免。而且，除了公平和激励之外，还要考虑资历方面的问题。担任某职位需要具备怎样的经验，接受过什么培训，应具有怎样的能力和技能？当同时存在多个候选人时，应该怎样决定人选？

通常以为，只要设计出适当的方法来衡量职位和个人的资历，而不是个人对企业的贡献，升职的问题便迎刃而解。为了实现这个目标，我们投入了大量的时间和精力，迄今为止仍有人在为此努力。许多管理专家的梦想就是设计一项制度，将组织中每个职位的需求编制成一套卡片，再将每位成员的资历编制成另一套卡片。当职位出现空缺时，只要进行一次机械的配比就可以了。然而，正如绩效考核一样，这种做法将面临难以逾越的障碍。

前面我们曾经讨论过，任何一种职位，尤其是管理职位的需求都不可能固定不变。每个职位都深陷于复杂的组织关系和外界关系中，这些关系还会随时发生变化。并不是说只要候选人具备了相关资历，就一定会在某职位上取得最佳业绩。尽管个人资历不同，任职绩效也将不同，但具有不同资历的人却有可能达成同样的组织目标。

传统组织理论家的做法通常是：先设计一项职位，再找适当的人来担任。他们主要担心的是人与职位不合。这种方法逻辑简单，但实际上却很难行得通。这提醒我们，问题远比想象的复杂得多。进一步说，那种认为个人应当自我调整以适应职位，从而配合组织需要的观点，无疑是与融合原则相互矛盾的。

在升迁管理方面，尽管已经取得很大的进步，但我们还有一段漫长的路要走。我们还不了解大部分职位需要怎样的资历了，才能获得管理的成功，更谈不上如何衡量这些资历。而且，既然人格和心理因素与经验、培训、技能及智能因素同等重要，我们还必须面对本书第 1 章提到的道德问题。考虑到道德，有一个实际的问题，就是那些与工作绩效、教育程度等公开资料恰好相反的个人隐私材料与个人信息，能否作为升职与任职的依据。

当然，希望借助机械方法将职位需求与个人资历配合起来，毕竟是可能性极低的事情。至少在可预见的将来，主观判断仍将成为升职与任职管理的主要依据。

衡量的角色。一些公司的研究部门发明了衡量人事甄选与升职的方法，使管理者大为受益，但局限是每种方法仅适用少数几个职位。事实上，每一种职位的用人和升迁都需要相当复杂的程序。因此，只有在该职位经常需要甄选或升迁时，且总能找到许多候选人时，这种方法才有意义。如果某个职位很久才发生一次人选变动，或者候选人数很少，就不见得有这样做的必要。

所谓研究是指运用统计方法来确定诸多“项目”，比如个人经验、态度、能力、性格等，进而衡量某个职位的多名候选人。管理者通常都会以公司总体利益为基础，对候选人进行名次排列，然后通过测试将这些项目加以综合（各项目价值比重不同，需事先确定），最后用于甄选候选人。

经验表明，这样的流程的确有助于任职与升职的改进，但前提条件是：

- **管理者应参与测试方法的研究与制定。这样才能真正认识该办法的价值与局限。**

- 测试只能作为人事甄选的辅助方法，而不能作为评价的唯一依据。虽然说起来轻松，但在实践中却很难做到，因为人们总是倾向于完全依赖测试结果。这也正是管理者为什么要参与制定的原因。
- 有关绩效“良好”与“低劣”的概念不会改变。由于整个方法都基于管理者对候选人的排名，测试结果只能反映预定的优劣标准。因此，如果职位需求发生变动，或者管理者对绩效优劣的看法发生改变，整个测试将立即作废，必须重新进行研究。

尽管这种研究方法已经十分缜密，但在人事升迁及任职管理中，仍然无法避免管理者的主观判断。不过，通过标准化测试和各项流程（而不是量身定制的方法）来选出人员担任复杂的管理工作，在今天仍然屡见不鲜。许多企业甚至还专门提供相关服务。但这种做法的有效性实在令人怀疑，这也是我们应当关心管理领域中道德问题的原因之一。作为一名管理者，在对员工进行主观衡量且影响其未来前程时，总会产生一种责任感。当我们有权掌握他人的命运时，不免会有所犹豫。如果可以将这个重大的决策托付给“科学方法”，必然会感到轻松许多。

无论是否采用测试的方法，我们都有许多安全措施可以借鉴，既增加了考核判断的适用性，又降低了员工对于主观判断的不满。其中，最佳的办法莫过于团体考核。

个人的角色。如果我们想要将融合原则应用于人事升迁与任职实践中，最需要做的就是改变候选人与操作流程的关系。今天，候选人通常都是棋盘上的无名小卒，任职计划往往会对他们的个人目标和需要产生重大影响。对于任职计划，候选人没有发言的权利，而且必须等到决策之后才能知道。在这一过程中，组织的目标高于一切，个人目标则无人考虑。即便考虑个人目标和需要，也是以家长式的眼光来考虑“什么对个人来说是最好的”。

有一位大型公司的副总工程师，38岁，多年来一直盼望获得职能管理经验。他曾经多次表示希望得到有自主权的职位，并建议上级依据“损益表”来考核他的业绩。他在过去担任的各项工程工作中，都表现出相当优异的管理能力。上级也认为他表现出色，甚至有可能担任工程副总裁的职务。

后来，我与一位比他高两级的管理者会谈，该管理者对他的职业生涯表示关注，而且也有足够的影响力。我询问是否曾经考虑过将此人调任职能管理岗位，管理者坚决地说：“哦，不！他的长处在工程方面！”

融合原则的应用意味着，凡是制定有关个人前途的决策时均需个人积极地、负责地参与。从传统观点来看，这也许过于偏激，不切实际。然而，如果我们希望通过创造环境，使组织中的个人通过努力实现组织目标来达成个人目标，这就是一项必要条件。假如个人不能参与关于自身的重要决策，那我们无法找出个人资历的科学证据，无法保证判断完全正确，无法对新就任者的不良表现进行合理指责，也就不足为奇了。①

首先，应当从目标设定的讨论开始，内容涉及个人的职业兴趣、职位所需的经验和培训经历、相关发展机会、任职年限等。此外，调任对个人期望所产生的影响也可以在讨论中提出。

有这样一家公司，常年坚持定期向管理人员进行提问：“你是否为新职位做好了准备？”如果对方的答复是肯定的，他便被列入新职位的考虑名单。如果答复是否定的，即使遇到职位空缺也不会考虑此人，并且也不会被认为是一种用人偏见。这样的问题每年或者每两年都会问一次，也许个人的答复会有所不同，但无论如何都是他自己的决定。

关于个人工作兴趣、相关经验、测试的能力水平等资料，经由个人同意都可以归入人事资料档案中，以备职位空缺时参考。而对于心理测试和人格诊断的记录，只有在确保心理医生和员工本人知道的情况下，才可供个人参考，用于规划未

① 正如麦格雷戈建议的那样，职业拓展的领域得到了发展。焦点正是将人格与职业选择进行匹配，同时与广泛的组织因素进行融合。——注释人注

来或决定是否出任新职位。

有些公司允许员工自行应征空缺职位。这种制度固然也存在问题，但仍不失为一种有效的折中方法：个人可以决定自己的职业发展，而不会被视为任人摆布的棋子，或者待价而沽的商品。

从融合原则及自我控制管理的角度来说，在进行人事升迁的过程中，上级与下级都有权提供所需的资料。如果上级的判断与下级的自我考核的结果出入很大，双方可以再进行讨论，以消除差异。在通常情况下，经过一番目标设定与自我考核的讨论之后，双方的差异总能得到解决。

我在担任安迪亚克学院院长时，制定了一项审议制度。以往每次人事升迁决定，总有教职员工认为不够公平。执行审议制度以后，升职决定需提请教职员工讨论，并作出最终决定。我本人并非审议委员会成员，因此我的决定随时可以被推翻。

这项审议制度持续了 4 年之久，只有两件升职提案被提请讨论。讨论的结果，其中一件仍然按照我的原意通过；另一件则被否决。我认为，审议制度有效地防止了行政管理的失误。说起来也奇怪，提案被推翻后，我在教职员工中的地位不但没有削弱，反而增强了。尽管这项制度运用的机会不多，但我因此减轻了依存感，处理难题时也更加得心应手。①

根据 Y 理论的原则，我们归纳出以下几点关于人事升迁和任职管理的结论：

- 以人来配合职位，至少是管理职位，其过程不能是机械的。原因有三点：

  （1）职位需求是动态的，而不是静态的，常因诸多因素而发生变动。

  （2）个人资历具有不同的模式，尽管人们在担任职位时会有不同的表现，但都有可能很好地实现组织目标。

① 这个小案例很好地说明了制度、潜在价值与假设之间的联系。——注释人注

（3）我们尚未掌握足够的知识来判断成功管理的特性，也不擅长衡量“已知的重要特性”。

- 除了使用衡量方法来决策个人职位，管理者的主观判断仍然无法避免。缜密的系统化方法可以帮助我们判断，但毕竟无法取代判断。在现有的方法水平上，还不可能完全依赖测试结果。
- 在人事升迁与任职管理中，融合原则应当承担积极的角色，而不是消极的角色。至少，个人可以提供有关兴趣、目标和资历等方面的资料。在大部分情况下，这些资料能帮助他成为积极的升职候选人。个人的目标和需要是出自其本人的看法，而不是他人的看法，它应成为影响个人职业生涯的决定因素。
- 上级对于下级的评判，应以融合原则及自我控制的管理策略为中心。只有在参考个人资料及其经验的基础上进行判断，才能真正有益于个人的进步。

在人事升迁管理中，完全抛开权威是不切实际的。升职决策必须制定，但并不一定是单方面制定。由于缺乏真正客观的衡量手段，下级对上级的高度依存仍将无法避免。因此，权威仍不失为一种合适的控制方法，但我们必须承认，如果不能确保公平，将很容易产生不良的后果。在某些情况下，我们不妨建立审议制度，来防止独裁决策，从而增大公平的可能性。

针对本章最初提到的升职和任职问题，我们可以得出这样的答案：**薪酬和升迁管理的单方面指挥与控制虽然无法完全消除，但能够通过下面三种方式得以缓解：**

- 第一，在适当的场合采取绩效衡量的办法。
- 第二，如果衡量误差大，针对个人差异产生的激励效果小，则应尽量减少差异的区分。
- 第三，给予个人更多的参与机会，在影响自身前途的人事决策中扮演积极角色。

补遗

对于将测试资料和人格诊断资料应用于人事决策时产生的道德问题，我无法提供简单的解决方案。这类问题实在太复杂了，但有一些观点值得借鉴。

首先，我认为个人测试资料可以分为两类：一类关于智力与能力；另一类关于人格心理。当然，获取第二类资料的测试方法迄今尚未完全成熟，但关键问题是：管理者是否有权侵犯个人人格。事实上，只有绩效才是管理者可以合法了解的内容。显然，绩效会受到人格及心理调节的影响，但管理者是否因此就有权探究绩效背后隐藏的私人的、秘密的原因呢？①

问题在于，针对个人的保护已经限制了我们获取所需要的资料，以及预测个人在某个职位上的成败。对于管理者来说，获得人格与心理资料也是为了预测职位的成败而已。我们关注一个人的自卑、忧虑、神经质等心理状况，只是因为这些因素有可能影响个人的工作绩效。我们甚至还可以如此解释：了解这些情况才能更好地保护个人，使他远离失败与沮丧；同时也能保护其他人，不至于因为他的心理调节而受到伤害。

然而我却以为，如此应用个人信息，说得严重点，就是在控制别人。这样做无异于允许组织闯入个人的私属领地，擅自执行只有个人才有权作出的决策。请注意，除了极其特殊的情况，医生也无权自作主张为病人治病，纵然其目的是为了挽救生命。这是神圣不可侵犯的个人权利。

心理医生在保密的情况下，以及与个人分析诊断资料都不会涉及道德问题，他可以提醒个人仔细考虑，接受某项工作将对自己和他人产生怎样的影响。然而，假如是个人向心理医生咨询“如何使用心理诊断资料”，就十分类似于今天大型公司中管理者与医疗部门之间的关系了。我们通常会认为，健康情况对于工作的影响是个人决定的事情，而并非管理者应当负责的；相反，类似飞机驾驶员和火车司机等涉及公共安全的工作，则不能完全由个人决定。我认为，对于“心理健康”问题

---

①《平等就业机会法》《美国残障人法》以及其他法律的发展，确保了这类测试可以适当地与工作需求相互关联，但是法律的推行并不意味着潜在假设的改变。——注释人注

也应采取相应的措施。

至于能力测试，比如智力测验，其性质则有所不同。能力测试结果的运用并不会产生上述困难。智力测试与心理诊断不同，私密程度相对较低。这种测试与身高测量或工作知识测验颇为类似，不涉及个人习惯及私人观念，完全是非个人化的问题。衡量的基础在于工作绩效。

许多人格特征和心理调节状况都可以通过个人努力、教育状况或心理疗法发生改变。因此，仅仅依据测试结果来预测个人行为，全然不考虑未来可能发生的改变，这种做法实在有欠妥当。**如果管理者对员工行为中存在的问题能够有效地控制言辞，点到为止，员工也将获得更多的空间来作出自我改变的努力。**

最后，我不得不承认自己有所忧虑，在运用人格测试及心理诊断资料进行人事任职决策时，的确存在操纵与剥削他人的可能。我深深相信，今后一二十年内，这种人事工具的预测价值将大大提高。这样一来，我的忧虑不免更为加剧。有关人事工作的整个领域，包括甄选、升职、任职等方面，必将成为专业管理的巨大道德挑战。我们不可能单方面根据组织需要来回避问题，或者不加理会，期待问题自然解决。这两种方式都无异于冒险。随着社会公众的日益关注，总有一天会促成国家立法，进一步限制管理者的行动自由。更重要的是，物质经济优于伦理道德的考虑将使管理者陷入无人保护的地位。

第 8 章

斯坎伦计划

本章导言

第 8 章的全部内容都围绕斯坎伦计划展开，某些人因此批判麦格雷戈是在支持一种管理花招，事实上，他恰恰是管理花招的坚决反对者。他一开始就强调，斯坎伦计划不是“一道公式、一个项目或者一套流程”，而是“完全建立在 Y 理论假设之上的工业生活方式，是一种管理体系”。麦格雷戈首先指出，斯坎伦计划的设计目的是为了分享“根据业绩的提高提供经济奖励”，其衡量依据是“组织的总体人力成本与产出（比如产品的总销售量）之间的比率”。他表示，分享成果能够“在互相依存的系统中增强协作作用。这样一来，组织中的相互竞争缩小了，与外界其他公司的竞争却增强了”。同样，由于薪酬是按月支付的，在“行为与奖励”之间存在着“大多数人从内心认可的有意义的因果关系”。从这个角度考虑，斯坎伦计划正好印证了第 4 章提到的 Y 理论的第三个假设，即“人之所以对目标作出承诺，是为了得到目标实现后的各种酬劳”。但麦格雷戈警告说，如果认为上述特征就是斯坎伦计划的基础，该计划将沦为“简单的示例，充其量不过是今天企业中盛行的激励与利润分享制度之一”。

目标融合与自我控制的管理方法是多种多样的，其中最不同寻常的就是斯坎伦计划。已故的约瑟夫·斯坎伦（Joseph Scanlon）对工会与管理层的合作非常感兴趣，因此设计出这项合作策略，经过多家公司实践，在经济及人性管理方面均取得了显著的成果。斯坎伦于1956年过世，其工作由挚友及后继者弗雷德里克·莱西尔（Frederick Lesieur）在美国麻省理工学院继续推行。

斯坎伦计划并不是一道公式、一个项目或者一套流程。它基本上是一种完全建立在Y理论假设之上的工业生活方式，是一种管理体系。斯坎伦计划与目标设定的不同之处在于：斯坎伦计划应用于整个组织，而不是仅仅应用于上下级关系或者小规模群体。但是两者的基本策略却极为相似。[1]

斯坎伦计划包括两大基本特征，一旦推行，将使组织关系、组织形态及组织实务发生巨大改变。斯坎伦认为，这两大特征将激发出崭新的人性管理假设，足以成为一项重大的社会发明。然而，单独运用两大特征之一并不能带来多大改变，只有同时运用才能形成强有力的组织控制体系。

---

① 在 www.scanlonleader.org 的网页上，斯莱家具公司总裁罗伯特·斯莱（Robert Sligh）有这样一段发言：斯坎伦计划已经融入了组织管理之中。它不是一本书，不是一项奖金计划，也不只是一条简单的规则。我们或许可以这样形容其本质：公平的三方关系，客户、员工和雇主三方都能获得公平的回报。——注释人注

分享降低成本带来的利益

斯坎伦计划的第一大特征是，根据业绩的提高提供经济奖励。但这绝不是传统意义上的“利润分享”制度，而是一种独特的分享成本的制度。此项制度建立在薪酬结构的基础之上，但不能取代正式的工资及薪酬结构。

这种方法的衡量依据是组织的总体人力成本与产出（比如产品的总销售量）之间的比率。而“产出”这一指数只有在对企业做过详尽研究和分析之后才能得出，而且会因情况变化而异。当然，衡量依据必须根据产品组合、存货及工作流程等情况进行适时调整。对大部分公司来说，比率一旦得出，便会保持长时间不变。多数改变往往来自重大的技术发展或经济变革。

比率不是准确无误、永久不变的。我们通过评审研究公司财务记录，运用已有常识，再加上多方往复讨论，才最终得出比率。一旦形势需要，比率就应随时调整。根据推行斯坎伦计划的企业的经验，比率的调整一般并无困难。

比率的改进意味着整个组织的全面经济效益得到提高。这时，应将节省的部分成本按照基本工资的一定比率，按月发放给参与人员。这一比率有时是50%，通常为75%，偶尔也高达100%。一般情况下，组织的全体成员都有权享受这项经济报酬，但有时应将中高层管理者排除在外。只要执行合理，这样的报酬制度就会获得认可，也就是说，被认为是公平的并产生有力的激励效果。在内部依存的组织中，这的确是一种促成协调合作的好方法。组织中的相互竞争缩小了，与外界其他公司的竞争却增强了。①

这种经济奖励的有一个重要特征是，组织成员在改善组织全面业绩的过程中，也将影响到自身的成功。普通的利润分享制度却不具备这种直接关系。利润有时会

① 这是个关键的假设：增强外部竞争力，缩小内部竞争。艾伍德真空仪器公司创始人塞思·艾伍德（Seth G. Atwood）在 www.scanlonleader. org 上发表了如下内容，将商业成功与内外部竞争力联系在了一起：近50年来，斯坎伦计划的采用可谓是最重要的商业变革。可以肯定，该计划的执行费用将远不及因此而节省的费用多。而且，对所有的员工进行重新定位具有十分深远的意义。根据这项计划，全体员工都将参与进来，努力促进企业成功，而不是将管理者看成敌人。员工可以与管理者一起工作，共同提高企业的竞争力。——注释人注

受到环境和其他因素的影响，在这种情况下就与员工的努力不太相关。几年前就有这样一家公司，多年来获利的 3/4 左右都源于对原料市场的操控。因此，该公司对员工发放的利润分享奖金，其实与员工贡献几乎没有关联。

从另一方面来说，推行斯坎伦计划，就要将公司的一切改善和创新与员工努力联系起来，从而使员工行为与组织业绩产生直接关联。其结果是：员工只要履行工作就能获悉公司的经营状况。因此，对推行斯坎伦计划的企业来说，员工对于经营状况的了解从来都不是问题。

在推行斯坎伦计划的公司中经常可以找到这样的例子：公司认为接到的订单价格太低而予以拒绝，但员工经过研究说服管理层接受，最终使公司获利颇丰。员工十分清楚竞争情况，并对现有成本了如指掌，他们愿意贡献自己的智慧，协助管理层加强公司的竞争地位。因此，这些公司的每个阶层和部门都能对公司的经营目标作出有效承诺。

这种经济奖励的另一个特征是：经济报酬与执行者的行为密切相关。与此相比，其他类型的年度分红，几乎与员工日常行为没有任何关系。在斯坎伦计划下，员工的出色行为可以很快兑现为当月奖金。因此，大部分人都从内心认可这种有意义的因果关系。①

有效的参与

如果说斯坎伦计划的整个内容，只包括组织绩效的衡量与奖金的发放，那么即使上述特征值得研究，该计划也将沦为简单的示例，充其量不过是今天企业中盛行的激励与利润分享制度之一。**斯坎伦计划最突出的特征是：将激励方法与其他内容联系起来，即通过正式规定，为每位组织成员提供贡献自己的脑力、创造力和体力的机会，从而提升组织的业绩。**这正好体现了融合原则的管理应用。每位员工都可以通过为企业目标努力而满足自身的高层次需求。

① 的确，在行为和报酬之间缺乏紧密的因果关系可能会使业绩降低。但是，与麦格雷戈对于报酬本质的认识相比，这种有关行为和报酬的观点似乎有些格格不入。——注释人注

即使在组织最基层从事重复性操作的工人，其潜力也绝不仅限于一双手而已。他们是人力资源的一部分。只要合理运用知识与天赋，他们就能作出远远超过日常体力的贡献。当然，这并不是说体力贡献不重要。而且，他们也能因此获得赞赏和其他重要的社会需求和尊重需求的满足。

我们已经听过很多关于提高生产力的讨论，也十分清楚生产力对于总体经济远景的重要作用。但是在那些鼓吹得最厉害的人看来，生产力就是指生产人员及行政人员。如果这些人完成的工作量比预定的更多，生产力便会提高，经济也将进步。这种论调我们几乎每天都可以听见。而斯坎伦计划正要完全推翻这样狭隘且侵犯企业中人性价值的论调。生产力应该包括整个组织的全面效能。所有对实现全面效能有所贡献的人都具有一定的价值。人所具有的特殊潜在贡献与机器不同，它表现在组织中的每一个层次，包括思想、计划、判断力、创造力以及指挥和控制自身行为的能力。斯坎伦计划与传统激励计划的哲学观点不同，与传统的企业工程实践也不尽相同，斯坎伦计划主张针对不同的人性贡献给予鼓励及奖励。

斯坎伦计划的第二大特征是，组成一系列委员会，对组织成员所提出的改善比率的方法进行讨论及考核，进而实施其中有价值的方法。组织中的各个单位和部门都将派代表参加委员会。各部门委员会由员工和基层管理者组成，各自决定本层次内的实施方案。其余涵盖面较广的建议则转送较高层级的“审议委员会”，委员会成员包括员工代表及高层管理者。

委员会的存在提供了考核与行动的路径，使正规操作手续得以简化。各委员会可以定期召开会议，在部门层次的会议中，由三四名员工共同参与讨论提案的可行性，时间至少为 5 分钟。会议上记录相关事项，以防遗忘，同时也为审议委员会检验执行情况提供依据。

这种方式有利于人们更好地认识“参与”的真正含义，接受“相互依存”的事实，明白所谓依存对象，是指组织中全体人力资源的知识与创造力。相比之下，“参与制度”本身并不那么重要，重要的是制度所反映的人性假设。

在推行斯坎伦计划的公司中，员工参与方式与传统的“建议制度”大不相同。

根据斯坎伦计划，无需填报正式表单，不用安置冷冰冰的“建议箱”，也没有高高在上的委员会秘密地审查建议。员工在工作岗位上或在审查委员会的会议上，讨论各自的看法并参与评定。如果提出的意见的确有益，他们将获得赞赏；如果意见有参考价值但不切合实际，也会受到鼓励。重要的是，员工们明白应该争取其他人的协助，共同完善意见；而不是独自偷偷研究，唯恐被人窃取了想法骗走奖金。这项制度的重点不在于争取奖金，而在于共同提高公司效益。获得的经济效益由大家共享，但社会需求与尊重需求的满足却是个人独享的。

在任何一家推行斯坎伦计划的公司中，上述差异都十分明显。事实上，根本没有必要定期宣传以督促员工提出建议。许多采取传统性建议制度多年的公司都发现，在推行斯坎伦计划以后，他们收到了许多具有经济价值的建议，这是以前从未出现过的事情。过去每提一项建议便奖励 5 元的制度取消了。当初之所以发放奖金并不是因为某项建议对公司有什么价值，而是谁也不知道该如何处置才想出了这样的办法。现在，员工针对组织的问题进行精心分析，再经过集思广益之后提出建议的现象已经十分普通。

有一家公司在部门会议中，曾经讨论过使用铲车后可能节省的经费问题。会议结束三个月后，员工自主提出了完备的研究报告，详细计算了可能节省的金额。报告中还对市场现有的铲车类型进行了深入研究，调查了购置费用和维护费用，并提出应购车型的具体建议。公司总裁评价说，他本来还在考虑聘请管理顾问进行研究，但这样做不仅需要花费上千美元，研究结果恐怕还远不及此。

人际关系的影响

在推行斯坎伦计划的公司中，成百上千的实例可以证明，一旦开始推行该制度，公司各行政部门之间的关系就能获得明显改善。下面就是一个例子。

> 一家公司的生产人员与工程部门之间存在重大摩擦与对抗。每当生产人员发现设计问题并提醒工程师注意时，对方的回答往往是：“照蓝图施工。”

工程师也和其他人一样，不可能永远正确。如果生产人员在发现设计错误的情况下，仍然故意照蓝图施工，很可能会为公司带来巨大的损失。我们可以经常听到生产人员在将机器设备交与客户之后，站在工厂门口说："别看现在交货了，不久就会退回来的。"双方的互不信任终将导致整个组织受到伤害。

自从该公司推行斯坎伦计划之后，这种关系完全改变了。双方都有了共同的目标，并且意识到只有联合起来达到共同目标，才能实现相互的利益。一位工人提出，如果对蓝图产生怀疑，应该请工程师立即前来检查。这样一来，工程师的专业知识赢得了生产人员的尊重，生产人员也将工程师视为解决困难的专家。

斯坎伦计划推行两三年后，双方关系的改善带来了可喜的结果。当时，公司业务一蹶不振，经济状况入不敷出，公司不得不辞退部分员工。春末夏初时，才又接到了新的订单。可是设计工作需要几个月才能完成。如果公司仍然保持惯例，安排停工夏休的时间，必然要承受损失。于是，有人建议审查委员会更改工程师的夏休计划，包括旅游订票和旅馆安排等，利用休假时间完成设计工作。审查委员会认为这固然是一个好主意，但恐怕工程师不会同意。然而，提出建议的员工小组的回答却简单而直接："哦，我们已经和工程师谈过了。只要委员会通过建议，他们同意修改休假计划。"

不过，在推行斯坎伦计划的公司中，气氛并非永远平和。争执、矛盾和激烈的讨论同样存在。然而不同的是，这些争执、矛盾和讨论全都是以如何增进绩效为中心。任何层次的员工都与公司的成败密切相关，这种关系已经远远超越了经济报酬的界限。组织目标与个人目标实现了真正结合，员工也对组织目标作出了真心的承诺，因为这是实现个人目标的最佳方法，无论这些目标是关于个人的基本生理需求、社会需求，还是尊重需求、自我实现需求等。斯坎伦计划的两大基本特征为满足人类一切需要提供了宝贵的机会。由于各人的目标不同，对于如何达成目标的认识也不尽相同。但是，这些差异是正常的、健康的。斯坎伦计划的参与性使管理者意识到组织中人力资源的真正价值，从而及时地形成从上到下的信任感，这与一般公司管理者的看法截然不同。

管理态度的改变可谓来之不易，需要艰苦的学习，尤其对行政部门的基层管理者来说更是如此。作为部门管理者，从心理上进行调节来适应这种看似削减权力的改变的确很难。他们需要面对的，是上对下的垂直依存关系和部门之间的平行依存关系。

如上文所述，斯坎伦计划的推行能够解决高层管理者与行政部门之间关系的诸多问题。虽然在实施的开始阶段难免会经历痛苦的煎熬，但高层管理者与行政部门之间最终将建立起互信与合作。高层管理者将成为组织中的资源，而不再被视为“一群警察”。推行此项制度后，便没有所谓“生产部门”与“消耗部门”的区分了。

斯坎伦计划不是公式，不是管理花招，也不提供现成的方案。斯坎伦计划是一种生活方式，可以根据各个公司的实际情况而变化。推行斯坎伦计划的公司所依据的人性行为假设，与 Y 理论的基本假设十分相似。在这些公司里，目标融合的原则每天都能得到实际的印证。

若干问题的说明

此项管理哲学的应用范围十分广泛，但是还有若干问题仍未解决，需要进一步讨论。首先，实施斯坎伦计划的公司几乎都是几百人左右的小型公司，人数最多的也不过 8000 人。考虑到推行斯坎伦计划的方式，可以想见在大型组织中实行还有许多困难。不过，在今天许多实行分权化经营的大型企业中，将斯坎伦计划应用于各部门的“利润中心”倒是有可能性。

另一个较为麻烦的问题是：斯坎伦计划的管理哲学能否应用于若干特殊的情况，比如高度自动化的组织以及某些高科技企业，除了在工程与研究方面能够发展以外，几乎没有其他的改进余地。然而，许多仔细观察过斯坎伦计划推行过程的人则认为，在上述情况下，该计划应用的可能性仍然相当乐观。即使在高度自动化的组织中，人性行为，包括维护工作、建设工作、事务工作以及管理工作等，对于组织成败的影响也至关重要，甚至超过大多数人了解的程度。迟早有这么一天，我们能有机会通过实践检验这种乐观的看法。只是在今天，公司或部门管理者仍然对该制度存有戒心，不肯轻易尝试。

另外一个问题涉及斯坎伦计划与一般经济状况之间的关系。斯坎伦计划的早期发展多产生于企业破产边缘。评论家迅速指出，该制度具有强烈的激励作用，使员工出自保护自身职业的需要紧密团结在一起，由此产生巨大的功效。他们得出结论：在经济萧条时期，斯坎伦计划成功的可能性较大；而在经济繁荣时期，便难以保证成功推行。但在第二次世界大战结束后，许多经营繁荣的公司也成功地推行了斯坎伦计划。评论家又改口说，这么高的奖金当然能使斯坎伦计划行得通，但在经济不景气时就很难成功了！

当然，在不同的经济状况下，行为动机也必然相同。推行斯坎伦计划的公司都有类似的经验，有意思的是，正好与本书第 3 章的动机概念相吻合。不论公司经营状况如何，员工们都能获得心理需要的满足。在这里，斯坎伦计划与传统的利润分享制度再次产生了重要对比。许多推行利润分享制度的公司，在经济状况不良时都会减少或取消分享。相反，推行斯坎伦计划的公司无论处于繁荣时期还是萧条时期，其承诺机制都不会改变。由于斯坎伦计划是一种生活方式，而不是特别的奖金制度，因此有这样的结果实为意料之中的事。

还有一种常见的观点认为，经营已经非常成功的公司没有必要采取斯坎伦计划，因为其运营比率已经很高了，几乎没有改进的余地。然而，令这类公司高层管理者意外的是，在采取斯坎伦计划后，公司竟然能够获得不是略微，而是极大的改善。某家公司的总裁最初根本无法相信自己的公司获得了 20% 的进步，直到他反复核算各项数据后得出比率，才相信了这个奇迹。之前他还认为自己的公司已经营得很不错，即使改善也顶多只能提高 2% ～ 3% 而已。

另外一个问题，是将这项管理哲学“推销”给组织的问题。许多人认为，斯坎伦计划的成功源于约瑟夫·斯坎伦的个人特征。如果没有斯坎伦的直接影响力，这项管理哲学将很难推销出去，也无法行得通。然而，今天大部分推行斯坎伦计划的公司都没有见过斯坎伦本人。事实上，该制度的推行是从斯坎伦身患重病直至他过世之后才逐渐兴起的。斯坎伦的继任者莱西尔固然也具有了不起的个性，但他的性格毕竟与斯坎伦不同，推行的方式也有差异。①

在某些情况下，的确需要一位强有力的人物来唤起大家的意愿，甘愿冒一切风险建立新的管理哲学。很显然，新管理哲学的推行少不了专业管理者。通常的经验是，这种管理者应从组织内部产生，而斯坎伦或莱西尔则充当催化剂、教师、顾问或者严厉的批评者的角色。

无论一家企业设立工会与否，斯坎伦计划都可以取得成功。但有效的工会将成为该计划成功实施的积极因素。在制度建立早期，工会提供了正式的沟通和讨论途径，尤其对研究比率更有帮助。工会使管理层面临一定程度的组织压力，使他们在斯坎伦计划的推行过程中保持干劲，同时确保不会有人在中途用奖金制度代替薪酬制度。也许有人会私下认为，斯坎伦计划顺利推行之后，集体谈判制度便没有存在的必要了，但事实上这种现象从未发生过。相反，设立工会并推行斯坎伦计划的公司比起未设立工会的公司，其管理层反而更加珍惜集体谈判的价值。

有这样一个特别的现象：在推行斯坎伦计划的公司中，从未发生过管理层担心自身管理权限的问题。对管理层来说，保卫权威已经不是当务之急。他们对员工有充分的信心，因此根本没有必要对“企业经营权”进行保卫。这些公司的特征就是目标融合，传统的“控制”问题不再是大家关注的事情。

---

① 最近，人们针对惠普公司失败的激励计划进行了分析，由此说明斯坎伦计划作为基础性原则与激励计划存在一定的关系。麻省理工学院教授托马斯·科汉对分析结果进行了评论，总结出斯坎伦计划及其他业绩报酬计划的4大要点。科汉指出，莱西尔过去经常在麻省理工学院斯隆管理学院的课堂上，提醒学生业绩计划是可以取得成功的，而且是十分重要的，但前提是必须实现以下要点：

○ 允许每一位员工表达并参与决定新的计划，讨论设计方案，并为持续进步提出意见。

○ 将所有的员工涵盖到整体机制当中，鼓励不同专业和不同级别之间的合作而不是竞争。

○ 以公平的基本工资和津贴制度为基础，而不是用其他制度取而代之。

○ 认识到科技、市场、产品组合、组织战略和领导力方面的变化将带来挑战，这正是业绩分享制度的关键所在。

正如科汉教授所说，上述原则足以解释惠普公司的案例。可见，许多绩效工资计划与上述原则是不相符的，因此存在一定的局限性。——注释人注在麻省理工学院主办的“斯坎伦计划会议”中，许多有意采取该计划的公司管理者常常会提出这样的问题：在推行过程中，如果由于经济变化或技术革新使公司运营比率发生改变，而员工不同意改变，是否会引发重大矛盾呢？如果员工恶意利用他们取得公司经济情报的便利该怎么办？如果员工侵犯管理层的特权又会怎样呢？

有关这些问题的讨论最吸引人的地方是：推行此制度的公司管理者根本不能理解有什么可担心的。企业的运营及主要管理决策当然由管理层负责。何以会有斯坎伦计划可能削弱管理权的顾虑？同时，他们以自身的例子表明态度，他们已经不再将传统的管理权威作为控制方法。**只有说服、逻辑辩论、专业协助，以及大家对客观需要的共同认知，才是决定管理者及组织中全体成员行为的影响因素。**

有趣的是，在推行斯坎伦计划的组织中，个人因对公司的贡献不同而所获经济报酬不同的问题根本不存在。许多公司在采取斯坎伦管理哲学的过程中，已经取消了个人激励计划。还有些公司担心生产力较高的员工会在推行新计划后故意压低生产量。事实上，这种事情不但从未发生过，而且按照工程师的统计，总体生产力水平还会提高。很多人都听过向因纽特人（旧称爱斯基摩人）推销冰箱的笑话，同样，现在如果有人向采用斯坎伦计划的公司推销传统激励制度或考核制度，他也将无功而返。实施斯坎伦计划之后，由于采取了更加适当的方法，公平原则和行为动机激励的目标都将得到实现。

THE
HUMAN SIDE
OF
ENTERPRISE

第 9 章

参与

本章导言

第 9 章开篇，麦格雷戈提出，参与是人际关系领域中最容易被误解的观点之一。尽管在他发表这一观点之后，许多相关作品陆续问世，但今天人们对参与式管理的概念的误解仍然大量存在。就本章所强调的诸多问题来说，与之相关的知识已经得到了一定的发展。从最初意识到应考虑员工的咨询意见，到最终同意对员工进行授权，人们逐步获得了参与决策的权利。但至今仍有很多人不明白，“让人们感到自己重要”和“让人们变得真正重要”是完全不同的两件事情。

麦格雷戈巧妙地指出，事实上，很多有关参与的观点都是以 X 理论的假设为基础的。比如，一些管理者担心员工“在参与自身决策中施展了影响力之后，会逐渐要求参与和自身无关的课题”。但麦格雷戈认为，如果双方都对员工成长和发展感兴趣，就会“希望员工在更广泛的范围内参与决策的制定”。而当有人举例说明，员工是如何侵犯本该由管理者负责的事情时，麦格雷戈指出这是“颠倒了原因和结果”。“这种针对管理的怀疑及近乎妄想的态度实际上是想提高管理的干涉特权。”“参与并不是万能药，也不是操纵工具、花招诡计或者威胁手段”。相反，它应该被看作是“一种自然的采取融合原则和自我控制的管理方式”。

参与是人际关系领域中最容易被误解的观点之一。有人赞美它，有人谴责它，也有人运用它大获成功。

支持者认为，参与是一套具有魔力的方法，能够化解冲突与分歧，甚至可以解决任何管理中的问题。这批狂热的人相信人人都应该参与，就像四五十年前美国人认为孩子都应该使用小儿轻泻剂一样。在他们看来，参与简直就是一道万能公式，任何管理者皆可运用而不必考虑自身能力，随时随地可以使用而不必做任何准备，它具有扭转乾坤的能力，一夜之间就能将劳资关系彻底改变。

另一方面，反对者则认为，参与使管理者让出了权威。参与是一种危险的想法，将破坏管理者的权威，并使一切都失去控制。这个概念只适用于“柔性”管理。推行参与制度无疑是在浪费时间、降低效率、削弱管理能力。①

还有第三类管理者，将参与看成管理工具箱中一项实用的工具。他们运用这

---

① 马里兰大学心理学名誉教授本杰明·施耐德（Benjamin Schneider）曾经如是说：“从我还是一名年轻的工业心理学博士开始，麦格雷戈便对我的研究生涯产生了非常重要的影响。可以肯定地说，我从中受益匪浅。麦格雷戈的作品以及利克特和阿吉里斯的作品，构筑了组织行为学的框架，对组织、员工及管理者之间的关系进行了探讨。研究清楚地表明，员工的心理状态决定了管理哲学（麦格雷戈后来称之为宇宙观）的执行效果。今天，这本书仍然占据该研究领域的核心，因为它论述了两个重要的内容：管理者应当如何从成年人的角度对待员工，以及该方法不会减少管理者的责任。我最喜欢书中这样一句话，‘参与不等于权威的弱化。’现在，如何处理这种平衡关系仍然是管理者面临的最大挑战，而麦格雷戈很早就通过出色的工作论证了实现平衡的可能性。”——注释人注

个工具让他人做他们希望的事情，借此“迷惑”他人，使其以为自己参与了决策的工作。这类管理者通过极其巧妙的手段使别人说出管理者心中的想法，却还以为是自己提出的意见。这是一种“让人们感到自己重要”的手段，许多人际关系管理者都认为它是一项非常有意义的激励工具。请注意“让人们感到自己重要”和“让人们变得真正重要”是不同的。[①] 有很多人批评这种将参与当作工具的方式。而这类人际关系管理者却认为，所谓参与，就是以这种方式推行的。

第四类人际关系管理者成功地运用了参与的方式，而不认为这是一剂万能药或一个具有魔力的公式。他们不会毫无限制地运用，也不会严厉地攻击。同样，他们更不可能将参与当成欺骗他人的工具。

上述四类管理者对参与的看法存在一个共同点，即参与只能用于群体，而不能用于个人，我认为这个观点是错误的。他们都没有意识到参与和授权之间存在的关系。毕竟，从字面上看它们是不同的。许多强力主张授权的人士从来都没有考虑过参与一词。由此可见，无怪乎许多人际关系管理者对这项课题还存有几分怀疑。

参与的有效运用源于这样一种管理观点：对员工的潜力充满信心，认清上级对下级的依存性，尽量避免因强调个人权威而产生的不良后果。这种观点与 Y 理论完全相符，也与融合原则和自我控制的管理方式完全相符。从根本上来说，**所谓参与，就是创造机会，使员工在适当条件下对可能影响其自身的决策施加一定的影响力。**影响力的大小因情况而异。

或许，根据管理行为来研究参与问题会更加有效。管理措施的涵盖范围甚广，从一个极端，即在决策程序中完全依赖权威，而没有参与的余地，到另一个极端，即对权威的依赖微乎其微，参与则运用到最大程度。我们并不是说参与程度越高越好，最佳参与程度应视多个因素而定，包括问题的性质、员工的态度和经验、管理者的能力以及有关上述问题的观点，等等。[②]

---

① 麦格雷戈通过解释管理行为背后的意图，很好地说明了理解潜在假设的重要性，以及分析行为意图的重要性。——注释人注

② 从绝对权威到绝对参与的决策制定方式，是许多领域的科研作品的核心，包括自然科学、社会科学、决策科学及产业关系科学等。——注释人注

- 第一种情况是采用讨论会的形式。假定某位管理者制定了一项有可能影响员工的决策，但并不打算邀请员工参与决策，同时还希望员工最大限度地接受该决策。那么，他或许会选择召开讨论会，将决策公布并说明理由，同时允许员工提出疑问。他的目的只是希望检验员工能否接受这样的决策。如果遭到强烈反对，也许就会进行修正，以免执行后产生破坏性后果。如果反对意见不多，员工至少也获得了机会，了解为什么会制定这样的决策，并澄清不明白的地方。实际上，这种允许员工自由反应的讨论会便是一种参与，只不过程度较低而已。
- 第二种情况是管理者在制定决策后，会与员工讨论该决策的最佳执行方法。在通常情况下，决策的执行方法甚多，最终采取哪种方式对管理者来说并无区别，只要决策能够实现就可以了。但员工因此获得了表达自己意见的机会，有时这对他们来说相当重要。这种方式的参与程度比前面进了一步。
- 第三种情况是管理者先与员工共同讨论，然后再作出最后的决定。这种情况的参与程度更高。在这样的情况下，员工应该先做好准备修改本意，甚至改用其他办法来代替。最后的决定权仍然掌握在管理者手中，但要通过与员工讨论得出结论。
- 第四种参与方式更进一步，是管理者将自己面临的问题向员工和盘托出，要求员工帮他思考最佳的解决方案。管理者不必事先承诺采取大家的意见，但需让大家了解，只要方案可行，他自然会采纳。
- 最后一种情况是，当管理者面对诸多需要决定的问题时，可能会对某些内容不太感兴趣，而员工却极为关切。在这种情况下，管理者也许会对员工说："只要你们同意，我就决定采纳。"

上文种种情况在组织的任何层级都有可能发生。参与并不仅仅局限于一线管理者及其员工。公司总裁与执行委员会之间也可能发生参与问题。而且，对员工来说，任何一项管理决策都有可能对他产生影响。同样，任何其他个人或者单位也会受到相应的影响。而参与的具体方式则取决于组织的层级，以及上文所述的各项因素。

管理者在采取参与方式之前，应当首先检验自己的实施策略及理由。如果员工还不习惯参与影响自身的决策，管理者大可不必第一次就将重大问题在员工面前提出来，或者听凭员工自由选择。他应该谨慎地向员工表明自己将在怎样的限度内吸取意见。通过如此运用参与的方式，管理者将了解到这条漫长的旅程不仅是为了员工的成长和学习，同时也是为了自己的成长和学习，只有先学会爬才能学会走。

采取参与方式的主要目的之一是，促进员工成长，鼓励员工加强承担责任的能力。因此，管理者必须甄选适当的课题或方案，以供员工参与讨论和决策。所谓适当的课题应该是员工认为有意义的内容，否则他们会认为与自己无关而不感兴趣。可是有些管理者选择的正是与员工关系不大的课题，根本不具有鼓励成长的作用。最理想的情况应该是从组织的较低层级开始，由员工共同讨论诸如停车场、联合基金之类的问题。可是如果程序仅仅停留在这一步，员工便会认为管理者根本不想让他们参与决策，即使这些决策对他们来说非常重要。于是，员工对所谓的参与态度冷淡下来，管理者认为员工对接受责任毫无兴趣，也就成为顺理成章的结论。

当然，参与也存在风险，但是任何有意义的管理活动都是有风险的，并且毫无例外。管理者通常担心员工在参与自身决策中施展了影响力之后，会逐渐要求参与和自身无关的课题。事实上，提出这一担心的管理者往往对“与员工有关的课题”界定十分狭窄。如果管理者认为，只有与员工成长及接受责任的能力相关的内容才算合理，那么员工必然会突破这一界限，要求更多地参与决策。①

正如第 8 章所指出的那样，许多公司，比如采取斯坎伦计划的公司，它们在推行参与方式之后，并没有出现过此类他们担心的情况。这样看来，也许管理者应当改变自身态度，允许员工更大限度地参与广泛决策。上文曾经说过，推行斯坎伦计划的公司管理者，无法理解他人对于丧失管理权力的担心。事实上，他们认为自己仍然掌控着企业的经营，但同时也真诚地希望与员工共同讨论各项管理决策。没有推行斯坎伦计划的管理者无法体会这种感受，他们只担心手中的权力会被削弱。

我常常想问：在“参与”的相关课题中，什么是因，什么是果？越是担心管

① 重新设计工作以支持参与程度的不断增长，是这里所阐述的观点的重要内容。——注释人注

理权力的人，似乎越不容易保卫自己的权力。他们的疑惧和矛盾心情正好成为管理权力受损的原因，这无异于竖起靶子让员工瞄准攻击。在某些公司中发生的诸多事件，正好说明管理者的行为往往会导致其期望的结果出现。然后，管理者又将因果颠倒，错误地解释发生的问题。

无论如何，采取参与方式取得成功的实例在今天比比皆是，其中几乎不存在削弱管理权力的事情，那些担心实在没有必要。我唯一可以作出的结论是：过于关心自身权力和权威的人，还是少操些心吧！

很明显，上文讨论的参与方式与本书的理论主体完全相符。既然产业组织具有相互依存的特性，传统的片面决策方式便应当予以修正。而配合环境采取适当的参与方式无疑有助于修正的进行。从参与的基本特性看来，与所谓授权并无不同。**事实上，参与是一种特殊的授权方式，是员工对自己的责任享有更大的控制权和自由选择权。**参与通常意味着在原属于上级的责任范围内，允许员工施加一部分影响力。既然上下级之间存在一定的依存性，某些决策势必影响员工及其工作，那么允许他们施加一定的影响力也是合情合理的。就拿之前我在第 5 章讨论的内容来说吧，目标设定既涉及授权也涉及参与。授权和参与这两个概念绝不是互相排斥的，而是相辅相成的。

参与源于 Y 理论的基本假设，员工通过参与获得了满足尊重需求的机会，同时也影响了他们向组织目标努力的行为动机。这对融合原则的实现也具有帮助作用。首先，员工通过处理问题、寻找正确的解决方案，获得了自我的满足。而这种满足绝对是不容忽视的。近几年来兴起的“自己动手”运动之所以如此流行，大概也是出于这样的原因；其次，员工还将体会到更大的“独立感”，感到自己在一定程度上掌握了命运；最后，由于员工对解决组织问题作出了有价值的贡献，也能因此获得同事和管理者的赏识。对基层组织中的员工来说，获得这类满足的机会通常不大。因此，在组织中解决部门问题时，采取参与方式是十分有意义的，员工在为组织目标努力的同时，也将满足自身的需求。

由此可见，参与并不是万能药，也不是操纵工具、花招诡计或者威胁手段。在正确理解的基础上合理应用，参与将成为一种自然的采取融合原则和自我控制的管理方式。

THE
HUMAN SIDE
OF
ENTERPRISE

第 10 章

管理气氛

本章导言

麦格雷戈在第 10 章中指出，管理气氛（managerialclimate）是一种产物，和个人说什么话以及采取什么政策关系不大。“主要与组织管理中，上级以及其他重要人物的日常行为有关。”麦格雷戈提醒我们，他们的行为是由其内心的假设所决定的，而并不是嘴上说的那样。他举了一个作风强硬的管理者的例子，形容他就像“一头丛林中的野牛”。但他同时也很谨慎公平，对员工的福利十分关心。他从不奴颜婢膝，如果有人对员工不公平，即使对方是顶头上司他也会与之斗争。管理气氛并不是小心翼翼地构筑起来，随后就一成不变的特质。潜在的尊重原则与公平原则对组织的成功来说更为重要。麦格雷戈指出：“员工只有在感受到威胁时，害怕管理者独断专行、偏袒或者歧视时，才会强烈地渴望安全感。”

管理气氛不是突然间冒出来的，而是人们通过观察管理者的日常行为得出的产物。管理气氛反映了管理者潜在的人性假设。麦格雷戈说，企业对员工的尊重程度越低，“则他们对自身目标实现的期望就越低”，相应地也越不尊重管理。麦格雷戈在本章开篇指出，X 理论的关注点集中在“指挥和控制的技巧”上，而 Y 理论更注重“关系的特征”。我们所学的管理气氛便是这些关系的反映，同时也是日常互动的直接产物。

采取 X 理论的观点，就免不了会重视各项控制的技巧，包括以下步骤和方法：告诉人们该做些什么、确定人们是否在做，以及给予奖励和惩罚，等等。由于 X 理论的假设是人只有被指使才会为组织的成功效力，因此我们会很自然地关注指挥和控制的技巧。

与此相比，Y 理论更关注“关系的特征”，期待由此建立一种环境，鼓励我们对组织目标作出承诺；同时也提供机会，使我们发挥最大的主动性、天赋以及自我指导力等，以达到组织的目标。[①]

到这里为止，我们所涉及的主要都是管理策略与技巧，包括影响和控制、目标设定、绩效考核、薪酬与升迁管理，以及斯坎伦计划等。下面，我们将讨论各类关系及其意义所在。[②]

当我们考虑人在工作中的心理环境时，首先想到的便是上下级之间的关系。上下级关系作为研究主题已经有数十年的历史，并在今天获得了充分的认识。

---

① 罗杰·科莫（Roger Komer）曾经担任福特汽车工人协会（UAW–Ford）的组织内部发展顾问，同时也是沃克麦尔特公司（Work Matters，LLC）的前任顾问，他有过这样一段话：麦格雷戈为组织发展人员提供了沟通基础与系统框架，这是我们进行系统化思考的关键因素。我在工作中一直认为，理解人与组织的潜在价值和假设具有极其重要的意义。——注释人注

② 上文的论述表明，Y 理论源于一系列有关人的假设。但这里强调，它同样源于一系列有关依存关系的假设。——注释人注

前文已经讲过，上下级关系的基本特性之一，便是双方的相互依存性。在这种关系中，任何一方都具有在某种程度上影响对方达成目标或满足需要的能力。因此，除非双方都能认识到依存有助于彼此目标的达成，否则便难免遭遇重大挫折。首先，让我们从下级的角度来看，是什么因素决定了他们的期望。

我们很快就会想到公司的政策和流程，比如通常出现在新员工手册中的内容。这些固然重要，但上下级关系的属性与特定的人事政策其实并无太大关联。拥有标准规定和操作规程的公司，可能上下级关系很好，但也可能极差。有些公司的特定项目和业务会成为员工的攻击目标和摩擦根源，但同样的流程放在其他公司里，却可能顺利地为员工所接受。

由于下级对上级存在依存关系，使得下级对许多可能影响其达成目标的事件颇为敏感。特定政策和正式声明的存在固然重要，但更重要的往往是政策和声明的执行方式。**在组织管理中，直接上级及其他重要人物的日常行为可以传递出一定的信息，使员工了解到他们潜在的假设，而这才是最重要的。**[①]

关系气氛

由管理态度所表现出来的许多细节行为，形成了心理学上所谓的“关系气氛”。幼年时期，我们处于极端的依存关系中。通过观察父母行为，我们掌握了高度的技巧来判断这种关系是否处于正常状态。即便是很小的幼儿，面对父母无意识中表现出来的行为，也能以高度的敏感性判断出对方是接受还是拒绝。极端的依存性使婴幼儿对父母行为高度敏感。从心理学角度来说，敏感直接影响了婴幼儿的生存。

下级对上级的依存自然不像孩子对父母那样极端，但下级达成自身目标的能力却深受上级态度的影响。因此下级会不断努力体会这种关系气氛，以判断自己达成目标的机会。**事实上，关系气氛远比管理类型及管理者的“人格类型”更具意义。**

① 这一核心观点，即员工将更关注管理者是怎么做的，而不是怎么说的，并无特别；特别的是，这里提出了“管理者的行为代表了其潜在的假设”的观点。——注释人注

不论上级独裁还是民主，热情还是冷淡，随和还是强硬，这些个性特征都远没有深层次的态度更为重要，因为后者才是下级真切感受到的东西。

有一家小型制造公司的管理者，做起事来就像“一头丛林中的野牛”。他对待员工态度蛮横、颐指气使、训斥指挥，简直就像拿破仑再世。后来，公司管理部门决定举办一项关于人际关系的管理训练计划，高层管理者都认为他一定会令人失望。然而，令人不解的是：员工对他的评价很高。他们说：“哦，他不过是脾气坏一些罢了！”在他负责的部门里，员工士气很旺，生产力也高。

后来，经过调查才发现若干重要实情。原来他是一位公平对待员工的人。尽管表面严峻无比，但对待员工却真诚热情。每当员工遭遇困难，无论是有人等不及发薪，偶尔借几块钱用，还是家庭遭遇变故，他都会慨然地伸出援手，并且从不摆出施恩的架势。

尤其重要的是：如果有人对员工不公平，即使对方是顶头上司，他也会与之斗争。人们时常怀着敬畏的心情谈起过去10年间发生的两件事。他曾经两度闯进老板的办公室，要求更改决策，因为该决策对他的“弟兄们”太不公平。有一次老板拒绝了他的请求，他立刻提出辞职，随即扬长而去。结果老板竟然追到大门口，接受了他的请求。

这位管理者的某些表现或许算不上良好的管理方式，但他却成功地使员工对他充满了信心。他的管理态度有独裁、有放任、重感情、严厉、公正，同时还包括其他各种管理风格，共同形成了一套深层次的、令人高度满意的公平待人之道。

公平机会的信心

有关上下级关系的研究指出，管理者的行为和态度中存在若干变量，与员工的生产力和士气都有密切的关系。这些变量常常决定着员工能否在达成个人目标时享有公平的机会。

举例来说，密歇根大学社会研究所的研究特别强调“**以员工为中心管理**”的重要性。这些研究表明，对员工福利的真心关怀与员工的士气和生产力提高之间，确实存在着直接的关联。

密歇根大学的研究又表明，**这种管理态度是促进员工士气和生产力提高的“必要条件”，而不是“充分条件”。管理者必须对组织上层具有一定的影响力，这一点至关重要。仅仅在心里赏识员工还不够，身为管理者还应在行动上有所表现**。如果管理者不能对员工的加薪、升职，或工作环境改善等方面表现出自己的力量，则不论态度如何，仍然难以得到员工的信任。

管理者还应具备才干。所谓才干并不意味着了解员工的一切工作细节，而是说必须具有一定的能力。如果管理者缺乏才干，员工将很难相信自己能够获得公平的机会。

有人认为，在某些时候，员工真正需要的并不是公平的机会，而是安全感。然而，在这种成人之间的关系中，按字面意思理解，“安全”的保障似乎并不必要。事实上，有许多极其成功的上下级关系，即员工士气旺，生产力也高，其“安全”保障却几乎为零。服务于战场的军事单位便是一个典型的例子。

员工只有在感受到威胁时，害怕管理者独断专行、偏袒或者歧视时，才会强烈地渴望安全感。当他们对管理者充满信心时，所要求的便只是公平的机会了。这里有一个有趣的例子。

> 故事发生在第二次世界大战期间某国防工厂。当时，该公司总裁远在华盛顿担任其他职务，不在工厂。工会在年度谈判中要求按照工龄安排员工晋升。总裁唯恐发生罢工，只好指示管理层接受工会的要求。
>
> 后来，该公司劳资关系部了解到：工会提出要求的根本原因在于员工对公司的升职制度缺乏信心。员工已掌握部分证据，他们认为许多管

理者常常凭个人喜好进行决策，那些未能博得其好感的工人因此而受到歧视。

高层管理部门建议，采取措施改善各层管理者的管理水平。这些措施后来推行了三年之久，据了解成效显著。

第二次世界大战结束时，总裁从华盛顿回来，准备亲自主持与工会的谈判，签订战后第一批劳动合同。劳资关系部经理建议说，既然总裁已经准备在员工待遇方面让步，则不妨同时要求一些回报。他敦促总裁将工龄制度予以修订。

起初，总裁并不认同，他认为一旦作出让步，便不可能再更改。所以，他只是同意试试看。结果令他大为惊异，谈判快结束时，工会竟然同意了他的意见，而且几乎没有任何争论。根据新制度，业绩成为晋升决策的唯一依据。

对于上述情况，我们不妨这样解释：员工认为自身受到了威胁，担心遭遇独裁和不公平的待遇，因此只得寻求他们认为能够保护自己的措施。由于工龄的绝对客观性，任何主观判断都不可能对其产生影响。然而，后来情况又发生了变化，员工重新建立起信心，认为老板可以赋予他们公平的机会，于是心甘情愿地接受了取消工龄计划的方案。

所谓信任，必须以员工对管理者完整人格的信念为基础。当一方依存于另一方时，必然会担心管理者是否无法完全信赖。很明显，无论采取怎样的技术、规则或者管理方式，都很难仅凭这些内容满足要求。假如技术被当作“花招”使用，很可能还会产生不堪设想的破坏结果。

举例来说，如果管理者借“参与”计划欺骗员工接受事先安排好的决策或方案，无疑将形成极大的风险，足以摧毁员工对管理者人格的信心。一旦诡计被揭穿，管理者所承受的损失将远远大于从“令员工感到重要”中得到的利益。

还有另一种手法，即管理者在员工面前表现出“对其个人利益的关怀”。有些管理者对自己的表演颇为满意，事实上他们对员工根本不关心。[①]

几年前，我曾经随同一位生产部门经理访问他的工厂。他具有惊人的记忆力，能够叫出每位员工的名字，并问候他们的太太和孩子。问候固然令人感到亲切，但他的表现并不真诚。[②] 一星期后，我对他的怀疑得到了证实。当时，工厂举行了一次投票，在工会的支持下，员工以压倒性的票数通过了决议。后来听工会负责人说，这次投票结果主要源于员工对这位经理的极度不满。

自上而下的信任

员工对管理者的日常行为和态度是十分敏感的。管理者的行为和态度所具有的特性绝非空穴来风，而来自他对管理工作以及人性本质的假设认识。假设有一位管理者总是认为自己高人一等，拥有不同寻常的能力，其他人都是平庸之辈；并且深信大多数人都生性懒惰，宁愿被人照顾，渴望强有力的管理；除非对员工进行严格的指挥和控制，否则他们只会凭借一纸合同谋求私利。那么，可以肯定地说，这位管理者主张的正是 X 理论。

很显然，这位管理者的理论倾向，必然会反映在他日常对待员工的行为中。而员工身处这样的依存关系中，对于自身目标的达成也很难再抱希望。下面，再举一家制造厂的例子。

---

① 哈佛“职员与技术工人联盟”主席比尔·耶格（Bill Jaeger）曾经这样说过：“在 2005 年的美国，我们仍然可以在许多工作场合看到以 X 理论方式思考的例子。比如，管理者将工作培训看成是微不足道的事情，对病假申请却大加研究。很显然，Y 理论并没有在日常工作中占据主要位置，这与它在商学院中的地位是截然不同的。不过，Y 理论的积极影响也在稳步成长。如果工会和管理层愿意共同为改善工作而努力，许多管理者都将迈出积极的一步，重新设计工作并提高生产力和员工的满意度。可以肯定的是，工作中关于人性假设的斗争还会持续几十年甚至更长时间，而麦格雷戈的作品始终都发挥着强有力的建设作用。《企业的人性面》是我最喜爱的作品之一。”——注释人注

② 左倾批评家说，这种关怀方式推行得还不够；右倾批评家则认为这样做已经过度侵犯了管理权威。这里所要讨论的是，不真诚的关怀将带来巨大的风险，最终使管理者的人格遭到员工的破坏性怀疑。现在，有关管理道德的研究正在不断发展，这方面的内容无疑是一个值得深入讨论的问题。——注释人注

在几个月的时间里，这家工厂的员工不断对管理层提出大量抱怨，内容涉及薪酬、工作环境、工厂制度等。人事部门经理对抱怨强度和频度进行了一番调查后，开始怀疑这些只不过是表面征象，背后还有深层次的原因。于是，人事部门经理决定营造出和谐的气氛，使全厂员工敢于自由表达自己的感受。计划一出，果然奏效。问题根本不在那些表面征象，而在于这些员工的经理平时总将他们看成"笨蛋"。员工难以针对经理的无形行为进行投诉，只能找些具体但毫不相关的问题来表达强烈的不满。

后来，人事部门经理与那位经理就整个问题进行了讨论。那位经理坦率地说："我承认自己对他们有那样的看法，但我从来没有表现出来呀。我知道不能当着他们的面这样做，因为一旦如此，工作就很难做了。所以即使他们的不满带来过许多麻烦，我也没有表示过什么。"

再看另一位态度完全不同的管理者。他认为一般人都具有相当的智慧和能力。他或许也感到自己能力不错，但并不会因此而骄傲自大。他相信大部分人都有成长和发展的潜力，乐于承担责任，并能发挥创造力。他将员工视为真正的资产，能够协助自己承担责任。他只关心如何才能创造出合适的环境来充分利用人力资产。他不认为人们都是愚蠢的、懒惰的、不负责任的、不诚实的或怀有敌意的。他当然知道世上确有这样的人，但这样的人毕竟是少数。总之，他是信奉 Y 理论的管理者。

这位管理者所营造的关系气氛大不相同，其对员工的授权自然也更加有效。员工有机会在他的管理之下发挥自身才能，而他也将员工视为宝贵的资源，能够协助他解决各种问题。同时，他还通过参与的方式证明了自己对管理的信任。

美国管理协会会长劳伦斯·阿普利（Lawrence Appley）曾经谈到他对参与的三点看法：

- 第一，分析问题并获得可能得到的最佳答案。
- 第二，邀请员工共同讨论问题。
- 第三，不坚持最初的想法，通过讨论寻求更好的答案。

他的观点不仅说明参与具有的重要意义，而且强调了有效执行参与的条件正是管理者对员工的信心。

现在我们已经清楚地认识到，**上下级关系的环境并不是由政策及流程决定的，也不是由管理者的个性决定的，而是由管理者根据自己的管理理念以及对人性本质的基本假设，不经意表现出来的日常行为决定的**。因此，无论人事管理政策和流程多么周密合理、人事管理技术培训多么优秀、交际技巧多么先进，只要关系气氛不适当，员工都会将这些视为操纵和剥削自己的工具。这就是为什么不同的组织在采用了相同的人事政策和流程之后，却会产生不同的结果。

气氛由谁决定

一般针对这个题目的讨论都认为，在上下级的相互依存关系中，真正决定关系性质的人其实是管理者。有人不免要问：是否员工的态度就不会有重大影响呢？事实上，当然会有所影响。无论管理者的个人态度如何，是否存有偏见，以及对人性的理论观念如何，一旦碰上无能、说谎，或者敌对的员工，则无论如何都不可能对其建立起信心。而且，有些人根本就是无法与人相处的。即使公司已经建立了良好的人事甄选制度，管理者还是难以避免这种情况的发生。

在这种情况下，根本谈不上创造积极的期望、建立相互的信心，以及培养健康的环境等。唯一的办法似乎只有终止双方关系，比如调动或者解雇。如果连终止双方关系也办不到，那就只好忍受无效管理，并在最坏的条件下尽力而为。

在通常的上下级关系中，下级对上级的依存性较重，而上级对下级的依存性较轻。也就是说，管理者运用的控制多，员工产生的影响少。有时即使情况看起来糟透了，但因为新任管理者使员工感受到了不同的态度，整个组织的心理气氛都会发生改变。

几年前我访问过一家大型公司。该公司的劳资关系一直十分紧张，但就在我访问的两年前，突然发生了戏剧性的转变。国际工会组织的成员特别选出这家公司，认为可以作为劳资关系的实例进行研究，我也因此应邀参加访问。①

该公司管理层对事件的解释简单得令人无法相信，但证据表明他们没有说错。该公司过去的工会与管理层极端对立，工会代表是由少数人运用不正当手法选举出来的，从此公司便饱受这些破坏分子的祸害。谈判成为闹剧，无理的抱怨不断提出，随意罢工层出不穷，产量急剧下降，类似现象不胜枚举。

经过多次激烈的讨论之后，高层管理者中一位颇具影响力的人士说服其他管理者，采取了一套新的方法。管理层首先假定绝大多数员工都是通情达理的，只要给予合理的待遇就会作出合理的反应。于是，管理层开始采取一切可能的方式，来表示他们的诚意。公司内部刊物不再为各项管理措施辩护。只要听到针对管理层的错误的抱怨，公司立即公开承认，并采取行动改正。过去因担心工会恶意使用而对员工保密的资料，现在也完全公开。公司高层竭尽全力帮助中层和基层管理者理解这套新的管理哲学，并在日常工作中加以推行。

不到两年时间，管理策略的重大转变就使整个公司关系为之改观。接受我询问的所有员工无不表示，正是这一政策促使了劳资关系的改善。工会代表换成了受人尊重，且颇具才干的人士。员工抱怨降至正常水平，劳资谈判在相互信任的气氛中推进，随意罢工事件已经不再发生。

---

① 在这里，麦格雷戈强调应改善工会与管理层之间的关系，但关系的改善对企业整体的生产力会产生怎样的影响呢？关于这个问题，我们可以参考波音公司前任总经理弗雷德·斯塔尔的观点，他曾经是麻省理工学院精益航空进取计划的行业执行理事。他说："员工与雇主的目标融合，听起来似乎为X理论的弊端提供了解决的良方，但我不认可这种观点。工业社会学家发现，在21世纪的工厂中，员工态度与生产力之间并不存在关联性。而我自己的经验显示，只要员工努力为企业创造财富，生产力也会跟着提高。在这一点上，John Deere农耕机械公司的前任总经理迪克·克莱恩（Dick Kleine）取得了概念上的突破。他不认为'快乐的职员必然生产力高'，而是认为'生产力高的职员必然快乐'。这样一来，工作的重点便转向保证生产性组织以及加强身心管理上。可以说，这甚至已经超越了Y理论的观点。"——注释人注

该公司管理层至今仍然对这些转变感到不可思议。对此，我只能用克林顿·戈登（Clinton Geden）的一句话来解释："总的说来，管理层采取怎样的管理方式，便会形成怎样的劳资关系。"

潜在假设及理论观点对于管理行为的影响不但涉及政策、程序和方法，而且还涉及决定人际关系气氛的日常行为。根据理论及态度所反映的日常表现，反过来又会影响员工对于在组织中实现自身目标及满足自身需要的期望。也就是说，**管理气氛将影响各项正规政策、方案及流程的制定与执行。因此，管理气氛的重要性是首位的，制度的执行则居于其次。**

THE HUMAN SIDE OF **ENTERPRISE**

第 11 章

行政职能与业务职能之间的关系

本章导言

第 11 章讲述了在各项行政职能，包括人力资源、财务、营销、采购、质量控制、物流、维护、工程等的专业化趋势下，行政职能和业务职能之间的关系。X 理论的焦点在于“统一命令”原则，即任何人都只能有一个上级，麦格雷戈则认为，这将引起行政部门和业务部门之间不健康的“权力斗争”。他引用一位业务职能经理的话：“我尽量远离行政部门，因为他们只会带给我麻烦。”

在本章中，麦格雷戈提醒人们注意：当高层管理者使用类似“会计、人事以及工程等职能来发展和推进管理控制系统”时，很可能是在编织一个行政职能的陷阱。在这种情况下，行政部门宣称奉行参与和授权机制，从而获得了高层管理者对其部门功能的认可和支持。麦格雷戈认为，这样做的代价简直“愚蠢至极”，行政职能将丧失各自的专属领地，并最终沦为被业务职能控制的工具。同时，过分强调行政职能的专业化培训，以期找到所谓的最佳方案，将进一步破坏其活力。由于这种居高临下的技术方案通常会被基层管理者所拒绝，因此正好为那些批判业务部门“愚蠢”的行政部门找到了借口。这样一来，行政部门根本不能从整体上考虑整个组织的利益。这进一步证明，行政职能的管理控制是代表高层管理者的。其结果是，行政职能还没有实现便终止了，管理控制的气氛加剧。

今天，上下级关系气氛的重要性已经获得了充分的认可，大量工作开始针对如何建立并维持关系气氛。然而，还有一种依存关系却较少有人研究，这种关系气氛对于企业所具有的意义，也没有多少人能理解，那就是，行政职能和业务职能之间的关系。

根据传统的组织理论，行政职能和业务职能之间的关系是以“权威原则”为基础的。位于中央指挥链上的是所有的业务运营职能，其他行政职能则是为业务职能提供服务和咨询。我们不能对其赋予权威（其自身职能除外），因为这样做会违背“统一命令”原则，即任何人都只能有一个上级。当然，组织内可以存在多个业务职能，比如销售，只要各业务职能充分独立，不违背“统一命令”原则即可。

另一条原则是权威必须与责任对等。业务部门需要获得相应的服务才能履行其责任，因此必定存在超越业务部门的权威。

这些原则或许会正式出现在组织结构图和职位说明书中，但在实际的组织活动中却怎么也找不出来！基层及中层的业务部门经理，几乎都免不了受到行政部门的影响，这种来自行政部门的影响，与上级所施加的权威相比，从心理感受上来说没有什么差别。

能够施加这种影响的人，并不限于组织中较高层级的管理者。普通的会计人员也有可能拒绝总经理的预算申请，即便是工厂管理者提出的加薪方案，也可能不得不提请人事部门的员工进行审阅。虽然这些行政部门的员工遵循的是由业务部门制定的工作流程，但他们同样会对业务部门造成心理上的影响。

在许多研究组织的教科书中都能看到，大量繁冗的文字被用来解释上述不一致的现象。但类似“协调”“知识权威”“以某人名义行动”等动听的名词根本无法掩盖事实真相：传统的以“权威”区分的行政职能和业务职能之间的关系根本就是幻想。产业组织是一种由各种依存关系交织而成的复杂体系。所谓依存是指任意一方都有影响对方达成目标及满足需要的能力。因此，只要指挥与控制还主宰着基本的管理策略，则不论从逻辑上讲情况该是怎样，行政部门施加的权威式的影响力都会侵入组织关系之中。可以说，**无论我们如何求助于逻辑，只要权力仍然是目标达成的必要手段，权力之争便无可避免。**[①]

今天的产业界中，行政职能和业务职能之间的关系气氛，并不能充分反映第 10 章中描述的“相互信任”的属性。在通常情况下，业务部门都将行政部门看成“负担”，而不是获取帮助的来源。在他们眼里，行政部门只关注狭隘的专业知识，完全不顾企业的整体利益。而且，他们还认为行政部门提供的意见不切实际，总离不开一大堆过分标准化和官僚化的流程。正如一位忙于解决工会与管理层关系的业务部门管理者所说：“我尽量远离行政部门，因为他们只会带给我麻烦。”[②]

另一方面，行政部门对业务部门也存有偏见。他们认为业务部门只关心自己的权威和独立性，完全不尊重行政部门的专业知识和工作成就，从根本上拒绝改变和进步。

这些态度通常总是以开玩笑的方式表达出来，但仍然无法掩盖双方的敌意。当然，情况偶尔也会有例外。但大体说来，行政职能和业务职能之间的关系确实不

① “分权制衡”原则作为一种特殊的依存方式，在这里没有得到充分的阐述。这一原则与麦格雷戈批判的“统一命令”原则并不相同，它加入了权力与控制的因素，从而超越了各职能之间的依存关系。——注释人注

② 不幸的是，今天的许多大型组织中，仍然可以找到业务部门与行政部门之间的类似问题。——注释人注

甚理想。只要你有机会与其中一方进行私下交谈，并随意提起另外一方，必然会引发洪水般的抱怨。

业务部门如何利用行政部门

造成行政职能和业务职能之间不理想关系的因素有很多。我认为最重要的原因在于，业务部门长期以来对权威过分依赖，以为只有权威才是管理控制的唯一方法。而且，他们对权威的认识大多来自实践，而不是理论，从而使得问题进一步恶化。

过度依赖权威将招致员工的反抗，主张 X 理论的管理者也逐渐意识到了这一点。**针对这个问题的解决方案有很多，授权便是其中一个。**授权原则的含义不外乎强调如下几点：将决策权交给采取行动的人，"通过政策"控制员工，管理者应当重宏观轻微观，允许员工有犯错的自由。

主张 X 理论的高层管理者通常都能接受授权的观念。然而，由于他们的整个管理理念建立在控制的基础上，一旦采取实际行动便会面临"失去控制"的局面。即使令人忧虑的决策错误、生产力降低、情况失控等问题还没有发生，他们就已经束手无策了。因为对员工缺乏真正的信任往往会使忧虑变成事实。

幸运的是，管理者可以借助一种方法摆脱困境，那就是在保持控制的同时采取授权的方式。不必直接依靠权威，只要指定专门人员负责：

- **第一，确定员工没有违反公司的政策规定。**
- **第二，收集提供相关资料，使自己能够及时掌握情况，防止问题的发生。**

于是，管理者开始利用这些行政部门，包括会计、人事、技术等，建立起管理控制的制度。当他们决定采取某项政策时，便指派合适的行政部门制定必要的流程，并确保该流程的执行。毕竟，基本决策仍然由管理者决定，行政部门只负责研究细节。管理者没有时间确定每项具体程序是否得到了准确执行，因此关心的主要是政策和成果，"协调"政策的工作就交给了行政部门。

作为管理者，有责任知道事情的发展状况，因此授权并不等于放权。假如他们能够获得有关运营等重要方面的日报，以及其他方面的周报和月报，就可以花很少的时间进行授权，而不是像传统的独裁管理那样，令员工紧张得喘不过气来，同时又不致失去指挥与控制的能力。

接着，管理者又注意到“例外管理”原则。原来，他们根本没有必要阅读一大批琐碎的员工工作报表。行政部门可以代为阅读，然后整理出一份报告，指出“出轨”并需要注意的事项。管理者甚至还可以再前进一步，要求行政部门调查不一致的地方并予以修正，那些处理不了的事项才需要向他们报告。

现在事情已经有条不紊。管理者对员工进行了授权，也就没有必要再运用直接而严厉的权威了。他们通过政策来指挥，而员工通过工作实践将决策制定出来，同时享有出错的权利。这样做几乎没有风险，因为管理者拥有众多行政部门，负责对运营的每个重要层面详加关注。现在，管理者可以只关注重大问题，比如政策制定以及其他管理的重要方面。因为一切已尽在掌握。如果有任何事没有按照正常轨道进行，行政部门一定会进行修正，或者通知管理者本人及时处理。

这是一幅美好的愿景吗？还是一出拙劣的闹剧？那要看你采取怎样的基本理论假设了。大量的教科书、文章、管理顾问公司都可以帮助我们建立这样的管理策略，完善控制图表和符号标注。当然，我们还得认真考虑这样做的后果。现在，行政部门承担了警察的职责，代替业务部门执行权威。像以往一样，员工仍然会进行反抗。只不过反抗对象变成了行政部门，而不是业务部门，这大概是因为行政部门不那么可怕，也不受人尊敬的缘故吧。另外，与针对业务部门相比，针对行政部门的反抗似乎更加有力。大量研究显示，中高层管理者往往会建立“自卫制度”来对抗行政部门。组织因此难免增加更多的繁文缛节与高昂开支，而从心理学的角度来看，这种做法与员工反对个人激励制度并无二致。

一家成功的大型制造业公司最近发现，更换了某个主要分支机构的管理者之后，竟然发现了一系列“骇人听闻”的事情：粗制滥造、虚构数据、资产疏于维护等。这些状况已经持续多年，而总公司的行政部门却毫不知情，甚至连高层管理者也被蒙在鼓里。

发生这种事情的代价绝不会小。基层管理者将很快以占用员工的工作时间为代价，建立起自己的资料收集制度，以便掌握至少与行政部门相同的信息。而行政部门也将花费大量人力，追查已经出现的差异，并改正资料来源。随后，对抗行政部门控制的方法陆续出现，行政部门不得不忙于设计新的制度加以对应。行政部门与业务部门之间的鸿沟逐渐加深，双方通过合作达成组织目标的可能性不复存在。第 8 章提到员工完全“依据蓝图”行事，尽管知道结果不堪设想也漠不关心的例子。现在，这类现象即将发生在管理的任何层面，其影响力亦可放大无数倍。员工将特别注意管理者通过行为表现出来的控制方法，对其他方法则不大关心。

如果推行“授权与控制”的方法所获得的利益足以弥补付出的代价，这种方法或许还有流行的可能。要知道，人的适应能力是极其强大的。但从根本上说，恐怕没有任何管理方法可以像这种方法（由行政部门承担控制责任）一样，产生如此恶劣的后果。不幸的是，且不论我的分析是对是错，这种以不同程度或形式所表现的做法竟然十分普遍！①

我认为，上述现象正是许多大型企业常见的“手风琴效应”的成因。首先，公司推行了一场规模宏大的分权运动。若干年后，上述各种现象出现了，高层管理者认为事情已经出轨，于是又作出集权化的改进方案。然而，对一个庞大而复杂的组织来说，集权化管理谈何容易。过不了多久，公司只好再次革新，推行分权化。

然而，上述控制策略的背后却存在着一套颇有道理的逻辑，令人难以反驳：每位管理者都应该对自己在组织中的工作成果负责，该管理者的上级则对他负责。但是，管理者想要履行其责任，必须首先满足两个条件：

- **第一，了解部门内工作的进行状况。**

---

① 麦格雷戈声称，由行政部门承担控制责任的方法在当时十分普遍。现在，我们周围的行政部门的角色也是如此吗？或者，有迹象表明这种情况已经得到了缓解？——注释人注

● **第二，有权修正错误的地方。**

如果我们接受 X 理论的假设，则这套逻辑的确无懈可击：大部分人必须被驱使才能为组织的成功而工作，大部分人不会主动承担责任，大部分人的能力相当有限。采取指挥与控制的管理方式，将无可避免地产生上述管理策略。

某大型组织中，负责全公司精密控制体系的总公司行政部门曾经公开表示：使基层和中层管理者恪尽职守的唯一办法，便是不断地详细测评他们的绩效，并且毫不留情地予以针砭。

但是 Y 理论的假设却不接受这套管理概念，对于相关逻辑也不予认可。**Y 理论认为，人人都拥有内在的“控制机制”，其力量之大，足以使任何外来控制失效。**在某些情况下，甚至肉体的折磨也不能令人就范。但是，只要情况适当，人人又都能通过“自我指导”与“自我控制”为自己承诺的目标效力。凡为人父母者，眼见子女由小到大的成长经历，大多能够理解这些道理。子女一旦成人，父母便无法再控制其行为了。除非父母能够在某方面激发子女的自我指导与自我控制能力，否则只靠权威是根本无济于事的。因此，父母的任务只是帮助子女树立社会所能接受的目标，使子女对目标做出承诺。当他们学会运用自我控制时，再逐渐放松外在的控制。只有如此，子女才能成为对社会有所贡献的人才。

企业管理者接触的对象都是具有部分依存性的成年人。一方面，他们愿意，也有能力运用自身智慧来摆脱加在身上的外来控制；另一方面，他们能够学会在适当的情况下进行自我指导与自我控制。因此，**企业管理者的任务就是帮助员工认识到：组织需求与个人需求的目标是可以同时满足的。**进而鼓励他们对目标作出承诺。管理者的角色应当类似于教师、顾问、同事，而不是独裁者，唯有如此才能有助于员工达成目标。如果管理者亲自对员工进行指挥和控制，则不仅无法协助员工，还会遏制员工成长，导致对抗产生。同样，如果管理者设置监察部队向自己提供报告，以行使部分控制或完全控制的权利，则他也不可能协助员工达成组织的目标。这种做法固然可能将怨恨转移，但与此同时也加剧了负面的结果。

作为管理者，只有放松传统式控制，相信员工具有达成组织目标的意愿和能

力，并允许他们有判断出错的时候，才能帮助他们成长，最终达成组织的目标。

比如在零售业中，尤其是过去几年里，管理态度的转变带给我们大量宝贵的经验。许多邮购企业和百货公司取消了烦琐的退货控制制度。他们发现，绝大部分顾客是诚恳的，采取无条件换货的方式远比繁冗的退货审查制度要经济许多。诚然，确有部分不诚实的顾客存在。但问题是：建立制度来应对大部分诚恳的顾客划算，还是对应少数不诚实的顾客划算？相关数据显示，前一项策略才更符合经济原则。①

行政部门利用业务部门

上文所述的业务部门对行政部门的不当利用，仅仅是造成双方关系失败的多种因素之一。这里还有另外一个重要原因，即行政部门对于自身角色的认识问题。尽管今天的大学课程对社会科学较从前重视许多，但进入企业的工程师、会计、人事职员却仍然不懂得如何扮演好自己的角色，从而在行政部门中有效地工作。过去的教育重点一直围绕着专业知识及相关方法和技术。如何在复杂的组织中有效运用这些专业知识和技术，却几乎从未提及。因此，这些人对于自身专业关系和扮演角色的了解，始终都是一张白纸。

事实上，正是这些专业训练使行政人员变得不堪一击。在传统教育之下，他们一直在寻求最佳方案，而且深信自己学到的科学技术具有无比的客观性。因此也就自然而然地认为，应用这些技术得到的答案一定会立即被组织高兴地接受。指挥与控制的管理方式看上去是那样完美无缺，再加上“知识权威”帮助决策，根本没

① 今天，这项策略的代表就是“伴随客户一生”（customer-for-life）的经营方式。比尔·迈克比斯（Bill McBeath）在“实践与政策对业绩的影响”（Impact of Practices and Policies on Performance）一文中说道：诺德斯特龙百货公司（Nordstroms）采取的是“伴随客户一生”的经营方式，并以允许销售人员运用公司资源（比如快速货运、奉送礼品等）满足客户需求而闻名；Talbots 服装零售公司采取的方法是：如果没有客户满意的号码或者颜色，就提供半价替代品；萨克斯零售公司（SAKS）在某种商品脱销时，可以立刻查到其他地区是否有存货，并负责连夜免费货运；丽思卡尔顿酒店（Ritz Carlton）授权员工可以花费 2 000 美元以内的金额，来解决客户遇到的任何问题。请注意上述例子中的第一个和最后一个，它们明显代表了 Y 理论的假设，而中间两个政策既可以按照 X 理论的方式执行，也可以按照 Y 理论的方式执行。——注释人注

有人敢对此提出挑战。

然而，行政人员很快发现，组织中竟然有这么多不可理喻的人。他们不但不把自己放在眼里，而且还藐视根据科学研究得来的客观答案，拒绝使用最新模式的技术。

用不了多久，行政人员便得出结论：大多数业务部门管理者都是愚蠢而不顾组织利益的，他们只关心自己的权威和独立。

在这种情况下，行政人员自然非常乐于接受这样的任务：订立一套衡量方案来控制业务部门管理者的工作绩效。假如他是会计或工程师，很可能会提出标准化制度的流程与规则。他的本职就是协调。而这也正是最能减少主观判断和不可预测行为的方法，同时还能通过指挥和控制改进组织效能。现在，他终于用上了自己的知识和才能。最终，他不自觉地找到了一套方法，可以对那些不能欣赏或不能理解自己专业知识的人还以颜色了。

当然，事情的发展模式并非绝对如此。但普遍结果是：业务部门与行政部门之间的关系从此产生了种种困扰。大多数行政人员倾向于 X 理论，因为 X 理论正好符合他们对于组织世界的理解。对他们来说，指挥与控制的管理就是自然的生活方式，不但对于员工来说如此，对于他们与基层、中层业务部门管理者之间的关系来说也是如此。

行政部门的权力

具有讽刺意味的是，在现代企业中，真正的权力代表不是业务部门，而是行政部门。今天，行政部门的功能与传统控制功能已经大不相同。世界上许多复杂的问题，包括财政、技术、科学、法律、经济和人际关系等，都要依靠行政部门来协助管理层一一解决。行政人员的专业知识和培训经历，分析与解决问题的技巧，都是现代企业成功运营的必要因素。

结果，我们得到了与传统组织理论完全相反的结论：业务部门尽管占据着指挥链的中心和基础地位，对专业行政部门的依存却不断增强。同时，行政部门尽管为了符合“统一命令”原则而不能运用任何权威，却由于其知识技能以及管理层对其控制和协调的授权，而日益成为组织的影响核心。以某家大型企业为例，竟有高达70%的行政人员担任着二级以上管理者的职位，而且这一比例还在持续增高。

这样看来，我们或许可以认为，今天的企业就是由行政部门运营的，也许运营方式是间接的，但却是不容忽视的，日益增强的。行政部门的知识与技术对企业的重大决策具有深远的影响。通过设计和管理各项流程，这些部门的控制职能发挥着指挥和控制企业人力资源的作用。

就算是《爱丽丝梦游仙境》中恐怕也没有这样奇怪的地方吧。

THE
HUMAN SIDE
OF
ENTERPRISE

第 12 章

改善行政部门与业务部门的协作

本章导言

第 12 章开篇，麦格雷戈指出，许多业务部门与行政部门的管理者都在不断努力，试图向对方施加影响，然而这样做就像是“挖掘渠道引水倒流”一般。正如他在第 11 章中提到的那样，只要 X 理论的假设占据主导，“即使采取授权与分权化的概念，也不可能在真正意义上实现其功效”。麦格雷戈拒绝简单的结构化解决方案。他针对管理的维护功能进行举例，指出当维护部门直接向一线管理者汇报时，两者之间的关系可能是高度建设性的，也可能充满摩擦，集权制度下的维护部门同样面临着类似的状况。为了使职能的发挥更加有效，麦格雷戈提倡各行政部门对整个组织提供专业服务，并尽量避免自己沦为控制的工具。接着，他提出关于“基本概念”的认识：由专业行政部门，即人力资源部门、维护部门、工程部门等，进行数据收集后，以集体形式向管理者汇报，如此一来，该管理者手下的个人表现便不再清晰。如果行政部门希望成为令组织信赖的专业团体，这样做就是十分必要的。麦格雷戈进一步强调，应更加充分地使用专业行政部门的“精细信息科技”。他指出：“这种衡量方法以及收集和分析数据的方法，在二三十年前简直难以想象。”在考虑双方利益的基础上，麦格雷戈提倡建立互相依存的“专家—客户关系”，“任何典型的施加于对方的权威都将对双方的行为产生影响”。

我们的问题，是如何创造一种环境，使行政部门与业务部门能够相互信任，共同达成组织的目标，而不是不停地游击作战。创造这样的环境，有赖于双方的相互了解。许多业务部门与行政部门的管理者都在不断努力，试图向对方施加影响，然而这样做就像是“挖掘渠道引水倒流”一般。只要他们仍然主张 X 理论的假设，改变便绝不可能发生。正如之前所述，即使采取授权与分权化的概念，也不可能在真正意义上实现其功效。

以 Y 理论为基础进行的战略变革，以及在本书其他地方讨论的相关变革，都与行政职能与业务职能之间的关系密不可分。另外还有两方面内容特别需要重视，其中之一便是传统观点所认为的权威即职责的看法。

权威与职责的不对等

从逻辑上讲，存在这样一个无可辩驳的道理：任何人都无法对自己不能控制的事负责。我们曾经说过，如果假设前提是只有运用权威才能控制他人，那么假设本身便是错误的。我们已经清楚，如果管理者不能认清自己与员工之间的“相互依存”关系，则不良后果的产生将很难避免。同样，忽略行政职能与业务职能之间关系中的“相互依存性”也会发生类似的后果。

谁也不能否认，要达成目标却不能控制所处环境下的相关因素，这是何等尴尬而难以处理的事情。如果类似事情很少发生，自然再好不过。然而，在现代社会复杂的相互依存关系中，我们却时常面临这样的状态。比如为人父母者，要对社会负责，将子女培养成为对社会有益的公民。然而，他们影响控制子女的能力却极其有限，对于这一点，正规教育制度就是一个很好的证明。同样，美国政府领导人想要和其他国家一起承担起维持世界和平的责任，也面临着同样的问题。

企业管理者必须对股东负责，为企业赢得经济上的成功。然而却有太多影响因素无法控制，比如顾客的购买喜好和态度、国家的总体经济状况、从中央到地方的各级立法、工会活动，等等，当然还包括组织中员工的行为。即使管理者可以影响诸多决定因素，却不能进行控制，尤其是从“控制”的狭义含义，即运用权威的角度理解更是如此。①

在现代企业中，任何层级的管理者都无法控制诸多影响结果的因素，然而却必须对结果负责。在这种情况下，强调权威必须与职责对等岂不是自欺欺人。如果管理者对员工或行政部门缺乏信任，可以料定，他们一定会对工作漠不关心、满腹敌意、拒绝责任，则这种处境必然会带给他沉重的压力。不切实际的要求只会导致管理者追求前面所列举的诸项不恰当的控制方法，并鼓励管理者对行政部门运用权威，从而引发更多的问题。

基层业务部门，例如生产管理部门与维护部门之间，经常出现种种摩擦。其原因并不难理解：生产部门经理负责机器设备的使用，但对维护部门却无法行使权威。长此以往，摩擦自然难以避免。然而，根据我的经验，摩擦的产生与维护部门究竟是行政部门（即生产部门经理可以对维护部门行使权威），还是工程部门的分部（即生产部门经理对维护部门没有行使权威的权利）并无太大关系。我曾经接触过一些业务部门与行政部门合作非常成功的例子，上述两种形式都可能存在。

权威与职责对等的要求不仅几乎无法实现，而且从逻辑上讲也绝非必要，除

① 如果说这种观点有什么需要补充的地方，那就是在今天的社会中，各种类型的相互依存关系更加紧密了。正如许多先驱组织在发展过程中发现的那样，这种关系的增长竟达到以往的两三倍。企业的收益不再只由股东分享，同时还应顾及员工、环境、社会等所有的利益相关者。——注释人注

非权威乃唯一的影响方法。要想改善行政部门与业务部门之间的关系，先决条件是抛弃权威等于职责的观点，以及业务部门可对行政部门运用权威的想法。要知道这两类部门是相互依存的，依靠权威来维护彼此的关系，正如将权威应用于上下级关系中一样，是绝对不恰当的。

另一个需要特别重视的内容，则是由业务部门对行政部门委派责任或者美其名曰“协调”“例外管理”等，其中详细列明行政部门可以对其他基层部门行使怎样的权威。下面，让我们看看这方面在实践中的表现。

自我控制的原则

依据 Y 理论来运营行政部门的管理者，一定会强调自我控制的重要性。在他们看来，行政部门是整个组织的资源。因此，如果哪种方式可能对员工形成威胁，比如将行政部门视为警察部队，他们一定会坚决反对。

从自我控制的原则来看，行政部门编制的资料与报告应该提供给部门所有成员，帮助他们进行“自我控制”，而不是控制员工的工作。授权意味着管理者应当关心员工的活动结果，而不是干预他们的日常工作细节。要做到这一步，需要管理者对员工具有相当的信心，并敢于承担风险，否则授权将不可能实现。

为了推行自我控制的原则，每位管理者都有权要求取得所需的资料。但是，如果取得的资料支离破碎，只显示出员工日常的业务情况，他便无法获得帮助。使用这些资料将使授权原则受到彻底破坏，同理，如果他指派某行政部门“控制”他的员工，后果也是毁灭性的。

这是一个基本概念。举例来说，部门管理者获得的资料应该仅仅关于本“部门”，而不是部门所属的分支部门及个人资料。他也可能希望每天查阅关于整个部门的资料，也可能只想获得几个总体数字，或者想要得到关于部门业绩的信息。除了员工个人的详细资料不宜索取以外，其他一切悉听尊便。同样，员工也应依样行事，只索取有利于自我控制的资料，而不是其他关于个人的信息。

如果这些汇总资料显示该管理者负责的部门发生了问题，他应当首先找到员工，而不是行政部门帮忙分析问题并予以修正。管理者不宜指派行政部门像“警察”一样“追捕嫌犯”。只要员工拥有自我控制所需的资料，他们很可能早就了解到问题，并自行处理或寻求帮助了。

这种方法在许多管理者看来也许过于苛刻，有悖常情。但其目的乃是为了明确自我控制概念的含义。在实践中，我们不妨将上述方法看成是一种完美的理想模式，正式的工作要求并不会如此严格。

自我控制的概念是相对的，而不是绝对的。自我控制的程度要视情况不同而定。比如新上岗的员工，对业务尚不熟悉，显然不适于完全意义上的自我控制。管理者不妨与之进行定期讨论，研究与其工作有关的具体资料。又比如，当组织绩效面临严峻局面时，自我控制的程度或许需要暂时降低。管理者可以与员工达成协议：一旦出现变化，双方立即就相关问题进行讨论。

凡是认可自我控制，并对此作出承诺的管理者，大多会依据情况需要来调整策略。同时，员工也能够了解管理者的处理方式及处理原因。对于员工来说，只要了解管理者对自我控制原则作出的承诺，自然就会克服困难，接受实际情况的改变。事实上，管理者一旦获得理解，并作出承诺，便不难取得所需要的资料了。最可怕的是管理者误用资料，既不理解自我控制的意义，又不对此作出承诺。在今天看来，这种误用现象真是屡见不鲜。纠其原因，大概在于管理控制的作品中几乎很少涉及自我控制的内容。

常有管理者向我诉苦，说员工不愿意承担责任。他们说：“我已进行了授权，可员工就是不肯负责。”然而有趣的是，这些管理者同时还对员工的日常工作进行着严密的监督，甚至有时对低两三个级别的员工也是如此。

下面，我将谈到本章内容的基本点，同时也是改善行政职能与业务职能之间关系的另一个要点：**采取目标融合与自我控制的管理**。这种管理方式的假设前提是：**员工能够承担自己的职责，同时他也将获得执行控制所需要的资料**。注意，这个“他”不是管理者，更不是管理者的上级。

过去几十年来，产业界对行政职能专家的需求日趋普遍，其主要成果之一便是“信息技术”的发展。[1] 今天，我们掌握了多种衡量方法以及收集和分析数据的方法，这在二三十年前简直是难以想象的。其发展势头强劲，未来的成长更将出人意料。

然而可悲的是，我们并没有好好应用知识增长所带来的力量。由于基本假设的错误，我们没能实现原本可以达成的目标。从表面上看，“控制”是一个简单而易于操作的概念，但实际上却相当复杂。

在以Y理论为基础的控制策略之下，行政职能所占据的地位将与今天完全不同。这种对行政部门和业务部门双方都提出了不同期望的角色特征，要求建立起新的相互信任的环境，使行政部门与业务部门能够有效合作，进而达成企业目标。

行政职能应当扮演的角色

除少数特例之外，比如组织中的经济预测部门，其关系较为有限，任何行政部门所扮演的适当角色，都应该是向管理层提供专业协助。在某些情况下，比如工程部门，应当向制造部门、销售部门等一两个部门提供协助。但在另一些情况下，比如会计和人事部门等，其提供的协助往往覆盖整个组织。

由于组织具备“层级”的特性，行政部门必须要向某一层级提交报告，这就使得行政职能所提供的各种协助中，最受关注的往往与这一层级有关。行政部门不仅将从某一层级获得奖惩，而且能跟高层人员“拉上关系”，这自然也有利于自己的声望和地位。在规模较大的公司里，既有总公司的行政部门，也有地区分公司的行政部门。有一点尤其重要，那就是总公司的行政部门必须认清，自己的职责乃是对“各级管理层”提供协助。

提供专业协助是一个微妙而复杂的过程。最重要的一点，或许也是最难以理解的一点在于：**“协助”应当由“受助者”决定**。比如，我们认为某项措施“有利于对方”，或是“有利于整个组织的利益”，然而除非受助者本人也这样认为，否

① 麦格雷戈在此处的观点具有预见性，尽管没有明示，但他无疑表达了信息技术的功能仍然是被X理论，而不是Y理论所主宰的观点。——注释人注

则该措施只能对他产生负面影响，而不可能发挥“协助”的功效。许多总公司的行政部门会强行对各地分公司推行措施，却看不出这些控制方法的不当之处。推行一旦失败，分公司人员便难免被指责为存心阻挠、顽固不化，对组织需要漠不关心，等等。事实上，正如其他任何形式的控制或影响一样，协助的提供也必须符合“选择性适应”的自然定律。这里的自然定律就是：“协助”应由受助者决定。

根据指挥与控制管理的概念，行政部门负责向某位管理者报告，同时按照该管理者的命令行事。只要管理者要求行政部门提供协助，即使这样做有可能降低基层管理者的绩效，行政部门也必须服从管理者的权威。有些管理者甚至要求行政部门同时担任“警察”与“协助者”的角色，作为行政部门也只得听命从事。

于是，问题来了。作为独立的专业人士，比如律师、医生、企业咨询师等，在遇到这种要求时，自然会认识到任务的矛盾之处。从职业道德角度出发，他不可能在牺牲一方利益的基础上，为另一方提供服务。而客户通常也能理解这样做的不良后果，从而体谅他的拒绝行为。

组织内部的行政人员也可能面临同样的情况。这时他就应当说服上级，如果不放弃矛盾指令，必将有损于他自身目标的达成。这已经不仅仅是职业道德的问题。正如上一章讨论的管理控制的问题一样，这关系到目标能否有效地达成。从这方面来说，行政部门还承担着“引导”上级的责任。这的确是一种不同寻常的关系，然而并非闻所未闻。事实上，从许多方面考虑，行政部门应当扮演此类角色。

行政部门提供的协助通常可分为 4 大类。其根本前提仍然是“协助应由受助者决定”。现将这 4 类协助分别讨论如下：

第一，协助战略规划。行政人员拥有分析和研究问题的专业知识与技能，管理层总是乐于借助他们的力量，尤其是高层管理者在制订计划时运用得最多。当组织制定政策和管理策略时，行政部门的研究和知识往往成为决定性因素。

行政部门协助战略规划的角色，与建筑师协助客户设计住宅颇为类似，但这种类比无法推及更远，建筑师在实际建造阶段所担任的角色，与行政部门完成战略规划后的角色相比，实在不能相提并论。客户心目中早已存在理想的住宅样式，当然也会参考以往的居住经验。而建筑师根据专业知识设计出来的住宅，要比客户自己设计的更能符合其需要。建筑师面对的问题是：如何将客户的观点与自己的观点结合起来，既利用了自己的专业才能，又满足了客户的需要。

客户对于住宅的原始构想也许十分天真，也许不切实际，有时还会造成浪费。但是，如果建筑师不认真理解客户观点，或者横加干涉，恐怕就要失去这笔生意了，除非建筑师的声望很高，客户愿意无条件接受他的建议。反之，如果建筑师对客户的观点全盘接受，不考虑整体利益，便没有实现客户请他设计的用意。因此，只有建立起相互信任的关系，并确保同时兼顾顾问与专业人士的角色，才能获得必要的融合。

行政部门协助管理层进行战略规划，也需要扮演同样的角色。如果行政部门对于管理层的直接、间接需求不敏感，其专业知识便得不到应用。反之，如果行政部门对管理层唯命是从，丝毫不提出自己的专业见解，则无论对管理层还是对整个组织来说，他们都是不尽职的。

有一家制造公司的人事职员，受技术部门中层管理者之托，为他们的员工举办快速阅读的训练。这些管理者认为，许多员工不能处理办公桌上堆积如山的资料，是因为他们没有接受过快速阅读的训练。然而，人事职员认为有必要与中层管理者重新讨论这些问题，他们决定进行一次更详细的分析。最后，在人事职员的协助下，他们发现，问题的关键并不在于阅读的速度，而在于工作的分配，在于上级对下级工作的不了解，以及上下级关系中存在的其他问题。① 阅读技能只是细枝末节的问题。

在这个例子中，中层管理者不但放弃了原有的诊断和处理方案，后来还请求人事职员协助，对他们的部门进行了彻底的改组，并提供改进他们自身管理技能的方案。

有些行政部门，比如经济研究部门等，主要向高层管理部门提供战略规划的

① 这个例子讲述了将复杂问题简单化处理的事情。在现实中，我们还能举出许多复杂组织中的实例，其处理问题的办法仍然是进行肤浅的交流技能与相关能力的培训。——注释人注

协助。有些行政部门在这方面的协助则提供得较少。举例来说，许多行政部门终日忙于拟订计划与方案，根本无法完成这项责任。还有一些行政部门不愿冒险说服管理层，让他们明白没有行政部门的专业协助，其诊断与处理方案就是不严谨的。事实上，通过专业的战略规划协助对高层管理者进行教育，是可以取得很大成果的。在这里，建筑师和客户的例子尤其适用。近来常常讨论的人事管理的“无效工作”，就是一个深刻的教训。

第二，协助解决问题。这也是专业协助的一种方式，与上文所述的“协助战略规划”并无本质不同，只是在以下两方面略有差别：

- 讨论的问题更加直接，也更加具体。
- 可以向组织中任何阶层提供协助。

与协助高层管理者进行战略规划相比，行政部门在协助解决问题时，面临着更大的风险。因为他们与基层和中层管理者接触时，很容易忘记协助应当由受助者来决定。总公司行政部门最喜欢的“消遣”之一，便是坐在他们的专业象牙塔里，为各个分公司制定“需求”，并针对这些“需求”设计各种方案。然后不断鼓励分公司管理者接受总部的协助了，总公司行政部门的角色此时也发生了改变：说服基层和中层管理者采纳他们制订的方案。常有人用“推销”一词来形容这个过程，然而，由于该行政部门与总公司高层接触较多，迫于威慑力，各分公司管理者又岂敢不买账。同样，总公司行政部门到各地分公司的访问，几乎全是为了推销设计方案，要不然便是检查各地是否在遵行这些方案。

很多人把行政部门看作“负担”，恐怕正是缘于这类专业协助。前文提到一位年轻的朋友，认为行政部门只会为他带来麻烦，应该也是这个原因。许多由行政部门构想的方案，尽管得到了高层管理者的支持，但在组织实践中却毫无反响，也是同样的道理。

如果行政部门真心希望向各层管理者提供协助，就应当下大功夫直接研究管理者的需要，再协助管理者找出满意的方案。通常最有效的办法是：**在行政部门的**

协助下，由管理者自己找出答案。从速读训练班的例子可以看出，协助的关键在于使管理者自己诊断自己的问题。

只要行政部门真心诚意地为各级管理层提供适当的问题解决方案，业务部门就会逐渐建立起对行政部门的信心。然而在今天的行政人员中，具备这种技能，且能够理解协助含义的人实不多见。某些专业教育已经引入了这方面的课程，但在大多数工科学院或商学院中，不要说课程的引入，就连相关的意识都很淡薄。

专家在提供这类协助时，有时还会面临利益的冲突。让我们来看两个例子。第一，作为人事部门的人员，可能会应管理层的要求判断组织内基层员工的资历或绩效；第二，他也许会从专业人员的角度出发，向管理层汇报某位管理者资格太差，可能会对组织造成伤害。

在第一个例子中，如果人事部门人员承认自己是“提供信息及评价的资源”，则很可能无法实现对各层管理者的专业协助；而在第二个例子中，人事部门人员也许会被要求与当事人直接讨论。然而，如果人事部门人员履行对组织的责任，向上级报告自己对某人的看法，便不可能再对其他各层管理者提供专业协助。也就是说，他无法协助某一方而牺牲另一方；不能一边担任评判员，一边又在员工面前担任专家的角色。

在某些情况下，行政部门必须对类似的责任冲突进行调解，但这种情况委实不多。今天的问题是，几乎没有人考虑“协助”处理这方面的问题。行政部门与业务部门之间的关系将如何发展，其结果不言自明。

第三，协助管理控制。这种协助方式前文已经有所论述，现在似乎也已经清楚，为什么传统的管理实践会引起这么多的难题。根据前文所述的自我控制原则，行政部门对管理者提供的资料，不应包括用于控制他人的资料。由于理论的要求必须有实践加以配合，行政部门人员必须清楚地认识到这项要求的含义。否则，行政部门的“协助”将使以往的问题更加复杂。

行政部门只能为自我控制提供协助，这种原则也同样适用于“协调”，也就是对组织政策及程序的监督。协助在这里是指：当某人行为“越轨”时，或是即将采取的措施与政策相违背时，行政部门应当通知当事人知晓。但双方必须明确，行政部门绝不会再将此事告知任何第三方。

“协助者”与“警察”的角色是绝对不相容的。要求某人担任警察的角色，势必会破坏其原本的协助者角色。

此外，关于职能与控制的问题还需要进一步思考。那就是：**高度标准化不一定会带来高效率**。许多专业人士认为，标准化与效率之间存在着紧密的联系，但情况并非如此。事实上，也许这样讲更为合适：**我们应当建立与运营能力相关行为的“低标准化”目标**。[①] 对资料处理人员来说，这显然与其工作目标和实践是相互矛盾的。而且，为达成组织目标而制定的决策必须符合两项要求：

- 该决策从技术角度与科学理论角度讲都行得通。
- 该决策必须由人来执行。

如果我们忽略第二项要求，或者天真地认为，只要决策在技术上没有问题，就可以让人执行，那么不仅无法提高组织的有效性，还有可能冒险向相反的方向前进。

在一家规模庞大，按地理位置分权经营的公司中，高层管理者对于替换备用货物的“长期库存量”十分关心，因为该数字一直起伏不定。于是，公司委托咨询公司设计并建立一套有效的采购及库存控制制度，目标是将库存降至一半。

咨询公司设计的制度的确效率惊人。它包括大量货物代码表和程序规定，并要求多名行政人员负责推行。制度建立一年后，库存果然降到了期望的数值。

后来，通过与该分公司的基层和中层管理者讨论，我惊异地发现，他们对于这项制度及执行方式极为不满。比如，许多人抱怨公司花费了过多不必要的成本。新制定的规则和程序根本没有考虑自身情况，因而导致了效率的低落，也使管理者

① 低标准化目标表现出明显的矛盾。一方面，麦格雷戈明确表示，依据指定标准是达不到预期目标的，并且也与 Y 理论的假设不相符；另一方面，各种追求持续发展的变革又需要方法和流程标准。正如第 5 章所述，标准化是持续发展的有效基础，但前提是标准应由一线员工提出，而不是被指定。——注释人注

毫无判断的权利。

当然，管理者不愿看到自己的自由受到限制，简便的工作方法趋向复杂。而且从大家的抱怨来看，很显然，问题绝不仅此一项。许多人都表示出这样的态度：“既然公司高层管理者不在乎浪费和低效，我们还操心什么呢？”还有许多能干且为人诚恳的人说：“我们固然也有浪费的时候，但毕竟还是关心公司利益的。其实我们有办法降低库存量，又能保证高效生产。可是现在一切已成定局，谁也没办法改变不合理的规定。即使提意见，总公司的行政部门也听不进去，所以只能接受现状。不过我们也能找到对付的办法，今后无论公司是赔是赚，我们都不会说话了。”

后来，我将这些意见转告总公司，管理层不以为然地说：“那只不过是少数人的牢骚罢了，他们一向自由散漫，现在已经纠正过来了。”这套制度是由一家很不错的咨询公司代为设计的，公司花了不少钱将制度建立起来，并且取得了预期的效果。事情就是如此。

第四，协助管理服务。行政部门提供的第四类服务，从本质上讲应属于业务部门的运营功能。这类服务包括设备维护、公司保安、薪酬管理、餐饮服务、法律事务、资料处理业务、员工福利制度等。这种服务需要的管理技巧往往胜于专业技巧。只不过其内容正好处于某些行政部门的工作领域中，因此划归行政部门管理。

这类协助工作对于行政职能与业务职能之间的关系并没有特殊影响，只不过应注意以下两点：

- 如果管理不当，则不利于行政职能与业务职能之间的关系。
- 正如上文所说，行政部门常常认为，标准化程度即代表着效率水平。

上文曾经提到过的风险在这里仍然存在：行政部门可能会过度忙于管理工作，无法提供组织所需的专业协助。如果行政人员过去曾经做过业务部门经理，或者接受过技术训练而不是专业训练，或许会觉得这项工作正合他意；如果行政部门中更多的是受过专业训练的人员，则几乎不存在只强调管理而轻视专业的风险。除非业务部门在制定行政部门工作职责时便对管理进行了格外的强调。

概要

为了建立行政部门与业务部门相互信任的环境，从而实现双方合作共同为组织目标而努力的可能，必须满足以下条件：

- 首先我们必须认清，传统的“统一命令”原则和“权威与职责对等”原则均有不足之处。这两项原则不但在今天的企业中不切实际，而且也是我们遭遇的诸多困扰的原因所在。这类原则只符合 X 理论，与 Y 理论则格格不入。
- 行政部门的基本任务是对组织各层管理者提供专业协助，而不是仅对自己的上级提供协助。
- 行政人员应当扮演的角色，是服务于客户的专业人士。真正有能力的专家必须明白：

  （1）协助应当由受助者决定。

  （2）如果服务客户的过程中遭遇“责任冲突”，则不仅无法对组织行使责任，也不可能坚守“道德标准”。
- 管理控制的中心原则就是自我控制。这项原则限制了行政部门与业务部门只能将收集来的资料用于自我控制及协调活动。一旦违反自我控制原则，行政部门将难免陷于责任冲突的困境，不得不身兼“专业协助者”与“警察”的双重身份。

某些组织具备私营企业的特性，在部门间拥有有效的“专家”（即行政人员）与“客户”（即管理者）关系，尝试在此类组织中建立一种行政职能与业务职能之间的关系气氛，似乎不太切合实际；但这一要求却十分必要。而这一要求，只有在 Y 理论的基础上才有可能实现。

结论

现在，我们可以考虑几个关于行政职能与业务职能之间的关系的有趣问题。

第一个问题是：究竟该由谁对谁行使权威？一旦采用上文所述方式，那些与行政职能有关的传统原则便会自然消失。“专家”与“客户”之间存在着相互依存的关系，谁也不对谁行使权威，但双方可以互相影响。客户需要依靠专家的专业知识和技能，但想借助权威获得专家协助便很难达到目的。普通工作与专业工作的不同在于：专业工作具有更强的创造性。创造力不可能凭借权威获得，对行政人员颐指气使的管理者永远都不能得到专业的协助。反过来说，如果管理者认识到自己不过是一位客户，需要利用专家的知识和技能，便不会对专家行使权威。

反过来，专家也是依赖客户的。如果客户不接受或者不应用他的协助，专家对于组织便毫无价值可言，组织也没有理由雇用他。但是，如果专家想借权威推行“协助”，无论是直接推行，还是由上级以委派“控制与协调”责任的方式推行，都无异于将自己放在警察的位置上，而这与专家的角色是完全矛盾的。

如果寄希望于运用权威来达成组织目标，则行政职能与业务职能之间的关系问题永远也不可能找出答案。人力资源浪费、摩擦与对抗、高消耗的保护制度、对组织目标承诺的降低等，都是根据传统行政职能与业务职能之间关系的观点，所产生的不可避免的后果。

第二个问题是：行政职能与业务职能的区别有什么发展变化？根据本书前几章对业务部门的任务分析，我们已经十分清楚，管理者在员工面前的角色应该是教师、专业协助者、同事或者顾问。只有在少数情况下，才会在有限程度内扮演执行权威的上级。业务部门管理者如果希望按照 Y 理论行使职责，在处理与上下级及同事间的关系时，就会像专家对待客户一样。他更应当像是一位专业行政人员，而不是传统的业务部门管理者。

在组织中，各种职能之间存在很大的区别。比如，有些职能与其他职能之间存在复杂的联系，有些则关系较为简单，但按照传统的行政职能与业务职能之间的关系，则并不存在太大区别。作为管理者，不论隶属于业务部门还是行政部门，都有责任与组织中其他人合作，共同达成组织的目标。而且，管理者都要关心以下问题：

- **允许他人使用自己的知识、技能及经验等资源。**
- **争取他人的协助，完成自身职责。**

- **控制自己的工作。也就是说，每位管理者都同时承担着行政职能与业务职能的职责。**

采取这种方法的结果，是组织中各级管理层的重要性都增强了。包括业务部门管理者和行政部门管理者在内，**管理者的很大一部分工作就是与其他管理者合作。其权威和权力的行使都是为实现组织目标服务的。**但根据行政职能与业务职能的传统划分，双方的合作不仅障碍重重，而且很难获得协助。我们的目标应该是：**运用全部人力资源的贡献来作出最佳的决策，获得最佳的问题解决方案，制定最佳的行动策略。**

现代组织是一个庞大的、相互依存的综合体，依存关系包括对上依存、对下依存、横向依存，甚至“斜向”依存。事实上，这种相互依存的力量实在太强大了，只有互助合作的团队才能使系统有效运行。我们在未来绘制的组织结构图，很可能会表现为一系列相互关联的部门集合，而不再是层级式的表示个人“汇报”关系的结构。相关问题，我们将在第 16 章中进行讨论。

THE HUMAN SIDE OF

ENTERPRISE

第三部分

管理能力的开发

THE
HUMAN SIDE
OF
ENTERPRISE

第 13 章

领导力分析

本章导言

在第 13 章中，麦格雷戈摒弃了关于“管理者是天生的还是后天培养的”古老争论，也不赞成过分关注管理者的特质。相反，他指出领导力是以下 4 个相互关联变量的产物：

- ○ 管理者的特质。
- ○ 被管理者的特质、需求及其他人格特质。
- ○ 组织的特性，比如目标、结构、执行的任务属性等。
- ○ 社会、经济及政治环境。

换句话说，就是要“将领导力看作管理者与环境之间的关系”，而不是特定人员的普遍特性模式。在假设环境会随时间发生改变的基础上，麦格雷戈推断，管理的主要任务之一就是“提供各种类型的人力资源，以便从中甄选出合适的人才，来应对各种不可预知的需要”。接着，他进一步提出，管理的发展“应该关联到组织中的大多数人，而不是被挑选出来的少数人”。发展的同时应强调“个人的独特能力和潜力，而不是所有参与者的普遍目标”。最后，麦格雷戈指出，晋升政策“应该进行有效管理，以便机会出现时，不同种类的资源能够被充分考虑”。麦格雷戈总结说：“在组织的任何层级上，突出的领导力都是十分宝贵的。”

成功的管理者是天生的还是后天培养的？管理者的成功是否来自某些核心能力与特质？还是说只要具备了某些综合特性，便可能成为优秀的管理者？所谓领导力，是一个人具有的特质，还是形容人们之间关系的名词？20年之后，管理者所需的基本能力与特质，是否还会和今天一样？

前述各章对这些问题给出了试验性的答案。社会科学研究所获得的知识对领导力的相关问题，也给予了一定的启示。但这些都不是最终确定的答案。还有许多东西需要我们进一步学习。收集到的证据表明，在各种各样的假设中，有一些的确具有极大的可能性。

20世纪30年代以前，人们普遍认为，领导力是一种个人拥有的才能，只有少数人具备这些能力和特质，可以使他们成为管理人才。而且，这些能力和特质都是先天形成的，而非后天习得的。

在此类观点的引导下，研究重点被放在了寻找领导力的普遍特性上，并期望据此判断具有潜力的管理人才。大量研究已经公开发表，其中不乏闭门造车者，但也有许多是参考人物传记，并总结实际经验得到的结果。

根据这些作品的总结，可以发现成功管理者应具备的特质实在不少，甚至将意义重复的项目合并之后，仍然多达一百多条。而且“搜寻特质”的工作还在继续。每隔几个月，便会产生一份新的管理者特质清单，每份清单都与过去多少有些不同。

不过，20 世纪 30 年代以来，社会科学在这方面的研究已经开辟了新的方向。许多社会科学家在研究管理者个人特质的同时，也对其行为产生了深厚的兴趣。关于领导力本质的新观点随之产生。

过去 20 年来，这方面的研究颇为丰富。最近的统计表明，现存的 111 种相关文献中，1930 年以前出版的仅有 6 种。参考这些研究成果，我们可以相当确定地列举出若干关于领导力的归纳。其中对于管理具有重大意义者如下所述。

近期研究的归纳

要求所有的管理者都具备同样类型的能力与人格特质，恐怕是不可能的事情。管理者的人格特质并非不重要，但作为管理者，其人格特质一定是根据情况不同而存在差异的。成功的政治领导者与企业管理者、军事管理者、教育管理者必然不同。一位管理者从一种类型的企业调到另一种类型的企业之后，既有成功者，也有失败者。[①] 看过本书前几章的讨论之后，大概不难明白其中的原因。

即使在同一个机构中，不同情况也需要不同的领导力特性。只要比较一下不同历史时期、不同文化背景、不同产业类别、不同公司中的成功管理者，便能够明白这层道理。再比如，对于一家成立不久，奋力求生存的公司来说，其所需要的领导力与历史悠久、规模庞大的公司也必然不同。

至于在同一家企业中，不同职能，比如销售、财务、生产等部门的管理者，也需要不同的能力和领导力技能。有时，一位管理者在某职能岗位上能够获得成功，但不等于担任任何职能岗位都能成功。组织中不同层级的管理者也适用这个道理。极其成功的基层管理者，不一定能成为成功的总经理，反之亦然。但他们在原职位上，都是成功的管理者。

另一方面，有些管理者尽管能力与特质彼此不同，但他们在先后接任相同职位时，都能取得相当的成功。这表明，在一定的范围之内（此范围有时甚广），个人特质中的某种缺陷可以由其他优势特质来进行弥补。这一点在合伙企业及“团队

① 关于“情境领导”的研究就是建立在这个观点之上的。——注释人注

管理”的企业中尤为明显，因为“团队”工作本身便是一种将不同但互补的能力进行综合的模式。

有许多特质被认为是管理者所应具备的，但事实表明，这些特质可能同时存在于成功与不甚成功的管理者身上。其实，有些特质，比如正直、进取、公正等，不但管理者应该具备，组织中任何一位成功人士都必须具备。

最后，在基本的领导力特性中，技能与态度等相关特性是可以后天习得的。这类特性包括计划的能力、创业的能力、解决问题的能力、开放沟通的能力、高效工作的能力、承担责任的能力，以及社会交往的能力等。这些技能都不是天生的，而且取得这些技能也并非必须具备某些特殊的天性不可。

当然，在各个领域中的极少数精英管理者，的确具有特殊的天分。但是，这些卓越管理者的优点与弱点之间也往往存在较大的落差。他们并不具备什么共通的领导力模式。然而，直到今天，我们仍无法证明存在普遍适用的领导力特性。不过，近年来潜心研究该领域的社会科学家却认为，将来一定能够找到具有说服力的结论。过去 20 年来的研究表明，假如我们要了解什么叫作领导力，恐怕应当从管理者的个人资历以外的其他因素中寻求答案。

领导力是一种关系

我们现在已经知道，领导力是以下 4 个相互关联变量的产物：

- 管理者的特质。
- 被管理者的特质、需求及其他人格特质。
- 组织的特性，比如目标、结构、执行的任务属性等。
- 社会、经济及政治环境。[①]

① 有人批评麦格雷戈只知道强调组织中的互动模式，但这里便是为数不多的例子之一，表明他曾经正式地关注过“社会、经济及政治环境”因素。——注释人注

作为一名管理者，为求有效推动工作而需要具备的人格特质，往往由于其他因素的不同而有所差异。

一项重要的研究结果表明：管理才能并非个人拥有的特质，而是由这 4 种变量交织而成的复杂关系。过去关于究竟是“英雄造时势”还是“时势造英雄”的争论，也因这一观点得到了解决。英雄亦可能造时势，时势亦可能造英雄，只是要视情况而定。

管理者与环境之间的关系，从本质上讲是一种循环关系。举例来说，组织结构与政策是由高层管理者建立的。一经建立，组织结构与政策便会成为对领导力模式的限制。既有来自上级的影响力，比如高层管理者的变动引起组织管理哲学的改变；又有来自下级的影响力，比如接受工会意见，根据劳资谈判进行调整等；还有来自外界的影响力，比如社会的立法、市场的变化等，往往都会使组织的特性发生变化。变化的结果，也许是该组织必须重新界定所能接受的领导力模式。在亨利·福特一世退休后，美国福特汽车公司管理层所发生的变化，便是一个戏剧性的例子。

从更广泛的环境考虑，这类影响同样存在。比如早在 19 世纪初，当时的社会价值观、经济与政治状况、普遍的生活水平、全民教育水平，以及其他种种因素，造就了一批成功的产业管理者。这些人反过来又塑造了崭新的产业环境，至今仍然深刻地影响着社会。

今天，产业界所需要的管理者类型又与 20 世纪大不相同了。同样，今天的产业管理者也在塑造着产业组织。其未来发展的结果，必然会对管理者提出更加不同于今日的要求。

研究环境对于领导力的影响，需要注意一个非常重要的问题。**影响力的发挥是具有选择性的，其表现有时十分明显，有时则微妙得令人难以察觉。**所谓选择，是指凡符合某种行为模式者，应对其进行奖励，相反则予以惩罚。各个公司的情况不同，同一公司内部行政部门之间的情况也有差别，各自都会作出选择性的结果。某些公司中存在的不同“管理类型”，就是这一现象的写照。选择所导致的后果之一，便是凡与要求不相符的人，都有被淘汰的可能，尽管其中有些人极有可能成为卓越的管理者。

就算世界上不存在放之四海而皆准的管理者特性模式，但我们至少可以预想，在管理者与其他环境因素之间，或许存在着某种普遍适用的关系特性，能够促使组织中人力资源功能的发挥。然而，这种预想能否实现却值得怀疑。而且，即使研究结果表明，的确存在一种普遍性的针对双方关系的要求，达成该要求的方法也绝对不止一条。比如"相互信任"就是管理者与被管理者之间关系的普适需求之一，我们显然可以通过各种方式来建立和维系这种信任。

前文已经讨论过，在今天的组织中，建立成功的相互依存关系需要一系列重要条件。为了达成这些条件，管理者自然应具备一定的工作技能与态度，而个人特质与能力截然不同的人都有可能满足条件。事实上，相关的研究与实践已经教给我们最重要的一课：**训练管理者去适应统一的"领导力模式"，往往不如鼓励他们根据自己的情况、按照自己的方式创造必要的条件**。同时还请注意：组织结构及管理哲学既可以鼓励管理者建立这些条件，也能够起到相反的阻碍作用。

上文并不是说，在同样的情况下，任何人都可以成为成功的管理者，而是要说明，成功的领导力并非基于某种普适的个人特质与能力的模式。每种情况对领导力的需求都不甚相同，这样看来，在芸芸众生之中，具备"领导力潜能"的人才实在是不少。

根据最近的研究资料显示，将领导力看作管理者与环境之间的关系，而不是拥有某种普适的个人特质与能力模式的特定人群所特有的，其结果会更有成效。[①]不同环境对于成功领导力的需求存在差异，而这些差异远比相似之处要显著得多。而且，研究的结果还特别强调了领导力技能和态度的重要性，并指出这些特性均可由后天习得，而并非天生而来。

自然科学中也存在类似的事例。许多过去被认为是物质本性的东西，比如重量、电磁、质量等，最终都被证明是外在因素与内在因素共同作用而成的复杂关系。同样的事情也发生在社会科学中，而领导力只是其中之一。

---

① 这是"情境领导"的早期雏形。——注释人注

管理的含义

在社会科学领域中，有关领导力的研究结论与管理之间有什么实际的关联呢？如果我们接受这样的观点，认为领导力乃是管理者、被管理者、组织以及社会环境等因素之间的相互关系，并且这些因素将随着时间的推移而发生巨大改变。那么我们便必须承认，在今后的几十年间，组织需要其管理资源具备怎样的人格特质是根本无法预知的。纵然我们能够一一列出所需职位的清单，也不可能事先准确地知道，将来这些职位应该任用什么条件的人。**因此，管理者的主要任务之一，就是提供各种类型的人力资源，以便从中甄选出合适的人才，来应对各种不可预知的需要。**[①] 这也是第一点。

有些人希望通过研究获得一套方法，使他们能够在今天选出明天需要的高层管理者。对这些人来说，上述结论实不啻为一记重拳。此外，又有人担心，管理发展将形成“世袭”的后果，上述结论对他们来说则是个好消息。事实上，与此结论相关的还有很多实际的问题，也值得我们加以重视。

现代组织十分重视内部管理人员的培养和提升，因此管理层必须对人员的甄选工作多加注意。甄选的程序应涉及多方面的人才，文科生与理科生、知名大学毕业生与普通学院毕业生、来自各地区各类机构的人员等，都应囊括在内。而且，如果目标是网罗各类型人才，就有必要认真研究一下大学毕业生的聘用标准。仅仅简单地录用排名前10%的高分毕业生，是无法确保其成为合适的管理者的。有些学生的成绩在班上只算中等，但他或许只是某些功课成绩不佳，其他功课却非常杰出，这样的学生难道就不能成才吗？还有些学生之所以成绩平平，完全是因为教育制度不能调动其学习积极性，这样的学生难道也不能成为管理者吗？

事实上，我们找不出太多的证据来证明：学习成绩优秀是管理者的必要条件之一。学习成绩与领导力之间或许存在着某种程度的关联，但并不足以作为人事甄选政策的基础。说实话，即便是今天的美国总统，在毕业时也不一定能够通过以此

① 麦格雷戈的分析与许多领导力发展计划的潜在假设之间，形成了强烈的对比，这些计划极少提出应倡导不同种类的新型管理者的组合。——注释人注

为基础的管理人才甄选。相反，许多现代企业的管理职位对管理者的智力要求，也并不比一所好学校对毕业生的智力要求更高。当然，有些职位的确需要较高的知识水平，但这并不意味着知识水平与成功的管理者之间存在着必然的关联。当然，有关知识水平的问题，只是今天企业将大学毕业生视为管理人才的重要来源之一。此外还有诸多其他因素，比如信任与心理平衡、从课外活动中获得的技能、个人的志向与动机等。这些因素与学习成绩的关联不大。

也许有人会说，如果一个人各门功课都很优秀，正表明他具有强烈的学习动机。从学习角度考虑，这话也许没有错。但这同样也可以说明这个人具有遵从专制的教育体系要求的动机。一个人在学校里具有高度的学习动机，并不一定表示他在离校后仍有高度的工作动机。事实上，与此相反的例子简直不胜枚举。

第二，管理的发展应该关联到组织中的大多数人，而不是被挑选出来的少数人。[①] 事实上，尽管许多公司仅挑选少数管理人员，对其进行管理发展的培训，并取得了相当的成功。但这种成功实属假象，或者可以称之为“自我实现的预言”。如果这些公司能够将管理发展的对象范围扩大，他们很可能早已达成了目标，而不必承受高昂的失败代价。进一步说，如果他们采取上述各项原则，也可能已经建立了更加充裕、更富价值的管理人才库。

第三，管理层应该把发展每个员工的独特才能与潜力作为一项目标，而不宜为所有人建立统一的标准。然而，这种目标通常都在纸面上被大加宣扬，却很少有人实际推行。目标固然难以达成，尤其对大型公司来说更为不易，可是我们如果希望获得综合性的管理人才，满足未来不可预计的需要，就不能对所有管理人员都施以完全相同的培养和训练。

发展综合性人才的过程是持续性的，且永远不可能结束。尽管一些人在某方面的能力已经达到了极限，但仍然极少有人能够认识到自己的成长潜力。每个人都有独特之处，正因为这样，我们才必须不断地对他们进行鼓励与培育，从而为明天的管理者培养后备人才。

---

① 分布式领导力是“斯隆领导力模式”的一部分，同时也是MBA课程的核心内容，在某种程度上代表了麻省理工学院斯隆管理学院的专业实践水平。——注释人注

第四，公司的人事升迁政策也应把综合性人才考虑在内，遇到职位空缺时才能有所应对。如果某个特殊职位需要人员时，公司能够提供的候选人只有少数几个，那么所谓人力资源的广泛培养便没有多大价值了。

考虑到根据上述各项变量甄选人才的观点，我们不禁要对“从内部选拔”的排外政策的价值产生怀疑。我们可以设想，在规模庞大且已实施了合理分权制度的公司中，可以通过部门调动的方法来保持人才的多样性。但是，为了避免组织陷入同质化管理模式的误区，却需要花费异常巨大的精力：如果不能避免，则许多有才干的人难免会因“与模式不相符”而被忽视，甚至因此而流失。比如，对很多公司来说，能够忍受年轻的查尔斯·凯特林（Charles Kettering）[①] 强烈个性的，就没有几家。

如果说领导力是一个函数，是管理者和环境之间的复杂关系，我们就应该明白，优秀的管理者并不一定能够加入到高级管理层。某些人在某些公司是优秀的领班、优秀的厂长、优秀的专业人才，但他们却不能担任高层管理者的职务，至少在公司的目前状况下无法做到。

总之，只有对领导力领域的研究结果加以重视，才能真正认识到管理者的价值，才会设法使他们最大限度地发挥潜能，也才会有办法鼓励他们，使他们相信我们珍惜每个层次的优秀管理者。

---

① 通用公司研究实验室创始人，美国著名发明家。——译者注

THE HUMAN SIDE OF ENTERPRISE

第 14 章

管理发展计划

本章导言

第 14 章强调了两种管理发展的方法：制造的方法和农业栽培的方法。按照制造的方法，“人们被指派完成项目工程设计的任务和制造必要机械的任务，最终目的是为管理提供所需”。与此不同的是农业栽培的观点：“个人将成长为他可以成为的样子，只要为他们创造适当的成长环境。”对麦格雷戈来说，气候、土壤以及耕种方法就是指：

- ○ 产业和企业的经济与科技特性。
- ○ 公司的政策与实践。
- ○ 直接上级的行为。

麦格雷戈对微观管理发展过程和宏观过程之间的关系进行了区分，同时也为后人保留了分析的空间。他将焦点放在政策与实践上，强调人们的管理学习与成长结果之间存在普遍的差异。“高层管理者希望员工从整体上考虑工作，但实际的奖惩行为，比如在结构类型、业绩标准、政策控制系统、老板和同事的行为态度等方面，却很可能产生相反的结果，人们的确学到了东西，但并不会朝着理想的方向成长。”

所谓的“知识员工”和“知识经济”经常被等同于精英专业人士、管理人员和技术人员。然而，我们知道一线员工不仅能够，而且应该被鼓励为企业贡献自己的知识和技能。从这方面考虑，管理发展只是整个企业发展的一部分。正如韩国前总统及诺贝尔和平奖获得者金大中所说：“在以知识为基础的经济时代，每个公民都必须成为新型知识分子。每个人都理应学习技能，最大限度地发挥自己的智慧，来为社会创造新的价值，同时为自己增加收入。”

曾经有一段时期，人们普遍认为，管理的发展是自然而然的过程，用不着过多关注。产业组织只要保持正常的经营，优秀人才自然能脱颖而出。这种见解并非全无道理，但前提是我们能够创造产生人才的适当环境。然而，许多大公司的管理层却抛弃了这个观点，开始另辟蹊径。尤其是第二次世界大战之后，整个西方世界的管理发展计划与活动得到了空前的发展。今天，我们已经很难找出任何一家没有此类计划的大型或者中型公司。

如果说管理发展不应当完全顺其自然，倒是有另外几种方法可供选择。第一种方法是所谓“制造”的方法。这是许多公司乐于采用的。管理界并没有创造出可以明确表示其内涵的称谓，但是大多倾向于将这类问题看作“生产问题”。人们被指派完成项目工程设计的任务和制造必要机械的任务，最终目的是为管理提供所需。这种观点的应用随处可见。我们拥有管理人员的“库存”、由详细符号与颜色编制的人员调动图表、甄选备用管理人员的“正式系统”、针对新员工的特殊培训计划、考核计划、岗位轮换制度以及种种培训活动，等等。可以说，管理人才的“生产”本身就是一项了不起的事业。①

这种管理发展的“制造”思想，与指挥及控制的管理理论是密不可分的。这种观点认为，组织本身的需求最为重要。人们所接受的甄选、指导、考核、轮调、升

① 不用说，这种“制造”的语言和方法仍然是许多产业中正式管理发展计划的特征。——注释人注

职、培训等，都是在特定的行政框架中进行的，个人对于自己的职业发展几乎没有说话的余地。但是目标融合的原则也没有被完全抹杀，其推行的方式似乎也是自然而然地进行的。其解释是：有潜力的人自然希望获得晋升、地位、报酬、发展。因此，他们应该欢迎这种能够使自己的需求获得满足的活动和计划。

大部分人的确希望借助管理发展计划有所收获。然而，每个人的能力、兴趣、目标和才干都不相同。管理发展的“制造”方式虽然为人们做了不少事，但其潜在的假设却是：凡是对组织有利的事情也必然对个人有利。这样一来，对于个别的、独特的人来说，融合原则所重视的“相互适应”在这种方式中便无法实现。①

总而言之，个人必须自我发展，只有自己认为最有意义、最有价值的事情才能做得最好。假如个人积极地参与到与自身发展相关的决策中来，无疑将更充分地利用现有机会。反之，如果个人只能被动地接受轮调、培训、升职以及其他活动，则不大可能在自我发展方面有所进步。

但是如果抹杀这些领域中取得的重要成就，也是一种错误。管理层对这一问题不能说不关心，也并非处理得不成功。然而，我们却不能否认这种现象的存在：组织中的个人常常“迷失在一堆机器中”，而这绝不仅仅是公司规模太大，或者问题太复杂的缘故。管理层认为其任务就是将“原材料”制造成人才，这才是最关键的原因。

管理发展的第二种方法有些类似于农业的栽培。这种方法关注的不是人才的“制造”，而是人才的“栽培”。其基本观点是：个人将成长为他可以成为的样子，只要为他们创造适当的成长环境。这种方法不强调“制造技术”，而比较看重气候的控制、土壤的肥沃以及耕种的方法等。研究这个观点，需要首先考虑一些影响管理者成长的重要环境条件。我们从以下三类因素入手：

- 产业和企业的经济与科技特性。
- 公司的政策与实践。
- 直接上级的行为。

① 在这里，针对管理发展计划所提出的相互适应的概念十分引人注目。——注释人注

企业的经济与科技特性

很显然，快速成长企业的特性之一便是持续的重要技术革新。而成长停滞或者萎缩的企业则常常面临着严重的经济困难，技术革新也几近于零。① 在这两类企业中，管理者的成长环境显然不同。目前，高级管理层对于组织大环境的特性究竟能够控制到什么程度，各种观点仍然莫衷一是，但高级管理层将影响管理发展的性质和速度，却是毋庸置疑的。

我曾经用两三天时间先后访问两家公司，直接感受到了两类现象的区别所在。第一次访问的是一家大型企业的分公司，该公司当时正在开发一种新型的洲际弹道导弹。公司员工都很年轻，工作任务的挑战性令他们备感兴奋。行业的技术进步极为迅速，往往令人追赶不及。几乎每天都会发生改变和创新，其中一些甚至是革命性的进步。员工的成长也很快，许多进步和吸取新经验的机会转瞬即逝，难以把握。因此，公司员工都不敢说自己已经"登峰造极"。但可以肯定的是：组织的业绩优良，员工士气高昂，人人都在成长。

后来我离开该企业，直接前往一家铁路总公司。该公司截然不同的环境令我困惑了好久。通过和几位管理者讨论，我感受不到任何其他公司所具有的生气与挑战。对于所谓的成长和发展机会,他们只是嗤之以鼻，并且不断抱怨冷酷无情的公司及缺乏挑战的工作。尽管他们对铁路工作仍然存有热情，但在我看来，也不过是在缅怀过去，而并非寄希望于未来。至于升职或更换新职务，只有等到某人去世或者退休才有机会。在这种情况下，管理发展的环境自然不理想，尽管这家铁路公司确实在努力克服经济困难，并试图增强管理人员的能力水平。

---

① 这里对于公司经济和技术特征的强调，以及这些特征与管理发展关系的观点，是本书中有关宏观组织环境的为数不多的例子之一。——注释人注

这类组织环境因素或许是无法控制的，至少在短期内无法控制。然而可以肯定是：**在一定的环境之下，管理成长的本质和品质是深受管理层哲学思想和实践影响的。**

公司结构、政策及实践的影响

人类的成长和发展，包括态度、认知及行为的改变等，都是一种“学习”的过程。而学习与奖惩是分不开的。有些奖惩是外加的、有形的，比如加薪、赞扬、升职等；有些则是内生的、无形的，比如解决困难之后的成就感、学会新知识或新技能的满足感、追求目标受阻后的挫折感等。个人的成长一方面受到因奖励而获得满足的影响，一方面也受到因惩罚而感到挫折的影响，这些影响共同构成了企业的特性。**公司的组织结构及管理哲学通过政策与实践表现出来，其中包含种种奖励和惩罚，无一不对个人的成长发挥着巨大的影响作用。**

举例来说，在集权化的组织结构中，各个部门、职能及组织层次之间都设有严格的界限，难免会限制到管理者承担责任的机会、推行新理念的机会、运用判断力的机会等，最终阻碍其成长。也正因为如此，有人提出分权化的建议，主张采取诸如扁平组织形态的宽幅控制方法。分权化的组织的确能够提供一种环境，使个人通过承担较大责任获得“内在奖励”，从而使尊重需求和自我实现需求得到满足，进而承担更大的责任，最终实现成长。①

通过管理流程进行行为控制也将对成长产生影响。我们曾经讨论过，严格的控制将抵消分权制的优势。如果管理者通过报表对员工进行日常监督，将使员工失去了行动的自由。

作为一家公司，究竟应该奖励那些只对自己所在的部门忠诚，或只肯努力改进本职业务的管理者，还是应该奖励对整个组织目标有所贡献的管理者？显然，高层管理者希望员工从整体上考虑工作，但实际的奖惩行为，如在结构类型、业绩标

① 在美国培训与发展学会的学习宣言中，有一段涉及培训、发展与环境关系的内容：我们致力于为人们提供专业的发展服务，在知识经济的条件下，这正是获得竞争优势的关键所在。现在出现了一种新的学习观，将人与学习、工作联系在一起，最终将带来社会的进步。——注释人注

准、政策控制系统、老板和同事的行为态度等方面，却很可能产生相反的结果，人们的确学到了东西，但并不会朝着理想的方向成长。

对于有志于在行政领域发展的员工，对于没有进入研究部门的优秀研究人才，我们应当给予怎样的奖励？现有的薪酬制度能否公平地对待组织中各个层次的行政人员和业务人员？举例来说，如果研究人员不能担任管理职位，其薪酬是否会受到最高额的限制？而且，除了薪酬，公司对待业务管理以外的其他职位的态度如何？他们是否会被看成“负担”或者“二等公民”？组织固然需要将来可以成长为高层业务部门管理者的人，但同样也需要可以成长为具有高超技能的行政专家。请问，公司的正式及非正式的奖惩制度，能否对这两种成长形式都加以鼓励？

此外，人事升迁制度又是怎样的？升职是否是衡量个人成功的唯一尺度？在某些公司，往往会形成一种特定的态度和工作环境，认为凡是不能升职的员工都是失败的，并把他们评价成“缺乏潜能”或者“已经升到头了”。这种态度本身就是一种惩罚，而且无法提供进一步成长所需要的奖励，比如薪酬、地位、赞扬等，因为根据制度规定，不能对无法升职的人给予额外奖励。这样，个人无法得到应有的奖励，自然难以继续成长，也不可能提升对组织的贡献。我们要问：如果有人由于个人原因不愿担任更高职位，但是希望在现有职位上对企业作出更大的贡献，他能够在保留现职的同时又不遭受种种微妙的惩罚吗？

在一个根据职位升迁判断成功与否的组织中，大多数人渴望向上移动。很自然，人们希望通过升职来证明自己的价值，因此所有的工作业绩都将指向能促成其离开现职的方向！ 这也是从奖惩制度中学到的“经验”，但这难道是管理层所期望的员工的成长吗？

组织中是否存在拉里·阿普利所说的“在适当的时候裁减低能员工”的现象？这类惩罚的效果的确“立竿见影”，不仅对组织希望解雇的员工发挥作用，对其他留下的员工也将产生影响。管理层等于由此宣布了绩效标准，告诉员工怎样的行为才能获得奖励。

美国大学的终身雇用制常常受到管理界的批评。学校教职员工只要经过几年的试用期，便会在某些情况下获得终身的职业保障。管理界指责这样的制度鼓励人们不求上进，因为除了极其严重的情形或出现意外，个人的职业生涯将永无任何威胁。不过，大部分产业组织本身也存在非正式的任职制度，与美国大学的政策可谓异曲同工。在组织中工作了十年八年后，却因为才能不佳而被解雇者实在少之又少；工作 15 年甚至 20 年后被解雇的人，更是闻所未闻。问题在于，个人之所以能够混得永久任期，原本不是出自任何明确的决定，而只不过是上级默认的结果。

美国大学的终身雇用制也有其优点，那就是中间存在一个正式的“决策点”。在特定的时间点上，员工将接受详细的审核，以判断其能否对学校做出长期的贡献。在这个决策点之前，该员工的任何可疑过失都将得到排查，并且完全从员工利益出发进行处理。也就是说，员工可以重新获得一次机会。但在决策点来临的时候，可疑过失的解决却要从学校的利益出发。如果员工的长期贡献能力仍然值得怀疑，终身雇用制将就此停止，员工只得选择离开。这样的制度如能妥善执行，自然能够及时剔除不合适人员。因此，这项制度绝不是一种障碍，而应被视为有用的“资产”，对美国大学教职员工的成长具有极大的影响作用。

还有一项影响成长的政策，就是岗位轮换制度。根据这一制度，员工可以先后获得各方面的工作经验，同时接受能力的检测。但各公司推行该原则的方法可谓千差万别，由此也产生了奖惩结果的不同。

有这样一家公司，其管理者常常在各地分公司的岗位间进行轮换，速度之快使许多人戏称该制度为“行李箱管理”。然而，这种轮换并不能带来管理层期望的成长结果。管理者被调任某一职位后，自知服务时间不会太久，因而不会负起完全的责任。他所关心的只是让一切平安度过，然后等待下一次轮换。他不愿创新，不肯冒险，事实上他根本不像是一位管理者，而只不过是老板不在时的工作助理而已。①

此外还有一个问题：在上述情况下学习，能否和在普通情况下观察固定岗位管理者行为的收获同样多呢？无论担任何种职位，时间过于短暂都不益于管理者的成长。

相反的极端是，有些公司只在非常有限的情况下才实施岗位轮换。岗位轮换只限于在某个部门或某类职能之内实施，至少也要当事人“爬”到了相当高的职位之后才能考虑。通常，当一个人有机会调到其他岗位时，他已经40出头，并且位居要职。调职往往都是调往其他部门的更高职位，除非是一些明升暗降的情况。但这种做法常常伴有风险。调职人员的压力将十分巨大。更重要的是，在新职位上，他很可能无法按照组织需要完成管理工作。新工作无疑需要老员工的协助。但如果他不肯接受或执意推行独裁管理，则很可能酿成大错。与此同时，组织必然受到伤害，尤其当这种人频繁调动时情形将更加严重。

实施岗位轮换之后，管理者所面临的新上级的行为也将对其成长产生重大的影响。新上级可以使岗位轮换成为管理者学习经验的大好机会，但前提是管理者必须花费大量时间和精力。然而，管理者很难做到这一点，除非新上级能够认识到他的努力并给予相应的奖励。相关问题我们将在后文再进行讨论。在这里要强调的是：负责岗位轮换的管理者应当认识到成长因素的重要性。

岗位轮换制度还有助于减轻对个人绩效及潜力进行考核时发生的主观偏见。我们曾经说过，在考核制度中，管理者对员工的判断不但因员工的行为而定，而且还深受管理者本人的态度和管理方法的影响。因此，只要员工愿意多花时间与历任管理者接触，这类因素所产生的影响自然可以减轻。

---

① 根据这里的观点，岗位轮换不仅无法帮助管理者丰富相关知识，反而导致其胡乱应付工作的行为。事实上，这已经成为今天许多组织面临的紧要问题。——注释人注

很显然，岗位轮换的确可以成为促进管理者成长的有效手段，但这一目标能否达成，还要视调动时间、调动职位、调动时限、调动后的新上级，以及个人目标的实现程度等因素而定。而所有这些因素，都与奖惩制度联系在一起。因此，如果仅仅因为岗位轮换的重大意义而盲目推行，全然不顾上述因素的影响，则这项制度不仅不利于个人成长，甚至还会产生相反的作用。

直接上级的行为

企业的大环境是由政策与实践、组织结构和管理哲学等因素共同作用形成的，在这个大环境中，管理者的直接上级也在创造着一个小环境。我们在第 10 章中讨论过，上下级关系的环境十分关键，可以说对企业的管理发展起到了至关重要的影响。

管理者和员工的每一次会面，对员工来说都是一次学习的机会（应该说对于管理者也是一次学习的机会，但这一点在此不进行讨论）。在管理者下达指令、部署工作、提出批评或赞赏、进行业绩考核、处理错误、主持行政会议、与员工共同解决问题、调整薪酬、进行升职讨论的时候，以及与员工共同进行其他活动的时候，都是在对员工进行教导，其结果一定会导致员工的态度、习惯、期望在某种程度上发生变化。① 这正是“在职培训”的意义所在。同时也是课堂教学常常难以奏效的原因。日常经验的力量实在太强大了，足以盖过其他任何方式所传授的东西。

然而，管理者能否意识到自己对员工的成长具有重要的影响力，并乐于为此付出相当的时间、脑力和精力，还要视管理者所处的环境而定。我们可以说，每位管理者都应当对员工的成长负责，但企业的奖惩制度却未必与此相符。有一个教育方面的例子正好说明了这一点。

美国大多数大学的升职政策都以两方面因素为依据，即教学水平与研究水平。

① 今天，人们不断认识到，“教练”和“指导”实际上是互惠的过程，指导者与被指导者都能够从中有所收获。而这恰恰印证了麦格雷戈的观点。——注释人注

考虑到并非所有的人都能同时在两方面取得成就，正式的升职政策通常只要求其中一项达到优异程度，另一项达到满意程度即可。

这是政策的规定，而实际执行却往往走了样。通常认为，而且相当的事实也证明，升职主要还是看研究水平。而所谓研究水平，则与发表论文数量及同僚对被升职者研究能力的评价息息相关。大凡获得提升的教授，往往都是研究水平较高，教学能力较差。这种奖惩制度的结果是：较大规模的大学教授不肯花时间提高教学水平。事实上，如果一位教授因强调教学而忽略了研究与论文的发表数量，便无异于自毁前程。

在产业界，诸如升职、加薪及嘉奖之类的奖励，通常也是更强调个人的业务能力，而不重视其发展员工的能力。我曾经访问过许多公司的管理层，这些公司素来以管理发展闻名。但实际上我却发现，只有极少数对员工的发展给予了充分的重视，因此，除非管理者愿意创建有利于员工成长的环境，除非奖惩制度明确地与相关业绩产生关联，否则我们很难相信企业会真正重视员工的成长。

有些管理者意识到自身对于员工的依存性，付出大量努力来关注员工的发展。尽管其上级并不一定认可他们在这方面的努力，但他们明白，自己的管理能力有赖于员工的绩效。另外一些管理者却并未认识到这一点，这种人为数极多，他们只关心自己的绩效和奖惩，对员工的成长漠不关心。事实上，他们还可能担心员工过于能干，以至于将自己的缺点暴露出来。这种自我保护倾向所创造出来的环境，自然只对员工有害而无益。

现在，管理发展的“制造”方法为何不能如人所愿发挥功效，理由不言自明，因为这种方法使管理层将注意力放错了地方。如果环境本身不利于成长，正式的发展计划甚至可能产生相反效果。研究表明，除非管理培训中传授的课程能够在日常工作中得到加强，否则培训将无法产生理想效果。“机械化”的管理发展所产生的结果，也反映出同样的道理。既然我们希望发展管理才能，就不能不重视各项影响因素。在这些因素中，有一些十分微妙而难以轻易改变，但另外一些却十分明显，只要我们认真思索就能够找到改善的办法。

管理发展的行政角色

组织中如果存在这样一个行政部门，将管理发展作为主要职责，以Y理论的假设作为基础，则该部门的主要任务自然是协助公司高层管理者制订战略计划。这种行政部门关心的是组织环境，它包括广义和狭义两方面，它将通过实际研究，使公司管理层认识到各项政策和实践对于成长所具有的重要性，以及如何才能使公司的组织结构、政策和日常管理行为更好地促进管理才能的发展。

这样的一个行政部门还有另外一项功能，为各层管理者提供建议和帮助，使他们圆满完成让员工成长的责任。不过这种帮助绝不能强加于组织，更不宜采取“推销”的方式。有实力的行政部门都很清楚，在适当的情况下，管理者会自动上门求助。行政部门提供的协助绝不是一系列具体的行动步骤，更不是现成的快餐式培训。帮助的目的是使单个或者群体管理者明白，如何找到并使用最合适的方式来实现他们的需求。本书第12章中谈到的建筑师与客户的比喻，恰巧适用于此。

这样的行政部门还具有第三项辅助功能，涉及行政管理方面的问题。比如，组织在推行人事调动计划和管理时，自然需要相关的人事资料。然而，行政部门关心的是成长方面的问题，而不可能盲目相信花里胡哨的图表和统计分析，以为这些资料就可以代替环境对管理发展产生的影响。记录和统计绝不是发展管理才能的方法，充其量只是推进程序的一种手段而已。

若干年前，某大型企业的行政部门依据“制造”方式制订了一套详细的管理发展计划，打算“推销”给管理层。过了一段时间，行政部门意识到预期的目标并没有达到。计划推行得不顺利，大多数管理者都不愿意遵循相关流程和表单，甚至与管理发展相关的所有工作都受到了普遍抵制。

面对这种情况，该行政部门没有采取许多同行通常会选择的对策方案，也就是加强“推销”力度，或者培训各层管理者学习使用该制度。他们决定重新采取一套完全不同的方案。新方案只包含一项工作：

由公司总裁分别与每位直接下属进行年度会谈。在会谈中，下属向总裁详细汇报当年推行的帮助员工成长的活动及成果；另外，直接下属还将在汇报中详细讨论二级下属的情况。讨论重点在于，各层管理者如何促使员工进行自我发展的工作。总裁通过语言和行动清楚地表明：每位下属都应当承担起这样的管理职责，而任务完成程度将成为奖惩实施的依据。

两年之后，这项单纯的活动产生了效果。两三年前曾经抗拒和敌视管理发展计划的管理者，竟然开始向管理发展行政部门寻求帮助了。向总裁汇报的管理者发现，要想完成自己的职责，就必须同样鼓励员工也采取这种方法。这样一来，管理发展的计划便自动向下推广起来。管理者自身在完成任务的同时也学到了不少东西。

事实上，推行这种方式，根本用不着正式的制度。每位管理者都可以按照自己的方式向总裁提出分析，促进员工成长。而管理发展行政部门则负责向需要帮助的部门提供专业协助。

这家公司的经验又为我所支持的观点增加了一例实证：**是否拥有正式的计划及制度，与管理发展的成果大小几乎没有关联**。有时候我甚至怀疑，两者之间可能存在着“相反”的关联！计划和制度本身无法促进管理发展，因为我们不可能用制造产品的方式来制造一位管理者。我们只可能“栽培”管理者；而“栽培”更多地依赖于我们创造的环境，而不是我们使用的工具。如果环境有利于成长，则我们的主要任务便是维护土壤和清除杂草。

谈到创造有利于管理成长的环境，恐怕除了第 5 章讨论的“目标设定”外，再难找到其他更合适的方法了。然而我们应该明白，目标设定是管理理论的问题，不涉及任何公式或机械流程。融合原则和自我控制的管理理念不可能作为现成的打包方案推销给管理者，只有强有力的管理发展行政部门，才能协助管理层自行发现管理发展的价值所在。也只有通过这样的方式，管理发展行政部门才不必费劲地劝说管理层接受他们的意见，为自己原本繁重的工作再加负荷。在管理发展行政部门的协助下，管理层将更好地达成组织目标，员工也将获得鼓励不断成长。**如果管理层的管理方式能够创造出有利于成长的环境和土壤，使整个组织中的管理者都能参与自我发展的过程，施展自身的潜力，则优秀人才自能脱颖而出。**如此一来，企业的高效运营与管理才能的发展融合成为统一的活动。管理者也不必再因这两项责任的矛盾而感到困扰。

THE
HUMAN SIDE
OF
ENTERPRISE

第 15 章

管理技能的课堂学习

本章导言

麦格雷戈在第 15 章开篇指出，影响管理者发展的“最重要因素”是工作环境的影响，而并非课堂学习。他引用同事的话说：“正规管理教育的主要目的，就是提高管理者从经验中学习的能力。”除此以外，他认为还有第二个目的，即“帮助管理者提高协助员工的能力，使员工也能够从经验中学习”。麦格雷戈强调学习动机。他发现，如果一个人希望获得新知识，则“知识的获得过程就是直线前进的”。他又补充说：“然而，如果他不想学习新知识，或者不认为自己需要这些知识，我们将很难使他学会。”他指出，学习目标是在协作基础上形成的，而不是人为设置的，因此学习动机的形成离不开参与的过程。麦格雷戈又指出，这也是一个“融合”的过程，是“管理者的个人需要、学习意愿、以往经验与组织需求之间的融合”。进一步说，这是一个依赖实践与反馈的过程。

对于有关沟通、管理方法、领导力、研讨、头脑风暴、群体动力学、行政职能应用以及其他内容的标准课程的效果，麦格雷戈表示出相当的怀疑，因为这些课程将不得不克服根深蒂固的“已经自我投资过的知识”。同时，麦格雷戈还看到了美国国家实验室（这个组织当时被称为“T 团队”，“T”代表培训，提倡我们研究自己对他人采取的行为所产生的效果）的早期工作中存在的问题。

工作环境是影响个人发展最重要的因素。如果环境不利于成长，那么无论我们希望或要求个人做什么，都很难产生效果。这也是管理发展的“栽培”方式优于“制造”方式的原因所在。如果采取“制造”方式，我们必然会走上一条不切实际的道路，误以为管理者就是从课堂中塑造出来的。

我有一位同事曾经说过，正规管理教育的主要目的，就是提高管理者从经验中学习的能力。除此之外，我认为还应有一个目的，即帮助管理者提高协助员工的能力，使员工也能够从经验中学习。换句话说，就是帮助管理者创造有利于员工成长的环境。①

在研究管理者参加的课堂学习（包括企业及教育机构）之前，我们有必要对一些重要的概念进行区分。学习可以分为不同的种类，而不同种类的学习自然也对应着不同的方法。

① 许多企业由于采取了“管理者扮演导师角色”的原则，使改革得到了成功地推进。比如20世纪80年代，施乐公司推行的“质量制胜”活动（Leadership Through Quality，LTQ）就提倡每位管理者都要学习重要的质量原则，然后将这些原则传授给员工。20世纪90年代，福特汽车公司也推出“管理者工作间”课程（Business Leadership Initiative，BLI），要求管理者在了解重要商业数据的基础上，进一步将数据传给直接汇报的员工。除了这两家公司，还有更多的相关案例。然而，大部分的管理教育却没有教授管理者如何成为合格的教师。——注释人注

知识的获得

对电气工程师来说，仅仅懂得电路设计是不够的，他还需要学习更多的知识。对新进入公司的人来说，需要学习公司的各项政策及工作规章。对工厂厂长来说，需要学习有关线性规划方面的知识。对一线管理者来说，需要学习劳动合同的最新条款知识。

如果一个人渴望获得新知识，则知识的获得过程就是直线前进的。他可以采取各种方式达到学习的目的。然而，如果他不想学习新知识，或者不认为自己需要这些知识，我们将很难使他学会。许多教育方法的目的都是为了激励个人学习。学校里司空见惯的成绩测试便是如此，尽管通过说服教育直接表达也很重要。企业中也存在各种启发求知欲的方法，比如直接或间接奖励、提供升职机会、使工作得到简化、取悦上级、减少工作困难，以及与此相反的各种惩罚，等等。

管理教育中出现的问题往往源于对融合原则的忽略。或许员工能够意识到自己需要某方面的知识，或许管理者会告诉员工哪方面的知识对他有用。如果附近的学校正好开办这种课程，或者公司内部正好举办这样的培训，员工就可以轻而易举地抓住学习机会。假使公司再提供学习补助或者允许在工作时间上课，无疑将对员工产生巨大的激励作用。可是，如果员工从一开始就是被说服受训的话，这些激励措施将失去作用。

有些企业将上述流程制订为具体计划或者标准化流程，结果使其价值大大降低。作为高层管理者或者行政人员，自然可以轻而易举地决定他人应当学习什么知识。于是课程和计划被制订出来公布于众。然而，如果这些课程果真仅仅是“公布于众”，个人可以自行决定是否参加，问题也不会过于严重，充其量只不过是某些课程的参与率不甚理想而已。

问题是：高层管理者总是认为，自己制定的培训课程一定会对员工有益。我的一位英国同事常说，公司举办的“管理者培训”在高层管理者眼中就像“阿司匹林”一样重要。这样一来，公司提供的培训就变成了员工的指定作业，有时全体管理者都要参加，不过大多数情况下只以基层管理者为对象。于是，学习知识已经不是员工的个人需要，而成了他人强加的安排。融合原则也被控制方法所取代。殊不知，控制方法只适合依存性极高的情况，比如小学，而且现在看来效果也不甚理想。在通常情况下，“指定培训”都不是合适的影响方法。由于激励效果太差，通过这种方法学到的东西十分有限。而且，这种策略很快便会招致员工对培训的不满，与此同时，管理层也很难创造有利于成长的组织环境。

事实上，有些课程的确可以满足大家的“自觉”需要；有些课程则因本身设计出色而足以唤起大家的需要。但这种情况实在少得可怜，因为个体差异毕竟太大，即便在同一群体，比如一线管理者中也是如此。要在企业中创造合适的环境，使个人能够自由选择培训课程，同时管理者也认可课程的价值，这又谈何容易！许多课堂传授的管理知识往往收效甚微，正是出于这个原因。除此之外，要求培训师在这种情况下激发员工的学习动机，而不先考察自身的培训技能与方法，岂不是一种过分的奢望。

即使环境允许企业为管理者举办统一培训，也应该将培训设计成可根据情况进行调整的模式，以配合个别需要。比如说，全体管理者不可能在同一培训中获得同样的收获，或许有人根本没有意识到自己需要培训，当然其收益自然会因此受到限制。但我们可以创造一种环境，真正允许员工自主决定是否参加培训课程。请注意“真正”二字。如果员工一旦意识到自己不“主动”参加培训，便会引起上级不满，这种“自愿”培训的性质就完全改变了。

如果某些培训的确可以满足员工的需要，则至少部分员工应当已经意识到自己有接受此类培训的必要。那么，第一步工作就应该是与这些人共同计划。如果计划能够满足他们的需要，这些人就成为员工中提出需求的先驱。几年前，一家工厂中就发生过类似的情况。

在这家工厂中，几位满怀抱负的一线管理者找到人事部门经理。他们感觉自己的管理能力进步太慢，跟不上形势的发展。如果再不努力学习管理技能,很可能影响到未来的职业生涯。这次讨论取得了显著的成果，各类培训班陆续产生，许多管理人员都积极参加了学习。

值得一提的是，该公司的第一项活动并不是举办培训班，而是召开一系列会议，明确一线管理者的责任。在这一过程中，许多原本没有提出倡议的人也积极参加了讨论。对于会议制定的一线管理者责任，高层管理者几乎没做任何修改便同意了。通过会议讨论，所有管理者都学到了不少知识，然而，包括人事部门经理在内，谁都没有意识到这就是一种“培训”。后来，在人事行政部门的协助下，该公司又推行了几项计划，也取得了积极的成果。

无论学习知识还是获取信息，都需要具有强烈的学习动机。当然，威胁和惩罚也能成为驱使的动力。然而，正如指挥与控制的管理方式会带来反效果一样，这种方式也具有同样的风险，即使管理者只是暗示员工，如果不参加培训就会招致不满。

总而言之，我们不可能像为机器上润滑油一样把知识强行灌输给个人。人类的知识更多地是通过“学习”获得的，而不是被灌输获得的。可以说，**有效的培训，就是通过目标融合与自我控制来施加影响的过程**。

到目前为止，我们的重点一直是关于专业性知识的获取。那么，针对管理者进行的“拓展性教育”，包括更广阔领域知识的教育及培训又怎样呢？通常情况下，大学都会举办为期数月的此类培训。一些公司也会特意安置专门人员负责这方面的教育，这也许是因为企业规模较大，但更有可能是因为他们已经意识到了这方面的需要。

管理任务的日益复杂已成为不争的事实。**有远见的管理者不能不了解当今的社会、经济和政治动向。只有具备多领域知识才能更好地掌握职责，了解公司在经济与政治环境中担任的角色，清楚自己应当在什么时候向专业人士求助**。

这种教育方式之所以对管理者格外重要，不仅因为它有助于管理创新，同时也是适应当今飞速发展的世界的需要。**管理者的教育是一个持续的过程，不断参与培训必将受益匪浅**。而且，当管理者离开学校，面对现实世界中的组织生活时，也往往需要学习比以往更多的知识。像我们这样讲授过教育课程的教师都有一个相似的经验：**有工作经历的管理者，对于课程的理解和吸收，往往比初出茅庐的大学生更为深切。**

大学正是推行这类教育的适当场所。大学教授所提供的观点，往往在一般组织中难以获得。总的来说，讲授这方面课程的人只有在大学中才能找到，而且他们不会轻易受到企业职位的诱惑。在大学讲台上，人们允许对现况进行批评，没有任何人神圣不可侵犯。各种观点自由提出，无需顾虑所谓上级的好恶。大学的功能就在于提供前沿知识。因此，产业界在探讨影响管理任务的广泛课题时，在追求最优秀、最尖端的思想时，大学才是他们获得答案的理想之地。①

学习大学课程对管理者来说还有另一个重要价值，就是通过与其他管理者交流经验和观念，发现行业之间、公司之间的异同。很多人甚至认为，这才是大学进修的最重要价值。不过需要注意的是，我们应以大学教授提出的问题和理论作为交流对象。这大概是因为校内交流的特殊性所致，如果同样的参与者在校外交流，成果总是不尽如人意。

另外，我们还应认识到，许多大学在教育培训中的课外活动，往往都是大学课程中颇具意义的一部分。比如，管理者在进行教育培训的过程中，往往有许多指定读物需要在课外阅读。对他们来说，这是步出校门之后许久没有接触的"作业"。其重要性自然不言而喻，参加培训的管理者都认为阅读重新燃起了他们的研究兴趣。而且，在研究结束之后，他们仍然保持了阅读习惯，比参加培训前迈进了一大步。此外还有一些活动，比如，麻省理工学院斯隆管理学院的研究员，在研习期间都有机会前往华盛顿进行考察，与包括行政官员、国会议员、司法官员等政府要员共同讨论问题，从中了解有关企业与政府关系的宝贵认识，这些都不是课堂教学中所能获取的。另外一些在麻省理工学院进修的人员，则可以多次与科技领域的一流专家会面，共同讨论前沿科学的相关问题，从他们眼中窥探可能影响管理的未来发展趋势。这种形式的课外活动实在是校园以外极难获取的宝贵经验。

---

① 正如麦格雷戈所提倡的那样，越来越多的大学开始将关注点扩展到强调终生学习上面。麦格雷戈强调自由交流大学课堂上的观点，这一看法固然正确，但值得注意的是，大量陆续产生的专业学科及其学科分支却阻碍了终身学习者将融合的、跨学科的观点带入课堂。——注释人注

许多公司花费了大量资金将管理者送进大学进修。最近，他们又开始进一步研究这种做法的具体价值。近几年来，“考核”教育对管理者的影响已经成为众人关注的焦点。然而，考核的压力也可能使我们面临风险：过分放大教育计划的缺点，以至于完全忽视其真正的价值。**事实上，对于大部分通才式教育的大学课程来说，其目的并不是、也不应该是将学习结果直接应用于工作之中，更不是提供问题的解决方案、公式规则或者经营诀窍；而是扩大管理者对工作的认识，激励他们挑战既有观念，从而更好地从经验中学习，因为他们已经通过学习，对事物的因果有了更加实际的了解**。不过，即使教育已经取得成功，也不一定能够明显地表现为管理者的行为改变。学习效果的产生往往极其微妙，甚至本人也无法察觉。但可以肯定的是：**认知的改变确实能影响行为，有时还极为深远**。管理层希望考核大学管理课程的效果，的确无可厚非，但必须首先了解教育的目的何在，方能作出正确的考核。

现在我们面临的问题是：谁有资格参加这类培训？应该什么时候参加？这里仍然要考虑融合的原则，即管理者的个人需要、学习意愿、以往经验与组织需求之间的融合。我们没有必要将培训看作非集体行动不可的事情，也不应该将个人当作手中的棋子任意调派。

具有讽刺意味的是：管理层安排培训的目的却经常与参加者的理解不符。被指派参加培训的管理者可能始终都不明白：自己为什么会被选中？难道是自己做错了什么吗？错在哪里了？或者是管理者希望纠正自己的缺点？许多被指派参加进修的管理者都会提出这种问题，实际上，这是上级指派工作不当的结果。如果老板单方面地认为某人需要受训，便安排了指派工作，这往往会使培训产生不良后果，参加者自然也很难安心学习。

还有一种非常普遍的现象，就是某些公司将进修视为对员工的奖励。只要个人业绩突出就能获得奖励，公司并不期待员工进修之后获得多大长进。对个人来说，这样的奖励自然是一桩美事，但同时也可能引起某些焦虑。关键问题是：在一群管理者中，说不定大家都渴望获得学习的机会，而且都认为培训是一项挑战而不是一种奖励。这样看来，管理层着实应该多加考虑，究竟应当把指派员工参加大学教育作为工作绩效的奖励，还是一种避免歧视的手段。

在进行目标设定的过程中，很可能会讨论到管理者是否有必要接受再教育的问题。管理者本人也很可能会察觉到自己的需求，并询问如何才能满足这些需求。这些需求不会仅限于矫正弱点，同时也是为了自我实现，更好地发挥优点。如果通过这种过程得出某人应当参加培训的结论，员工动机和担忧的问题必然能够迎刃而解。可以肯定的是：个人和组织都将从培训中受益匪浅。

操作技能的获得

管理者在日常工作中并不一定需要太多的普通操作技能，诸如驾驶车辆、操作机床、打高尔夫、演奏乐器、打字等。就像研究科学的学生一样，许多技能通过日常实践就能够学到了。

我们先简单了解一下学习操作技能的问题，这对后面要介绍的社交技能（这种技能对管理者来说极为重要）的学习将有所帮助。这两种技能的学习方法有许多相似之处，但一般来说，操作技能却远比社交技能更容易学会。

操作技能的获得主要依靠实践，以及个人经验教训的“反馈”。如果单纯使用“试错法”学习，外界指导就是必不可少的，学习速度也将大大提高。然而，个人如果不进行实际操作，或者不了解自己的操作是否正确，就很难达到学习的效果。当技巧达到炉火纯青的地步时，做起来便会轻而易举。所有动作都成为自然反应，最初支离破碎的动作片段逐渐融合为一个整体。

学习是一种主动行为，而不是被动行为，学习开车是这样，学习其他知识也是如此。只有“自我感觉”有学习需要时，才会心甘情愿地付出努力。

解决问题技能的获得

管理者的大部分工作都是在解决问题，包括组织自身及员工的业务活动、计划可预期的工作及突发性工作、制定管理策略以及其他决策事项。在获得解决方案的过程中，管理者需要掌握的技能有：**诊断问题的技能、获取并分析相关资料的技能、考核及检验备选方案的技能、取得反馈资料的技能，等等。这些技能都可以通过培训获得，而课堂讲授便是培训方法之一。**

无论学习任何技能，实践（经验）和反馈都是十分必要的。在课堂中讲授解决问题的技能时，最常使用的是案例法。如果由优秀的教师讲授，案例法将十分有效。大量事实证明，案例法教学能使学员的诊断技能大为长进，同时也不会影响问题解决的效果。这或许是因为传统的案例教学法更多地关注案例，而没有过分强调理论的缘故。通常认为，对于案例中提出的复杂问题来说，很少只有一项最佳答案。然而，如果我们不是有意识地检验基本理论假设，那么即使费尽心思分析问题，也很难获得合理的答案。

管理者在工作中当然不可避免地要解决问题。然而，尽管有一种重要的反馈资源能够帮助我们提高技能，却往往被人们所忽略。那就是：**对于发生的所有错误都必须进行严格检讨，了解事情真相并探究原因。**[①] 如果对于发生的任何错误都要追究原因并找出责备对象，学习的成果将到此为止。相反，如果我们能够认识到，在获得解决方案的反复试验中错误的产生是不可避免的，则错误反而可以成为我们学习更有价值内容的来源。

某大型公司的研究结果显示，如何对待员工的过错往往是管理者能否有效对员工授权的决定性因素，或者说是员工能否学会对自身工作负责的决定性因素。

很显然，当我们成功地解决了问题并对经验进行分析时，将获得有效的反馈，并从中学到有用的知识。

在课堂教学中，经常运用“角色扮演”的方法来进行此类教育。大家首先观察角色扮演者在解决问题时的行为，然后进行相关评论。角色扮演虽然不等于实际情况，但令人惊异的是，在特定环境下几乎与实际并无区别。而且，这种方法还有助于增进学习效果。大概因为角色扮演毕竟是在“安全”环境下进行的，任何后果都

① 正如前文所述，“试错法”已经成为组织学习的重要方法。根据这种方法，每一次犯错都是难得的学习机会。——注释人注

只发生在课堂中，所以参加者愿意将现实生活中无法采取的行为表现出来。除此以外，角色扮演还可以重复多次，以检验不同方案产生的后果差异。因此，这种方法获得的反馈远非实际工作所能比拟。

还有一种方法或许不能直接提高参加者解决问题的技能，但确实有助于培养眼光与理解力，了解他人在遇到与自己同样的问题时会怎样思考。正如前文所述，来自不同行业不同公司的管理者们，共同来到大学参加为期几周的教育培训，他们将通过课外讨论学到许多有用的东西。课堂上讨论的题目将激发他们展开辩论并进行经验交换，除非有人是万事通，否则一定能够从中受益。

另外还有一种进修项目同样富有成效，即安排中层管理者学员与其他企业的高层管理者进行座谈。在这种非正式会议中，高层管理者不断受到中层管理者学员的询问，比如他们遇到的最严重的管理问题是什么，以及该怎样处理，等等。有趣的是：学员们的辩论分析能力都得到了大幅提高，反映出洞察力与理解力的进步。

最后，让我们来看看“临床诊断”法。这种方法是将几位密切相关的管理者组织在一起，比如某一部门的管理者及其员工，与“培训师”会面，共同讨论工作中遇到的问题。培训师将帮助分析问题并审视解决方案，从而了解他们解决问题的流程，最终达到加强相关技能的目的。

“临床诊断”法证明，在一般情况下，凡是涉及解决管理问题的各种活动，都超越了纯粹的理智范围，人与人之间的社交活动往往更直接地决定了成败。有些管理问题由单人解决即可，但一般情况下都需要两人以上参与。人数一旦增加，便难免牵扯到许多复杂的因素，这样一来，社交的技能便十分必要了。

社交技能的获得

认识社交技能对于管理问题的解决所具有的重要性，将使我们将目光转向一些教育课题，包括沟通、管理方法、领导力、研讨、头脑风暴、群体动力学、行政职能应用等。这方面的研究结果尚不丰富，但我们仍然可以从中总结出两点认识：

- 这方面技能的学习是否有效，有赖于我们首先解决一些极为复杂的问题。
- 传统的课堂传授法不可能持续发挥改善行为的功效。[①] 其原因并不难理解。

任何一位成年人在社交方面都有一套自己的经验，之后学到的相关知识都会受此影响。从婴儿时期开始，人类便逐渐形成了达成自身目标及满足尊重需求的能力，也就是社会生存的能力，这种能力也是影响他人技能的必要组成部分。其间还涉及诸多深厚的情感因素，或者说是某种下意识的需求，比如对依存、反依存的需求。可以说，人人都进行过社交知识及技能的"自我投资"，并且建立了强有力的投资防御体系，这一体系从心理角度讲极为复杂。

大部分人都承认，在由上下级组成的组织环境中，我们对于自身需求、恐惧及希望所作出的反应（当然是不自觉的反应）远比对环境本身所作出的反应更加强烈。我们试图施加权威或者得到接纳，试图管理他人或者甘当配角，试图攻击或者退让，试图施展才华或者掩盖弱点。这些企图往往并不是环境使然，而是我们适应内心调节的结果。

在受到上述复杂因素干扰的情况下，学习社交技能的困难的确不少。鼓舞人心的演讲、有关领导力原则的讨论，以及关于人际关系的会议，都有可能带来新的启发，并使我们更好地认识他人行为，然而却不一定能够帮助我们树立新的理念，更好地为自己的行为辩护。我们对于自身"所知所为"的投资强度往往十分巨大，足以阻碍我们正确认识自身的需要。

但更重要的是：我们几乎从不清楚，自己的行为会对别人产生怎样的影响或冲击。如果对方行为不尽如人意，我们往往会怪罪对方太过愚蠢、心理调节不对、思想怪异等。只有在极少数情况下，员工才会试着告诉我们这些行为是如何影响他们的。相反，如果管理者这样做，我们很可能会不理解其本意何在，进而否认管理者的看法。而且，在今天的社会环境下，人与人之间按照这样的方法进行反馈，经常会被视为无礼。只有我们不在场时，朋友和同事才会讨论，而我们却永远不可能

---

① 与道格拉斯·麦格雷戈同时代的克里斯·阿吉里斯（在耶鲁大学任教）提出应建立二次学习流程来保证持续的行为改善。——注释人注

收到反馈了。

综上所述，我们一方面对社交技能进行了诸多的自我投资，另一方面又建立起对这些信念的自我保护体系，在这样的情况下，我们几乎不会再有动力来进行自我改变。我们在潜意识里害怕失败，害怕新的行为方式会颠覆自己花费大量时间、克服诸多困难养成的习惯。在某些人眼里，这些毕竟只不过是新花样、小技巧而已，不是推进战略改变所需要的新技能。

上文讨论的种种教育方法对于社交技能的改进都没有太大帮助。有些人也许在社交方面遇到的困难和失败太多了，正迫切需要学习新的社交技能。有些人已经具备了与培训内容相似的社交技能，参加学习将帮助他们更进一步。然而，这些都不是我们期待的成果。

目前看来，有两种教育方法似乎可以起到提高社交技能的作用。现在只能说这两种方法比较有效，但随着知识的积累，其效能必将不断提高。

第一种方法是所谓的"心理疗法"。遗憾的是，在今天的管理发展中，心理疗法的使用仍然相当有限。人们普遍认为，只有一个人陷入巨大的困境时，才适合使用心理疗法。而且这种方法只适用于个人或者小团体，且实际应用颇为费时。

不过，随着社会标准的改变，心理疗法的适用范围已不再限于精神病患者，其应用也日渐普及。一部分社会科学家，包括在精神病医师曼宁格的诊所（MenningerClinic）就职的诸多名医，最先将心理疗法应用在管理问题上。现在，说服需要协助的管理者前来就诊，获得心理诊治和处方，已经不像过去那样困难。可以想见，一二十年之后，该领域的发展必将更加广阔。

第二种方法是"实验室"培训法。这种方法产生于十多年前，由位于华盛顿的"美国国家组织发展培训实验室"的社会科学家最先提出。该组织是美国国家教育协会之下的分支部门，主要负责在美国各地举办一系列的年度培训计划。培训计划由社会科学家制定，他们都是来自各个学术教育机构的教授，在私人企业任职的专业顾问，以及在产业机构、社会服务机构和政府机构服务的专家。他们积极地参与实验室培训法，并进行相关领域的研究工作。①

这种提高社交技能的教育方法叫作“T 团队”培训法。“T”代表培训。“T 团队”由 10 ～ 15 人及一位培训师组成，在一定时期内连续进行若干次会面。最普遍的培训方式是：在为期两周的时间内，T 团队成员每天会面一次，每次两个小时。会面时，各个成员根据组织中其他成员的行为整理提供学习资料。这些行为包括各个成员在“社交”中采取的各种方式。其目的乃是增加自己对于以下内容的理解，包括：

- 自身行为对于他人的影响。
- 自己对他人行为所作出的反应。
- 组织活动的现象及意义。

由于 T 团队培训既需要社交实践，又需要特殊反馈，所以改善个人社交技能的效果颇为显著。

T 团队活动的反馈具有特殊的重要性，与一般群体活动的反馈截然不同。一部分反馈来自于培训师，但更多地则是成员之间的相互反馈。T 团队通常还设有重要的“团队规则”。在培训师的帮助下，组织成员将发现“帮助他人”和“控制惩罚他人”的差别、“分析解释成员的自我调节行为”和“将该成员的行为对他人产生的影响悉数告知”之间的差别。我们常常惊异地发现，T 团队的成员在互相帮助、共同学习的过程中，往往能够培养出高度的社交敏感性和社交技能。

T 团队的活动都经过特别的设计，目的是推进“有利于提高社交能力的行为”的发展。一般说来，日常组织活动的特性往往由于各种原因无法表现出来。T 团队的活动则能够很好地避免这种情况。比如，培训师并不以管理者的姿态出现，因此

① 加利福尼亚大学伯克利分校的（已退休的荣誉）教授乔治·斯特劳斯是 20 世纪 40 年代麦格雷戈在麻省理工学院的学生。他回忆说：“20 世纪三四十年代，麦格雷戈对霍桑实验中提出的非指导性倾听（nondirective listening）产生了兴趣，他认为这才是解决问题的关键。当时作为学生，我们花费了大量的课堂时间来进行上下级关系的角色扮演。结果表明，大部分问题的产生都与误解有关。而良好的倾听正是解决这些问题的第一步。即使问题与误解无关，训练有素的聆听者也可以引导人们自行解决问题。”——注释人注

行为表现自然不是“学生”所预料的权威模式。这样，群体中便形成了“权力的真空”以及可以作为学习基础的种种行为。T团队的活动没有预定议程，除非组织特别制定；也没有诸如“罗伯特议事规则”（Robert'srulesoforder）之类的操作规程，除非组织自行决定采用。

对大部分参加者来说，T团队的培训有时会令人感到困惑、紧张和沮丧。但研究表明，这种情况对社交技能的学习却十分有利。当然，有人能学会不少社交技能，有人则完全不理会这套程序。不过，在结束了两周的T团队培训之后，几乎没有人会坚持认为自己没有任何收获。

有关社交技能的培训，除T团队的活动之外，还安排有理论讲演、技能实践、示范表演、帮助个人分析培训后问题的会议，以及提高协助他人能力的研讨会。这些活动都由主办人员事先设计好，形成整体模式，绝非信手拈来、毫无关联。随着举办方的经验和研究成果的积累，以及改革的不断推进，每次活动都在某些方面与过去不同。

这种培训的举办地点，从地理位置上看并不一定十分偏僻，但在心理上却与日常生活距离较远。比如在缅因州的贝瑟尔（Bethel）、哥伦比亚的阿登屋等地方就很容易营造出“文化孤岛”的感觉，使受训者能够更加深刻地体会整个经历。这种环境也有利于学习，大概是远离现实生活的缘故，参加者更容易放下顾虑，放心地去尝试新的行为。

这种非传统的社交技能教育的最大问题就是，参加人员在培训结束之后，很难将自己获得的经验进行有意义的沟通。他们顶多只能制订出一套高深莫测的计划。这并不奇怪。人类对于自身行为进行过深入明确的洞察之后，往往会发现结果竟然简单得令人难以置信。有时，我们会因为说话过多而妨碍了意思的表达。有时，又会由于复杂的心理因素而对普通的反馈充耳不闻，理解就更谈不上了。有时，我们也许希望说服别人，却由于言辞不当而干扰了他人的工作，自身目的自然也无法达成。

对参加T团队的管理者来说，如果能够了解自己对他人带来了哪些影响，则表明在社交技能方面已经取得了很大的进步。然而，要管理者告诉同事自己学到了“说话太多”的后果，他很可能会感到滑稽。如果他明白自己的调节行为所具有的复杂意义，恐怕更不会说出真实的想法。

这种社交教育方式其实并不神秘。如果事先创造出特殊的环境，使人们增进对自己和他人的了解，同时提高社交技能，我们甚至可以说这种方式是人为调控的。其结果戏剧化地说明，很多社交技能从根本上讲都极为简单，但我们在学习时却把它们看成是十分复杂难懂的东西。正因为如此，参加 T 团队培训的人都很难将实情表达清楚。不过，培训成效却是有目共睹的，越来越多的人都希望获得参加培训的机会。

然而，也有不少人完全忽略了教育方法本身，批评这是一种“集体思维”①、是对社会压力的屈从、破坏个人主义、压抑创造力等。但是，所有参加过 T 团队培训的人，都能举出论据来驳倒这些观点。参加者在感受群体压力的同时，也必然能够体会到个人目标的达成对群体来说是极有价值的资源。更进一步，参加者还将学会如何克服群体压力，通过个人目标的达成来发挥组织行为的功效。

正如“心理疗法”一样，到目前为止，“实验室”培训法已经显示出巨大的价值。在不远的未来，它更将取得令人瞩目的发展。

① 指由于群体高度倾向于寻求一致所导致的思考能力、事实检验和道德判断的退化。——译者注

THE
HUMAN SIDE
OF
ENTERPRISE

第 16 章

管理团队

本章导言

在最后一章中，麦格雷戈并没有将焦点放在个人与组织的双边关系上，而是着重分析了团队与群体的相关问题。与他同时代的一位作家批评群体会产生令人退步的“拉平效应”，还会导致抑制“个人主义”和“摧毁创造力”的后果。麦格雷戈指出：“我们一般都不擅长通过团队协作来实现目标。”但他同时认为“这一弱势并非不可避免”。正如达尔文的进化论和弗洛伊德的心理分析理论一样，库尔特·勒温等人在提出“群体动力学”的最初也遭遇了强烈的抵制。

成功的组织或团队是怎样产生的？麦格雷戈预见到将有大量关于组织和团队的作品问世，提倡在组织内推广“非正式的、舒适的、放松的环境”、广泛的参与讨论、对目标任务的正确理解、建设性的争论、一致通过的决议、非独裁的上级，等等，提倡组织应时常停下来“检查状态”，并强调“成员之间互相聆听”。麦格雷戈注重关系的协调，从这一点看来，他反对“组织绩效只取决于管理者的错误观点”并不奇怪。他认为，“事实上，研究已清楚地表明，技术熟练、思维灵活的群体成员的行为才是真正影响组织绩效的因素。”

几年前，麻省理工学院斯隆管理学院的两名学者，对行政职能与业务职能之间的关系这一课题展开了联合研究。其中一名学者主要负责研究会计职能，另一名学者负责人事职能。在对多家公司进行调查分析之后，他们总结出企业经常发生的困难与摩擦类别，并进一步发现，企业中各种关系的性质，似乎与教科书中所说的“统一命令”和“责权对等”原则并不相符。

在研究其中一家大型公司时，这家公司的分公司的状况引发了学者的困惑。在该组织中，业务部门及行政部门的管理者完全忽视了彼此在职能上的差别。研究者发现，行政部门人员总是直接行使权威，业务部门人员则负责提出建议。在两类部门之间，极少发生摩擦或者对抗。而且，该公司还被视为管理最优、经济效益最佳的分公司之一。

不过，有一条线索可以解释这种反常现象，那就是总经理和向他汇报的各个业务部门及行政部门经理之间的关系。总经理上任已经两年了，他在组织中创立了卓越的团队精神。大家经常一起行动，首先对共同提出的目标作出高度承诺，然后通过紧密的非正式合作来为实现目标而努力。在两类部门的职责之间通常会出现的壁垒，似乎很难影响到他们，他们的兴趣是竭尽全力地完成工作。而公司里的其他人也都有权发表自己的意见。

研究的结论是：这家公司具有鲜明的“目标统一”特性，从而在正式的工作安排中完全避免了“统一命令”“责权对等”“业务与行政职能分离”等原则所带来的问题。①

大部分管理者对于管理团队中的目标统一只是口头说说而已，他们很少真正意识到，这一目标只有通过关系紧密的团队才能实现。然而，大部分被称为管理团队的组织都不是真正意义上的团队，而是个人与老板之间关系的集合体，其成员都在互相争夺权力、地位、奖赏和自主。在这种情况下，目标统一简直就是神话。

有关高层管理团队的研究表明，组织内 85% 的交流都发生在员工与中高层管理者之间，只有 15% 发生在员工与员工之间。许多管理者都承认，由员工组成的“团队”实在不够团结，彼此之间充满怀疑与敌对。然而，也正是这些管理者本身，创造出一种只利于个人管理的环境，根本不能促进真正意义上的组织的建立。

个人还是群体

管理学中有关群体的课题总是能够引发诸多想法。有些人对群体的作用不以为然，认为企业完全可以基于个人关系进行有效的运营。他们举例说，许多公司的管理者都得不到员工尊重，工作常常混淆是非。

《财富》杂志编辑威廉·怀特（William H.Whyte）在《组织人》（*Organization Man*）一书中，更是坚定地表达了这一立场。他辩称，群体行动会产生令人退步的“拉平效应”，强迫意见统一，从而抑制“个人主义”，并“摧毁创造力”，最终阻碍和限制人类行动。

这种看法否认了组织生活的现实。事实上，许多活动都无法由一两个人完成，许多问题也无法由一两个人解决。群体和个人的问题不是非此即彼的问题。有些问题适合由个人自行解决，有些适合在两个人之间解决，有些则适合在群体中解决。

① 针对组织的大量研究固然承认麦格雷戈所谓的“目标统一”的重要性，但我们仍然面临更大的挑战。在充满混合动机的环境中，管理团队由多个利益方共同组成，他们的利益和目标既有共通之处，又存在冲突的地方。——注释人注

在选择正确的情况下，群体工作可以取得积极的优势。相反，如果我们忽视群体行动的必要性，试图由一两个人来解决群体问题，则很可能产生十分消极的后果。

我们一般都不擅长通过团队协作来实现目标，但这一弱势并非不可避免。究其原因，往往是对团队工作认识不足，相关技巧不精所致。① 我们必须学习与员工建立协调的关系，从而促进工作的顺利完成。如果我们无法像关注群体活动那样在这方面投入更多的注意力和时间，最终两个方面都无法取得成功。

怀特认为，我们对群体现象给予了过度的关注，对个人则缺乏足够的认识，这种观点实际上并没有抓住关键。实际情况是：**我们对于群体行为给予的关注太少，以至于管理者并不十分清楚如何创造环境来促进群体中个人的成长。因此，我们所面临的问题恰恰是基于重视不够（而不是重视过度）而导致的无知。**

有关群体行为的研究起步比较缓慢。多年来，心理学家似乎只对该领域的一个问题感兴趣，那就是人们究竟是独自工作有成效，还是集体工作有成效。若干项任务被挑选出来以供研究，比如，数学计算的功效，但这些任务却往往不是群体的工作任务。这样一来，研究者自然无法区分哪种活动更适合个人，哪种更适合群体。所谓的研究成果也令人无所适从。

在过去几十年中，大量人力被投入到群体行为的生产性研究中，并取得了丰厚的回报。德裔美国心理学家库尔特·勒温（Kurt Lewin）及其学生于 20 世纪 30 年代最先展开了这方面的工作，并提出一些有意义的科学问题：什么样的行为会发生在面对面的工作群体中，这种行为和其他情况下发生的行为有什么不同？是否存在一些变量会对群体状况产生影响？如果存在，它们将导致怎样的结果？②

在这些前期工作的基础上形成了一个重要的研究领域，为我们提供了大量意义深刻的知识体系。勒温将这个领域称为“**群体动力学**”。**他认为，与物理学中的**

① 当然，在今天的大中型组织中，基于团队的工作系统较为普遍。——注释人注

② 库尔特·勒温发表的关于群体动力学的作品强调“命运相互依赖”和“任务相互依赖”，两方面都与团体紧密联系在一起。后来，他又进一步研究了冲突、决策及其他影响群体动力学的因素。——注释人注

“动力学”类似，群体也可以作为一种力量来研究，这将有助于我们更好地理解群体行为的重要内容。

崭新的研究领域往往都会面临相似的困难：当研究结果与长期存在且为大众接受的信念相冲突时，就会遭遇剧烈的反抗。达尔文提出进化论时遭遇的强烈反抗今天已经不复存在，而弗洛伊德的心理分析理论所招致的反抗至今仍然没有完全消失。由此看来，群体动力学的研究遭遇同样的困境也在所难免。

早期研究者在总结群体工作特征的基础上，将眼光投入到实践之中。他们开始思考，什么样的人可以在群体工作中取得更高的成就。随着该领域知识的不断应用与发展，难免出现两种截然相反的人：一种持反对意见，一种则急不可待地想要应用研究成果来获取经济利益。最终，担心强调群体行为会破坏自身权力的人开始激烈反抗。群体动力学因此而成为众多人的讨伐对象。

高效群体与低效群体

如果我们对群体行为的大量相关研究保持平衡、适度的客观观点，便不难发现一些事实真相。

首先，没有任何神秘的技巧可以帮助“专家”操纵群体完成自己的目标。与其他领域一样，这一领域的知识也有可能被滥用，只不过危险会小一些，至少和原子物理学相比是这样。事实上，群体行为研究的主要贡献之一，恰恰正是揭示滥用操纵将导致自我毁灭的后果。

其次，这一领域并不是宗教信仰。尽管有少数信奉者在进行过度鼓吹。它有自己的术语，不过和近 10 年来导弹科学中出现的大量术语相比，这并不算什么。

最后，群体完全可以成为有效决策和解决问题的实体。① 那些认为“只有某个人”才能承担责任、制定决策、推进改革的看法并不正确。从实践角度来看，群体

① 有关制定群体决策的作品在许多方面都得到了发展，涉及决策科学、工作设计、团队沟通、组织边界等诸多学术领域。——注释人注

在完成这些工作时的确“表现不佳”，但这正说明了我们缺乏群体行为知识，缺乏在群体中工作的技巧。

在这个领域中，虔诚而狂热的研究者探询着一个最基本的问题：在面对面的群体中，究竟什么力量能够起到决定性的作用？它是怎样起作用的，与它相关的知识又是如何被应用于提高群体的功能？这些问题推动着我们付出不断的努力。

让我们暂时抛开对群体活动的所有偏见，包括正反两面，认真思考日常工作中功能良好、效率优异的群体所具备的特征。与那些低效率的群体相比，真正优秀的高级管理团队具有哪些特征呢？

- 群体中具有一种非正式的、舒适的、放松的环境。这种氛围，你只需几分钟就可以观察或感受到，在这样的工作环境中，人们不会感到紧张和厌倦，只有平和与舒畅。
- 每个人都有权参加各种讨论，内容都与群体任务联系在一起。如果讨论偏离主题，会有人负责把大家带回来。
- 成员能够很好地理解和接受群体任务或目标，并针对一些关键点进行自由讨论，直到所有人都表示愿意承担起自己的责任。
- 成员之间互相聆听。讨论不会从一个观点跳跃到另一个完全不相关的观点上。每个观点都能得到仔细的聆听。
- 允许不同意见的存在。群体不会刻意回避矛盾，人为地保持和谐统一。反对意见不会遭到仓促镇压或者践踏。群体将仔细研究反对意见，并寻求解决方案，而不是一味地打压反对者。
- 大部分决定都是意见统一的结果，每个成员都同意服从规定。然而，没有人会无视持有反对意见的人，或者故意用多数人的意见来打压少数人。
- 批评是家常便饭，但都是坦诚的、轻松的。没有人进行公开或者隐含的个人攻击。批评通常都是建设性的，目的是帮助铲除群体所面临的绊脚石，使工作顺利进行。

- 对于群体的运营等问题，成员可以自由表达感受和观点。他们不必畏首畏尾，也无需召开“地下会议”。每个人都可以通过讨论搞清楚其他人的感受。
- 一旦决定采取行动，就会有一方负责任命，另一方承担任务。
- 群体的管理者并不主宰一切，群体也不会无条件地服从于他。事实上，在工作过程中，管理者角色会根据情况随时改变。由于知识和经验的差异，不同成员会在各个时期分别担任“智多星”的角色。群体通过这种方式充分利用人力资源，个人则通过担任管理者的方式为群体作出贡献。
- 群体能够了解自身的运营状况，经常停下来检查状态，或者看看是否有东西阻碍了发展。出现的问题或许与流程有关，或许是个别人的行为阻碍了群体目标的实现。无论如何，都会有公开的讨论来指导问题的解决。

上述特征通常都能在高效的群体中找到。其中每一项都是处理组织问题的重要方法。在这样的特征体系中，成员与管理者一样，都应具备高度的灵敏性、理解能力和工作技巧。

我曾经参加过 T 团队的几次培训项目，能够加入这个项目实在是一种荣幸，每次的项目都由 6 ～ 8 人组成，负责为各个职业的从业人员进行培训。当同事们共同设计培训项目时，我总是会被他们高效的群体行为所感动。

尽管工作任务十分明确，但大家还是希望有所创新，甚至在关键之处进行改进。开始的时候，没有人知道应该在哪方面创新，以及如何创新，但大家都相信自己所在的团体一定能够作出创造性的工作。事实证明，我们的自信从来没有错过。

除了设计项目之外，还有许多决策需要制定，许多特殊任务和责任需要安排，许多个人兴趣和愿望要与项目需求融合起来。摩擦自然不可避免，大家也毫无保留地表达了不同的意见，有时还会掀起小小的高潮。没有人隐藏个性，可以说，大家对于目标的承诺已经超越了自我控制的层面。

任务的完成效率高得惊人，整个过程充满了轻松的幽默。随着需求的提出，群体的“维护功能”也得以执行。群体内设有主席，管理权力会根据实际情况转换。

所有人都积极参与，没有人可以主宰群体。我从没听说这里举行过投票。每项决策都是大家意见统一的结果。

最重要的是，我们的群体具有灵活的组合方式。其中一些人也许曾经共同工作过，但总会有新成员的加入。不用多久，他们就能像相识多年的朋友一样共同工作。

能够参与这种群体活动的确是一次愉快的经历。我也一直期待那些从事管理工作的朋友能够摒弃偏见，投身于这样的活动。

现在让我们考虑一下相反的方面。看看失败的群体，也就是无法有效完成任务的群体在运营中具有哪些特点：

- 群体“氛围”冷漠、倦怠、紧张。群体任务显然不具备挑战性，成员也没有全身心投入。
- 少数人企图控制讨论过程，且工作时常偏离重点。很少有人会努力确保群体在正常的轨道上运作。
- 从日常讨论中很难搞清楚群体的任务或目标是什么。也许主持会议的人早就提出了任务和目标，但没有迹象显示群体已经理解或者接受了目标。相反，事实表明，每个人都有自己的私人目标，暗自希望在群体中得到实现。
- 成员之间缺乏真正的聆听。观点经常被忽视和践踏。讨论天马行空，根本无法统一。发言似乎只是为了给其他人留下深刻印象，而不是为了完成手头的任务。
- 群体不能有效地处理不同意见，通常都是由畏惧摩擦的管理者将意见镇压下去。有时，一个小群体凌驾于另一个小群体之上，不同的意见还可能表现为公开的对抗。最后，问题可能会通过投票解决，结果自然是多数人胜利，但为数并不少的“少数人”则根本没有被说服。也许还有“少数人专政”的现象存在，某个人或者小群体十分强硬，大部分人都不得不顺从他们的意愿，以维持和平或者保证任务的完成。

- 由于实行少数服从多数的政策，许多问题在未经检验或者没有解决的情况下就付诸行动。讨论之后，对决策不同意但没能发表意见的人将拼命抱怨。少数人总是处于气愤的状态，对决策不予认可。
- 行动决策不清晰，没有人真正知道应当由谁来做些什么。即使安排了责任，也经常有人怀疑能否执行。
- 很显然，管理者就是主持会议的人。他或许强硬或许软弱，但只有他才是坐在最高位置上的人。
- 批评可能被公开，这无疑会使人感到难堪与紧张。通常群体成员都很难适应批评，也不知道如何处理批评。尤其是针对个人观点提出的批评，更具有强大的破坏性。有时，每一个提出的观点都会遭到其他人的痛斥，以后自然不会有人再愿意提出观点了。
- 个人感受被隐藏起来，无法公开提出。群体通常所持的态度是：个人感受不适合讨论，一旦拿上桌面就会引发激烈的争论。
- 群体避免任何有关自身“维护功能”的讨论。在会议之后，经常有人针对是非对错争论不休，但关心维护功能的人却很少，然而这才是应当解决的重要问题。

为什么大部分群体都属于后者而不是前者呢？这里面有许多原因。**首先，大多数人对于真正的高效群体了解十分有限，不清楚这些群体的工作标准。**我们都对群体完成任务的能力不报太大希望。**其次，大多数人不了解，作为一个优秀的群体，什么功能才是最重要的。**我们不知道最新的研究成果，不清楚有效群体的运作都有哪些需求。因此，我们所做的改善群体功能的努力很多时候都无法奏效。

最后，群体功能失败的最重要原因之一，还源于我们对摩擦和对抗的畏惧，并由此导致所作所为不仅没有益处，反而产生了阻碍作用。对抗行为、地下会议，以及其他对群体功能充满敌意的现象屡屡发生，尤其在新产生的群体中更是如此。然而，无论是对这些现象视而不见，还是采取强制镇压的方法，其结果都会使群体效力大大下降。我们越是担心矛盾和摩擦，就越会导致此类现象的加剧。

群体活动失败的另一个重要原因是，很多人认为群体效力只依赖于管理者。事实上，研究结果显示，技术熟练、思维灵活的群体成员的行为才是真正影响组织绩效的因素。在一个真正有实力的群体中，即使没有固定的管理者，成员也可以承担起高效运作的责任。①

最后，我们因为担心产生摩擦和对抗，而无法对群体的维持功能获得足够的认识。正如任何复杂的组织一样，群体也需要外界来关注其功能。如果希望保持最高的运作效率，就必须保证维持功能的正常运转。然而不幸的是，大部分群体都不会在正式会议中讨论维持功能的问题，最终也不可能采取相应的行动。

在这些细节的背后，通常都与 X 理论有着根深蒂固的联系。实际上，指挥与控制的管理方式只会对有效的群体功能造成危害。“分而治之”的原则听起来似乎很合理，其本质却是将个人权力凌驾于其他人之上。对他们来说，这无疑是行使控制的最佳方式。

然而，如果管理者能够意识到现代工业所具有的复杂依存性，如果他不是那么热衷于个人权力，而是努力创造环境，使自己拥有的人力资源被合理使用，以实现组织的目标，他就能够建立起强有力的群体来。他将发现，无论是提高员工对组织目标的认同感，还是保证团队成功地实现这一目标，都需要在组织内部进行互动交流，而这种交流方式只有在高效群体中才能出现。因此，他将推动群体的设立，干预有可能为组织带来影响的各项讨论及决策。他对“团队”含义的认识也将更加充分，群体所具有的每一个详细特征都能很好地把握。

团队工作的潜力

作为一个组织单元，面对面的群体和个人具有同等重要的位置。两者并不是相互对立的。在真正高效的群体中，个人将获得最大的满足。在团队工作和群体活

① 这里提出我们应关注成员行为，而不只是关注管理者行为的重要观点。这一观点历经多年才逐渐引起人们的关注。——注释人注

动中，许多难度较大的，有关协调和控制的组织问题也可以得到解决。然而，其中的价值只有在某些需求得到满足之后，才能获得众人的认识。

首先，我们必须摒弃“个人和群体的利益是对立的，只有牺牲前者利益才能实现后者利益”的观点。如果我们研究一下家庭，便不难理解这个道理。

其次，我们必须着重理解那些“决定群体行动效力”的因素，认真学习相关技能，更好地利用这些因素。然而，这些技能并不能完全通过参加领导力研讨会的课程习得，关键还是要通过与群体成员的合作获得。

再次，我们需要学习区分什么活动对群体合适，什么不合适。

最后，我们需要区分两种“管理团队”的概念，一种认为管理团队不过是管理技法，其本质还是指挥和控制；另一种则认为管理团队是各种管理关系的总和，是依据融合原则和自我控制推进的。这两种概念绝对不是一回事。

在对概念进行区分之后，我们很快就会获得一些重要的发现，比如：

- 群体目标设定具备个人目标设定所没有的优势。双方是互补的，而并非互相排斥的。
- 有效的管理群体将为个人提供良好的发展环境，也有助于扩展管理者对于群体功能的理解，真正认识到设立群体的必要性。
- 群体目标和群体业绩的衡量方法将得到不断发展，这是单凭个人力量无法实现的。在关系紧密的群体中，成员会像追求个人目标一样努力地追求群体目标。
- 有效的管理团队，可以通过“统一目标”的方式有效避免残酷竞争对组织造成的伤害，与此同时又不降低对个人的激励。

以往的观点认为，团队是个人之间关系的总和。后来有人提出，团队实际上是群体之间关系的总和，但我并不认为人们会很快转变认识。我们有太多知识需要学习，太多偏见需要克服。无论如何，我相信转换的过程一定会是漫长的。在完全不切实际，也就是认为团队是由个人关系组成的基础上，我们不可能长时间地维持复杂、依存、协作的现代企业运营方式。这样做的成本将完全无法想象，尽管这些成本总是被隐藏着不易发现。当少数管理者发现团队工作能够带动经济和政治取得进步时，他们将因此获得竞争优势，从而促进人们在认识上发生转变。

人们的思想在不断地迭代更新。在面对面的群体中，人与人之间的合作总有一天会被大家认可，并成为一种流行的思潮。到那个时候，管理者将发现，低估人力资源的潜力将带来怎样严重的问题。

结 语

THE HUMAN SIDE OF ENTERPRISE

20 世纪上半叶，自然科学理论的发展将我们带入崭新的世界。然而，如果有人在 1900 年就预见到 1960 年美国的生活，他一定会被看成是疯子。现在，人们能够以 950 公里 / 小时的速度旅行，航天飞机实现了绕月飞行，雷达技术出现，核动力潜水艇在北极冰盖下潜行，空调、电视、冷冻食品问世，我们在家中就可以聆听立体声的世界名曲，所有这些都是 60 年前无法想象的。可以说，如果没有科学理论的发展和人类卓绝的创造力，这些发展直到今天仍无法实现。

今天，我们正处于一个发展变化的时代，社会科学理论的进步必然引发相关领域的变革，在某些人看来，这些变革简直无法想象。无论是组织本身，还是企业的管理方式，都将发生戏剧性的变化。而在现阶段的水平下，大多数人的创造能力、成长能力、协作能力、生产能力还远没有得到足够的认识。如果我们在尚不了解如何利用自身能力来创造和平世界的前提下，能够确保不破坏这个星球上的其他生命，那么 20 世纪下半叶便极有可能发生人类历史上最为戏剧化的社会改变。

曾供职于世界银行的经济学家大卫·艾里尔曼（David Ellerman）在他的著作《帮助人们学会自助》（*Helping People Help Themselves*）中，评价麦格雷戈的作品为 8 大基础著作之一，他写道：

在经济发展和管理过程中存在着一个普遍的问题：作为提供帮助者或者管理者的甲方，试图使作为执行者的乙方完成一系列相对微妙的、不同于简单体力劳动的任务。但这项工作推进起来有一定的难度，只有通过内在激励才能顺利完成，也就是说，甲方不可能再依赖传统的外部激励法。对于这个问题，麦格雷戈的理解十分深刻。他很早就针对X理论与Y理论的区别进行了分析，详细研究了行政职能与业务职能的关系。麦格雷戈以Y理论为基础，探讨企业应当如何建立适当的工作流程，从而优化管理，使执行者的内在动力与组织目标结合在一起。他证明，Y理论的普遍特征不仅有助于人际关系的发展，还能有效地解决这个由来已久的问题。

我认为，工业企业正如社会的缩影，基础社会变革必然会经历一个产生、试验和提炼的过程。正如彼得·德鲁克所说，现代大型的工业企业本身就是一个具有重要历史意义的社会发明。不幸的是，它现在已经陈旧不堪。以现有的模式发展，将很难满足未来社会经济的需要。我们面临的最根本困难，是缺乏有关组织和管理企业人力资源的知识。然而幸运的是，越来越多的管理者已经意识到现有方法的不足。而在这种认识中正蕴涵着对于未来的希望。当历史发展到一定阶段时，工业管理领域将再次向世人展示惊人的变革能力。

今天，从传统组织理论转向企业人性化管理的变革遭遇了强烈的阻碍。由于缺乏对人性行为的足够认识，大部分人无法相信新理论能够带来有利的改变。这种情况让人不禁联想起半个世纪以前的自然科学领域，当时人们也无法接受雷达及太空旅行的设想。

管理者能否接受Y理论的假设并不重要，这只能证明其对目前社会知识的认识程度，而旧知识很有可能在短时间内被新知识修正，甚至取代。因此，重要的是管理者能否摒弃那些有缺陷的假设，比如X理论，改变陈旧的组织人力效能观念，迎接未来企业人性面的巨大变革。①

---

① 麦格雷戈及其在麻省理工学院的同事理查德·贝克哈德（Richard Beckhard），被认为是最早提出“组织发展”一词的人，这个名词主要用来描述行为科学在组织变革中的应用。麦格雷戈在本结论中，把组织变革定义为即将面临的核心挑战。——注释人注

Y 理论一类的假设提到了某些现实中不可能存在的情况，正如物理理论中的绝对真空一样。但这并不会造成阻碍，相反还有利于创新。除了既有的成就，X 理论一类的假设将无法再为我们提供新的标准，如果墨守成规，就会像约瑟夫·斯坎伦所说的那样，使自己陷入“面朝过去，背向未来”的境地，其结果当然不言自明。

与本书讨论的 Y 理论相一致的管理策略变革观点，包括目标设定、斯坎伦计划、员工参与、专业职能角色、“农业栽培”的管理发展方法等，只是实现融合与自我控制的管理方法的第一步。一旦管理者真正认识到自己正在低估人力资源的潜力，也就是说，一旦他接受了与社会知识现状更接近，而不是和 X 理论更接近的人性行为假设，那么，他将义无返顾地投入时间、金钱和努力来加强这一观点的应用，并进一步发展更多的有效观点。当然，随着历史车轮的前行，理论的发展也将不断更新换代。

本书目的不是为了劝说管理者支持 X 理论或者 Y 理论。而是提醒人们认识理论的重要性，促使管理者检查自己的假设，并理解其中的内涵。最终，打开一扇通往未来的大门。其结果很可能是带动未来几十年企业人性面的发展，就像过去半个世纪中，科技领域所发生的改变一样。

进一步说，如果我们学会认识产业中人力资源内部协作的潜力，甚至有可能为政府和国家提供人员管理的典范，而这正是全世界人民的共同需求。

论领导力

道格拉斯·麦格雷戈

（引自安迪亚克学院备忘录 31 卷 9 号，1954 年 5 月 1 日）

再过几周我就要主持安迪亚克学院成立 101 周年的典礼了。届时，我的心情一定会十分复杂。安迪亚克学院是美国最引人注目的教育学院之一，而我即将成为这家学院的前任院长。

我一方面渴望重新见到麻省理工学院的学生们，重新和同事们一起展开对产业人际关系问题的计划和研究；另一方面又不得不惜别安迪亚克学院的诸位同仁。6 年来，是他们帮助我积累了丰富的工作经验，让我接触到崭新的教育观点，学会如何挖掘年青一代的潜力。

我的脑海中全都是这些年来经历的事情，也许只有经过漫长的时间才能将它们逐一回顾，并为其赋予适当的含义。然而，可以肯定的是，我已经根据以往的经验总结出两套互相关联的观点，它们正在缓慢而稳定地发展着。下面，我将对此进行简要的阐述。

管理者必须管理

第一个观点是我根据自己担任院长的经历总结出来的。接管安迪亚克学院之前，我曾经在多个组织中担任高层管理者的顾问，观察并研究过他们的工作情况。我曾经以为自己了解他们对于自身职责的感受，清楚是什么导致了他们的所作所为。我甚至相信自己可以创造出一种角色，成功地避免他们所遇到的难题。

然而我错了！自从担任业务管理者以来，我接触到不少令人困惑的问题。这些感受是无论观察多少人的工作也无法体会到的。

比如，我曾经相信，管理者只需充当组织的顾问角色就能成功地完成工作。我认为自己可以避免成为一名“老板”。现在看来，我是在有意无意地回避一些难题：尽量不作出令人不快的、困难的决策；不在诸多不确定的条件下承担工作责任；不对错误的决策承担后果。我总是认为，只要自己能做到，其他人也可以像我一样，通过“良好的人际关系”消除一切不和谐与争论。

我真是大错特错了，在进行了多年的实验之后，我终于意识到管理者不可能避免权威，正如他无法避免为组织中的事务负责一样。事实上，高层管理者的主要职责，就是用自己的肩膀承担起解决不确定问题、制定重要决策的责任。进一步说，没有任何一种重要决策可以使所有人满意。作为管理者，必须接受反对者的不满，有时甚至是强烈的敌意。

最近，一位同事根据我的经验总结出一句话：“一个优秀的管理者必须足够坚强，能够在争斗中取胜；同时还不能过于残忍，不要在对方已经倒下时再踩上一脚。”我承认，这种观点与人道的、民主的领导力观念并不相左。的确，良好的人际关系应当源自于力量，而不是软弱。

我将继续尝试着理解同事的话，并一如既往地付诸实践。

向偏见宣战

第二个观点与其说与个人领导力相关，还不如说与制度相关更为贴切。这一观点来自个人的直接生活经历。今天，反学术思想、怀疑、恐惧、谴责不断充斥着我们的生活。来自国内、国际的压力，使我们对所有不一致的观点异常敏感。

大学和学院经常受到攻击，因为总有一部分人，拒绝接受任何与自身意见相左的观点。由于攻击的持续性及其夸张的特点，导致许多敏感的人产生误解，甚至最终对个人和组织产生不可挽回的损失。

安迪亚克学院规模不大，教职员工共约 75 人。在这里工作 6 年之后，我可以肯定地说：我非常了解这里的员工。

美国的教育制度与自由企业的理想总是紧密连接在一起。在对美国经济体系足够信任的前提下，我们制订出工作和学习计划。学院体制完全遵照美国代议制政府原则模式。许多人都把这里当作成功建立私人企业的“育种基地”。最近，一项大型“风险投资”计划——位于佛罗里达的价值数百万美元的购物中心项目，就是由学院参与运作的。这一切都证明了我们对于美国式方法的信仰。

但在安迪亚克学院，也有一些情况并不为人所理解。本着完善教育结构的原则，我们一直在努力吸收更多类型的学生，不同地域、国家和种族的同学都会受到欢迎。在校园里，我们不会根据肤色或者宗教信仰对学生进行区分。然而，许多人认为这是一种激进政策。

我们珍惜安迪亚克的人才，允许他们自由发挥能力，使智力水平得到提升。只要所作所为符合民主原则，是诚实、正直的，人人都有权发表不同的意见，并按自己的信仰行事。

对任何教育项目来说，言论自由都应当是最基本的要求。但是在今天，这种做法却遭到了广泛的不信任，如果一所学院允许发表不同意见，很快就会招致各方的批评，更不用说鼓励不同意见了。

现在，我已经不会在这种问题上进行自卫，而是决定采取反攻。正如美国所有大学与学院的哲学体系一样，安迪亚克的哲学体系与基督教的基本原则和美国宪法是一致的，学院政策和工作流程是遵循代议制政府的体系发展而成的。我们在很好地保留了美国传统的同时，也有效地避免了危险分子的破坏。无论在教职员工方面，还是学院政策或工作方面，安迪亚克都没有任何需要反省道歉的地方。

就在这个月，安迪亚克学院的董事们经过一致讨论，提交了一份令人欣慰的声明书：

> 作为安迪亚克学院董事会的成员，我们强烈地意识到，今天的教育制度正承受着前所未有的压力。在这里，我们要再次表明对安迪亚克学院行政部门、教职员工和全体学生的信任。作为忠诚的美国公民，我们认为，为充满责任感的学者赋予研究与信仰的自由，是对全民道德和精神文明发展具有重要意义的。安迪亚克学院一直以来都十分重视和谐的人际关系，这已经成为学院的传统之一。我们有理由相信，学院行政部门、教职员工和全体学生将继续推进民主原则，直到美好的一天来临——美国人不再彼此怀疑，彼此畏惧。

我的第二个观点是：大学和学院有责任创造出一种环境，使人们可以自由地承担起调查研究的责任，彼此之间相互信任。如果从制度角度考虑，而不是从个人感受角度考虑，这一观点是与领导力紧密相关的。当然，要做到这一点，必须建立起强大的制度，排除所有试图破坏的力量。

总之，学院的生存与发展都需要强有力的管理。如果失去管理，学院创始人以及其他思想者的理想，都将成为一场空想。

附录 B

THE HUMAN SIDE OF ENTERPRISE

企业的人性面

道格拉斯·麦格雷戈

对于下列说法，恐怕很多人都不会感到陌生：未来 25 年中，最伟大的科学发展将产生在社会科学领域，而不是自然科学领域；工业作为社会的经济器官，在利用自然科学技术为人类造福方面具有极大的优势；我们必须学习如何利用社会科学促使人类组织有效运转。

尽管许多人在原则上同意上述说法，但充其量不过是把它们视为美好的愿望。在我看来，如果人们真的愿意将希望变为现实，就一定会采取相应的行动。[①]

① 再版的《思想与行动的冒险》(*Adventure in Thought and Action*)(为纪念 1957 年 4 月麻省理工学院斯隆管理学院第 5 届同学会发行的学报）的导言这样写道：过去一年中，管理对于人力资源功效的提高作用，越来越受到人们的关注。但直至今天，仍然没有任何管理方法可以很好地解决组织中敏感而微妙的人力资源问题。麦格雷戈自 1954 年离开安迪亚克学院，重返麻省理工学院工作。他在社会心理学及其在人员和产业管理中的应用方面取得了卓越的成就，并因此赢得了国际学术界的普遍尊重。麦格雷戈博士具有丰富的产业经验及渊博的学识，产业管理学院将在他的带领下针对产业人际关系的问题展开相关工作。——注释人注

管理的观念

早在 25 年前，有关物质特性和能量特性的概念就已经与牛顿时期的观点大不相同了。自然科学家们认为，在适当的条件下，许多新型能源，以及迄今为止无法设想的能源，都可能被制造出来，为人类所用。

从那以后没过多久，原子弹便产生了。过去 10 年间，又有很多人尝试着将科学发现应用到实践中，一些人成功了，另外一些人则失败了。

我认为，自然科学领域的理论应用是一件费时又费力的事情。不过即使人们早就意识到了这一点，也从不会因为科学家无法为工业提供简易、廉价、多用途的原子能资源而失去耐心。即使还需要数十年时间、花费上百万美元才能取得比今天更具经济竞争优势的资源，大部分人也都能予以理解并表示接受。

将自然科学领域的核动力发展潜力与社会科学领域的发展潜力进行对比，似乎显得有些妄自尊大。但从本质上来看，这种类比并不像它第一眼看上去那样荒谬。

除了程度与形式的差异，今天的社会科学所处的位置，就像自然科学中的核动力在 20 世纪 30 年代所处的位置一样。我们都承认，以往有关人类本质的概念是存在缺陷的，甚至在许多方面都是不正确的。可以肯定的是，在未来合适的条件下，许多现在无法预料到的创造性的人力资源将为组织所用。

我们无法告诉工业管理者应当如何简便、经济地应用新的理论知识。要实现这个目标，还需要漫长的探索时间，巨额的研究资金，以及管理学方面的不断创新。只有如此，才能更好地应用知识，提高组织的人力资源功能。

这种类比或许看上去有些夸张，有些妄自尊大，但我认为具有非常重要的意义，真心希望能够获得人们的重视。

管理的任务：传统观点

根据传统观点，在管理中应用人力资源来满足组织需求的任务可以概括为三个命题。为简单起见，我将这套命题命名为“X 理论”：

- 管理是以实现经济利益为目标，对生产性企业的元素进行组织的过程。这些元素包括资金、原料、设备、人员等。
- 从员工角度来说，管理是指挥、激励、控制、修正其行为来满足组织需求的过程。
- 没有管理的积极干预，人们将采取消极态度应对组织需求，甚至最终演化为抵抗。因此，管理者必须对员工进行说服、奖励、惩罚、控制；也就是说，他们的行为必须得到指挥，而这就是管理的任务。对于这一点，我们常常总结为：管理就是要求人们完成一定的工作。在这种传统理论的背后，还另有许多潜在的观点，虽未明示，却流传极广。
- 大多数人生来懒惰，只要有可能，就会少干活。
- 大多数人缺乏野心，不喜欢承担责任，情愿被管理。
- 大多数人生来以自我为中心、对组织需求漠不关心。
- 大多数人生来惧怕改变。
- 大多数人不够聪明，很容易受到欺骗和蛊惑。

当今企业的人性面就是根据这些观点发展而来的。传统的组织结构、管理政策、管理实践无一不反映出上述假设。实现管理任务的方法有许多种，但都介于两种极端之间（以上述假设为前提）。

刚性管理还是柔性管理

第一种极端，是采取强硬的管理方法。在指挥中使用强迫、威胁或经过伪装的威胁、严密监控员工行为等手段；第二种极端，是采取柔性的管理方法。通过指挥进行授权、满足员工需求、保持和谐氛围。在这种环境中，员工将更容易听从指挥。

过去 50 年来，人们对两种极端之间的范围进行了深入的研究，管理者也由此学到一些东西。刚性管理存在一定的困难。面对暴力，员工必然会进行反抗，比如限制产量、直接对抗，或通过工会展开斗争，尽管有些行动并不激烈，但同样会对管理目标造成破坏。在充分就业的情况下，刚性管理的困难尤为突出。

柔性管理也存在困难。最常见的问题是导致管理的退让。这种方式或许能够保证和谐，但同时也会降低组织的绩效。很多人一旦从柔性管理中获益，就会期望得到更多，与此同时却付出得越来越少。

最近流行“公平的刚性管理”。很显然，这种方法希望同时获得刚性管理和柔性管理的优势。这让人不禁想起泰迪·罗斯福（Teddy Roosevelt）的名言：“手握大棒，轻声说话。”

传统观点是否正确

社会科学领域的研究成果，对以往关于人类天性和管理任务的观点提出了挑战。尽管我们掌握的依据还不算确切，但已经足以提出建设性方案。这些成果产生于实验室、诊所、学校、家庭，甚至少数还来自产业本身。

社会科学家并不否认，今天的产业组织中的人类行为与管理学中的相关认识十分接近。通过广泛的观察与研究，社会科学家断定这些行为并不是人类与生俱来的天性，而是产业组织以及管理哲学、政策和实践的发展结果。然而，传统的 X 理论方法完全是建立在因果颠倒的错误基础上的。

既然如此，很多人不免会问：“那么，人类的真实本性又是什么呢？是什么证据让社会科学家否认明显的事实呢？”还有人会要求：“请用简单的语言，而不是过多的科学术语告诉我，你有什么不同的见解？我不要听冠冕堂皇的废话，请给我一些实际的观点，让我能够改善自己在组织中的状态。要知道，我正面临着持续增长的成本和不断减低的利润率。我希望这些观点不再是耗费资金的人际关系技巧。我需要实际的结果，现在就要！”

如果你的确这样想，最后一定会失望。现在向社会科学家提出这些要求，就像在 15 年前向自然科学家提出核动力的要求一样，根本不可能实现。然而，可以肯定的是，传统的有关企业人性面的假设是存在缺陷的。目前有一些试验性的命题，已经包含了较为完善的人力资源管理理论。如此以往，管理任务的重要性必将日益凸显。

马斯洛提出的需要理论

要解释为什么传统的管理方法存在缺陷，最好是从激励的角度进行分析。在讨论激励的过程中，我将重点引用我的同事——布兰代斯大学的亚伯拉罕·马斯洛提出的需要理论。

生理需求及安全需求

人是充满欲望的动物，每当一种需求获得满足，另一种需求便紧接着出现，取而代之。这样的过程从出生到死亡，周而复始，永无止境。

人类的需求根据重求程度划分，形成了一系列的层次。其中层次最低的需求便是生理需求。生理需求的层次虽低，然而一旦失去便几乎无法生存。比如，人依靠粮食生存，一旦失去粮食，后果将不堪设想。当然，人还有其他需求，比如爱情、地位、名誉等，但是对于一个饥肠辘辘的人来说，这些需求便退居其后了。只有在实现温饱的条件下，饥饿才会变得不那么重要。对于其他生理需求，如休息、运动、居住、安全等，也是同样的道理。

满足需求并不具有激励行为的作用！ 这是一个极其重要的事实，然而传统的人力资源管理方法却时常忽略这个事实。这部分内容将在后文加以讨论。在这里，我们只需一个例子就能够说明。设想一下你对空气的需要，除非无法呼吸空气，否则它不会对你的行为产生什么影响。

当生理需求获得满足之后，下一个层次的需求便成为行为的主宰，承担起激励行为的功能。这就是安全的需求，即保护个人免受危害、威胁、剥削等的需求。有些人错误地将安全理解为保障，事实上，人除非身处某种依存关系之中，随时担心受到剥削，否则并不会要求保障。人的需求只是得到“适量的面包”，当他自信能够得到适量的面包时，便不愿再冒风险。只有在受到威胁或依存于他人时，保护及保障才成为最大的需求。

由于员工几乎都处于某种程度的依存关系之中，安全需求便具有相当重要的地位。因此，独裁式的管理行为、影响员工职业生涯的行为、某种偏好或者偏恶的行为、制定政策时的不确定行为等，都将成为刺激安全需求的强有力因素，其对象既包括员工，也包括公司高层管理者。

社会需求

当生理需求得到了满足，也不必再担心安全问题之后，社会需求将成为人类行为的重要激励因素。社会需求包括归属、交际、被接纳的需求，以及赋予并获得友谊和爱情的需求等。

尽管今天的管理者大多认识到这些需求的存在，却时常错误地认为，这些需求会对组织产生威胁。许多研究表明，在同等情况下，紧密团结的工作群体在达成组织目标时，远比数量相等但分别工作的人群更为有效。

然而管理者却担心群体与组织目标产生对立，于是竭力控制并指挥员工行为，全然无视人类喜结群体的天性。这样一来，社会需求，或许还包括安全需求受到压抑，人们开始采取反抗组织目标的行为。抗拒、敌意、不合作等行为产生了，但这些行为绝不是原因，而是一种结果。

尊重需求

在社会需求之上，是更高层次的尊重需求。这种需求只有在其他低层次的需求得到满足之后，才可能受到激发，它也是对管理者和员工本人来说，意义最为重大的需求。尊重需求可以分为下列两种：

- 有关人性自尊的需求：包括自重和自信的需求、自主的需求、成就的需求、发展能力的需求，以及获取知识的需求等。

- 有关个人声望的需求： 包括地位的需求、被人认可的需求、被人赏识的需求，以及受人尊重的需求等。

与其他较低层次的需求不同的是，尊重需求很难得到满足。一旦人们感到这类需求对自己十分重要之后，便会永无休止地追求更多的满足。然而，在生理需求、安全需求、社会需求尚未得到相当的满足之前，尊重需求并不会明显表现出来。当然，这条通则也有例外的时候，尤其在人的生理需求被剥夺，人性尊严受到玷污时更甚。政治革命往往就是压抑生理需求、社会需求，以及尊重需求的结果。

在典型的企业组织中，基层员工的尊重需求通常很难得到满足。按照传统的组织工作模式，特别是在大规模生产企业中，员工行为动机中的尊重需求几乎从未被考虑过。倘若“科学管理”的目的便是为了压抑此类需求，当然，事实并非如此，那么提倡科学管理的人士恐怕不可能拥有今天的成就。

自我实现需求

最后，位于需求层次最高点的，是自我实现需求。这类需求包括：实现个人潜力的需求、自我持续发展的需求、最大限度发挥创造力的需求等。

现代企业的特点使得这类需求少有实现的机会。大多数人较低层次的需求都被不同程度地剥夺了，因此他们把全部精力放在追求低层次的需求上，对最高层次的需求则一直处于无意识状态。

有关动机问题的一些观点

我们都清楚，人在食物严重缺乏的时候，身体将变得虚弱。也就是说，当生理求要遭到剥削时，便会产生相应的行为后果。对于较高层次的需求也是一样，然而人们却很少能够意识到这一点。一个人若被剥夺了安全需求、交际需求、独立需求，或者地位需求，也会变得虚弱起来，就好像得了软骨病一样。而且这种疾病还会引起相应的行为后果，有人态度消极，有人充满敌意，有人拒绝承担责任，如果把这些行为归为人类“天生本质”，那就大错特错了。这些行为都是患病的特征，是被剥夺了社会需求及尊重需求的后果。

当较低层次的需求得到满足以后，便不再有任何动机可以激励人们追求同样的需求。更实际地说，是这些需求已经不存在了。管理者常常会问：“为什么员工的生产水平没有提高？我们付出优厚的薪酬，提供舒适的工作环境，安排保障性福利，使工作关系更加稳定。可他们却不愿多付出一点努力！”

管理模式所提供的丰厚条件，使行为的激励重点转向社会需求与尊重需求。因此，除非能够从工作中得到高层次需求的满足，员工仍然会有被剥夺的感觉，并产生相应的行为。在这种情况下，如果管理者仍然只关注生理需求，仅提供薪酬一种形式，注定不会产生多大效果。

在这样的情况下，员工“一定”会追求更多的金钱报酬。于是，他们更加重视用金钱换来的商品与服务，尽管商品与服务只能有限地满足他们被压抑的需求。也正是因为员工除了金钱以外无法得到其他，金钱便顺理成章地成为了被关注的焦点。

胡萝卜加大棒理论

正如牛顿学说一样，胡萝卜加大棒的动机理论在某些情况下的确能够行得通。也就是说，管理者有权决定，是否在一定限度内，采取办法来满足员工的生理需求及安全需求。雇用关系本身就是一种方法，另外还包括薪酬、工作环境、福利等。只要员工仍在为生存奋斗，就无法逃脱这些方法的控制。在面包缺乏的时候，人们总是专为面包而活的。

可是，一旦员工达到了足够的生活水平，行为动机开始转向较高层次需求时，胡萝卜加大棒的理论便不再发挥作用。管理本身无法满足员工的自尊需求、被他人重视的需求，以及自我实现需求等。管理者可以创造一种工作环境，使员工受到鼓励，主动追求较高层次需求。反之，如果不能创造这样的环境，员工的需求便会受到压制。

但所谓创造一种工作环境，并不是指通常意义上的“控制”，也不是一种特殊有效的指导行为的方法。因此，管理者不免感到困惑。在今天科技高度发达的时代，生活水平大大提高，我们的生理需求与安全需求已经可以得到较为充分的满足。唯一例外的是，管理者无法创造出“机会公平”的工作环境，员工的安全需求因此而受到压抑。可是，管理者一旦使员工的低层次需求获得满足，便很难再有效应用薪酬、允诺、奖励、威胁等在 X 理论的传统假设中提倡的控制方法了。

非刚非柔的管理方法

强调指挥与控制的管理哲学，无论它是刚性还是柔性的都无法再发挥激励功能。因为在今天的社会中，这些管理哲学所强调的人性需要，已经不再是人类行为的激励因素。社会需求及尊重需求一旦受到重视，指挥与控制对于行为的激励作用就极其有限了。刚性管理和柔性管理已经与今天的现实严重脱节，因此两者都无法获得成功。

人的需求如果无法从工作中得到满足，尤其是在最迫切的需求无法满足时，便会产生我们之前预料到的行为：懒散、消极、不愿承担责任、反对任何改革、情愿随波逐流，而且不断提出经济方面的种种不合理要求。这样看来，我们似乎是搬起石头砸了自己的脚。让我们用下面一段话来对激励进行总结：

指挥与控制的管理方式，无论是刚性管理、柔性管理，还是公平的刚性管理，在今天的状况下，都无法有效地激励人力资源为组织目标服务。失败的原因在于：大多数人的生理需求和安全需求已经得到了一定满足，而社会需求、尊重需求和自我实现需求正占据主导，对他们来说，指挥和控制是无法发挥激励作用的。

Y 理论

出于类似的种种原因，我们需要一种全新的人力资源管理理论，而这一理论应当建立在较为完善的人性假设和行为激励假设的基础之上。在这里，我斗胆提出相关理论，并称之为“Y 理论”。

- 管理是以实现经济利益为目标，对生产性企业的元素进行组织的过程，这种元素包括资金、原料、设备、人员等。
- 员工并非生性喜欢抵抗组织的需求。他们之所以如此，完全是组织的环境使然。
- 自我激励、自我发展、主动承担责任、自觉主动地向组织目标努力，等等，都是人们主观表现出来的行为，而不是管理强制设置的。因此，管理者有责任让员工认识到这样做的意义，并努力进行自我发展。
- 管理的任务就是营造组织环境，设定工作方法，让员工通过为组织目标努力而实现自身的目标。

这是一个创造机会、激发潜力、清除障碍、鼓励成长、提供指导的过程。正如彼得·德鲁克所说，是一种“目标管理”的方式，而不是“控制管理”的方式。

我还要补充一点，**Y 理论并不意味着管理的退让、领导力的缺失、标准的降低，或者其他在 X 理论下的柔性管理容易出现的问题。**情况恰恰相反。在今天创造一个组织来充分应用这个理论，与 1945 年时修建核动力工厂相比，并不容易多少。我们还有许多巨大的困难需要克服。

一些困难

传统的组织理论以及半个世纪以前的科学管理方法，将人们束缚在有限的工作中，无法充分发挥能力，不能有效承担责任，进而导致消极怠工，对工作毫无热情。工作环境决定了组织成员对于自身扮演的角色的认识，具体表现为员工的工作习惯、态度和期望。因此，从 X 理论向 Y 理论的过渡不可能一蹴而就，还需要我们对管理者和员工的态度进行广泛修正。

今天，人们已经习惯了在工业组织中被指挥、被利用、被控制，而社会需求、尊重需求和自我实现需求的满足则只能在工作以外寻求。不仅员工如此，许多管理者也是如此。真正的“产业公民权”(再次借用德鲁克的名词)成为遥远而脱离现实的概念，大多数产业组织的成员几乎从未考虑过它的含义。

从另一个角度来讲，**X 理论往往是从外部对人的行为进行控制，Y 理论则主要依赖个人的自我控制和自我指挥。**需要注意的是：前者实际上是把员工像孩子一样看待，后者则是把他们当作成人。而前者向后者的转变是不可能在一夜之间发生的。

Y 理论成功的应用

当困难铺天盖地而来的时候，我们不妨想一想，理论的应用往往都是十分缓慢的，非要拿出滴水穿石的精神来不可。如今，已经有一些与 Y 理论完全一致的新想法取得了成功的应用。

分权与授权

这两种方法将人们从传统组织的严格控制中解放出来，赋予他们一定程度的自由来决定自己的行为并承担责任，更重要的是满足他们被尊重的需求。在这方面，美国最大的零售商之一西尔斯 - 罗巴克公司（Sears Roebuck & Co.）的扁平组织结构提供了一个有趣的例子。当时，随着组织的扩张，需要向同一管理者汇报的员工数量急剧增长，组织无法再按照传统方法进行管理，于是开始推行“目标管理”的方法。

工作扩展

这个概念与 Y 理论颇为一致，最先投入实践的是 IBM 公司和底特律爱迪生公司（Detroit Edison）。这种方法鼓励组织基层人员承担责任，并提供机会来满足他们的社会需求和尊重需求。事实上，基层工作的重组将为员工提供更多的创新机会，而这恰好与 Y 理论相符。ATM 威尔逊公司及其合作者英国煤矿公司，以及印度纺织公司曾经采取过相关措施，研究他们的宝贵经验将有助于我们更好地理解组织工作。除此之外，工作扩展还将使企业经济和员工心理问题得到较好的改善。

参与式管理与咨询式管理

在某些情况下，参与式管理与咨询式管理能够鼓励人们为组织目标贡献自己的创造力，并对与自己相关的问题发表意见，进而满足自身的社会需求和尊重需求。斯坎伦计划就是这些观点在实践中的卓越体现。

不可否认的是，这些观点很少能像预期那样成功运作。原因在于：**管理者虽然接受了观点，却仍然在 X 理论及其假设之下进行应用。**

以控制的手段来执行分权式管理，是不可能取得预期效果的。参与一旦被当作营销伎俩或者愚弄他人的工具，管理就成了闹剧。只有管理者对人力资源充满信心，主动将精力放在组织目标上，而不是限制员工能力上，才能有效地应用新兴理论。这样的管理方式将帮助我们成功地挖掘创造性观点，并加以合理地运用，为实现充分应用 Y 理论作出贡献。

绩效考核

最后，我们再谈谈 Y 理论的另一种实际应用，虽然暂时还处于试验状态，但同样具有重要的地位。这就是各个管理层级的绩效考核。即使最粗略的传统式绩效考核，也是与 X 理论紧密联系在一起的。事实上，大多数传统考核项目都把员工看作生产线上受人监督的产品。

在典型的考核计划中，“被评价的员工”就是“产品”，“进行评价的上级”就是“检查官”，“发展培训”就是“再加工”。可以说，除了被评价者的属性不同，人力资源评价过程与产品检查过程并无二致。

包括通用磨坊、安素化学、通用电气在内的一些公司一直在试验这样的考核方式：在每半年或者一年的自我绩效考核中，要求个人为自己设定目标。当然，上级在这一过程中承担着重要的管理角色。事实上，该角色需要上级比传统的管理者更具竞争力。对许多管理者来说，相比传统考核强加在自己身上的“评价人”和“检查官”角色，他们更适应这样的新角色。新的考核方式鼓励个人承担更多的责任，规划并评价自己对组织目标所作出的贡献。通过考核，个人的尊重需求和自我实现需求也将得到很好的满足。这种绩效考核的方法代表了一些管理者的创新观点，他们正是通过这种方式在向充分应用 Y 理论的目标努力。

展望

现在，让我们回到最初的原点。我已经与大家分享了自己的观点：今后一二十年中，产业组织的功能将获得明显提升，相信大家也一定会对此表示认同。对于这方面的发展，社会科学的贡献将不容忽视。社会科学领域的知识正在迅猛发展，而我们只不过刚刚抓住了一些蛛丝马迹。如果我们不满足于这些观点仅仅作为梦想存在，而是希望它们能够转化为现实，则需要花费的精力将不亚于从原子中分离能量时所花费的精力。这将是一个漫长的、耗资的、有时还会令人气馁的过程，而在很多人看来还是不切实际的。

追求产业管理的经济目标，需要更多人发挥创新精神与坚毅品质，将科技梦想转化为平常的现实。我们在自然科学领域的努力曾经取得过辉煌的成就，今天，越来越多的事实表明，只要我们将同样的热情投入企业的人性面建设中，不仅能够获取卓越的物质成果，还将加快迈进“美好社会”的步伐。面对这样的前进，我们难道还不应当采取行动吗?

附录 C

THE HUMAN SIDE OF ENTERPRISE

麻省理工学院员工决议

下面是 1964 年 10 月 21 日，面向麻省理工学院全体教职员工正式发表的决议。

1964 年 10 月 13 日，道格拉斯·麦格雷戈与世长辞，麻省理工学院全体教职员工为此沉痛悼念。与此同时，他对麻省理工学院、美国高等教育界、国内及国际产业界，以及无数人的发展所作出的卓越贡献也得到了世人的高度赞扬。

1906 年，麦格雷戈出生于底特律；1932 年，获得美国韦恩大学学士学位；1933 年，获得哈佛大学硕士学位；1935 年，获得哈佛大学博士学位；1937 年，麦格雷戈进入麻省理工学院教书，成为当时劳资关系研究小组（现在为劳动雇用研究学院）的创始人之一；1948 年，他作为心理学教授和劳资关系研究小组的执行理事，接受了安迪亚克学院的院长一职，为在校生及毕业生们提供行政管理、冲突解决、教育管理等项目；在安迪亚克学院服务了6年之后，他重返麻省理工学院，担任产业管理学教授，并于1962年成为第一个斯隆学者。在职业生涯的不同阶段，他曾经担任杜威和艾尔米化学公司（Deweyand Almy Chemical Company）劳资关系部经理、安迪亚克学院院长、社会科学研究委员会主任、美国国家培训所所长、心理协会会长、麻省理工学院学科委员会主席，以及政府和工业企业的顾问。

列举麦格雷戈的一生经历，并不困难。但他为人的方方面面，却不是用一两句话就能够轻易说出来的。他是一个兴趣广泛的人，从音乐到园艺、从分享笑话到重组公司、从印度的教育体制到自己的家庭生活，无不牵引着他的思维。而对于所有的兴趣，他都不只甘心充当观众；他永远都是一名积极的参与者。

对麦格雷戈的最恰当称呼莫过于“改革者”。他信仰自己的工作，相信这些工作能够带给其他人帮助。他对自己的态度是严肃认真的，否则也不可能取得今天的成就；但他并不过分看重自己，因此从来不曾放松懈怠。他知道自己存在弱点，对其他人的弱点也同样表示理解与接受。他的幽默感极强，却从没有用来嘲笑他人。

他在自身专业方面的贡献有目共睹。正如他的一位同事所说：“这些专业方面的工作离不开他所创造的特定环境。如果没有他，现在的许多工作都不可能进行。”

通过阅读他的作品，尤其是《企业的人性面》，以及其他方式的接触，世界认识了他。尽管他一生游历甚广，曾多次应邀担任教师、讲师、顾问及咨询师的工作，但仍然无法一一满足每个人的要求。他的办公室数年来接待了大批来自世界各地的人群。对这些人来说，这样的经历无疑都是值得骄傲的。

麦格雷戈的人生是丰富多彩的，他在丰富自身的同时也丰富了周围无数人的生活。但这并不足以衡量他为我们留下的宝贵财富，一切还远不止于此。

附录 D

THE HUMAN SIDE OF ENTERPRISE

超越麦格雷戈的 Y 理论

托马斯·科汉、旺达·奥里科夫斯基、乔·卡彻·格尔圣菲尔德

介绍

大约在 50 年前，斯隆管理学院 5 周年的庆典上，道格拉斯·麦格雷戈提出了如何管理企业人性面的论题。在对 X 理论与 Y 理论进行比较的基础上，他指出应重新检验管理方法对于员工工作动机的假设。问题的关键在于：究竟是应当信任员工，允许他们承担重要的工作，还是应当严格地指挥和控制员工，使他们为公司利益工作？麦格雷戈的 Y 理论为人力资源实践带来了重要变革，但对支持 20 世纪组织模型的基础假设并没有提出挑战。然而，人们已经普遍认识到，如果 21 世纪组织最重要、最有价值的资源是人力资本和知识，则工作与组织之间关系的基础假设无疑将受到巨大的挑战。

根据 20 世纪的组织理论、规则和实践，研究者通常是从上向下俯视组织的。也就是说，当人们研究组织时，通常都是以决定组织策略、结构、文化和业绩潜力的管理视角来进行观察的。当有关管理技术与组织设计的研究开展一段时间以后，针对工作属性与劳动力角色的分析才逐渐引入。如果说 21 世纪组织的最关键资源产生于劳动力本身，就必然需要一种完全不同的方法来与之对应。这种改变将不会从组织最高

层开始，而是从价值创造的来源，也就是工作在第一线的员工开始。新方法将带来管理、组织工作、员工及知识等相关方面的变革。麦格雷戈最先预见了变革，而我们则担负着推进变革的责任。

可以肯定的是，上述变革将成为组织、管理理论、研究、教学与实践所面临的最重要的挑战之一。事实上，斯隆管理学院已将这些挑战列入重点研究范围，许多斯隆教职员工饶有兴趣地称之为“21 世纪组织的宣言”。从上个学期开始，我们联合产业专家、斯隆学院学生以及参加“工作、组织与社会管理变革”课程的校友共同针对这些挑战展开了探索。

在本文中，我们将首先对比 20 世纪与 21 世纪的组织模型；随后针对以人力资本和以知识为基础的组织模型（参见“本文论述的方法及过程”）进行分析；最后，探索相关方案在未来管理教育中的意义。

THE HUMAN SIDE OF ENTERPRISE

本文论述的方法及过程

本文源自麻省理工学院一门名为“工作、组织与社会管理变革”的课程。该课程首次开设于 2001 年春季，2002 年春季开设第二期。在托马斯·科汉的领导以及乔·卡彻·格尔圣菲尔德、旺达·奥里科夫斯基等人的协助下，该课程集中探讨了本文所覆盖的所有论题。积极参与该课程学习的不仅有斯隆学院学生、在校研究生，还有来自伙伴公司的终身学员，包括美国空军、福特公司、惠普公司、朗讯公司、美国国家航空航天局、奥的斯电梯公司、宝丽莱公司、高通公司、三正公司及施乐公司等。授课方式灵活多样，学员们既可以在课堂上面对面讨论，也可以通过远程视频和在线讨论进行沟通。

借助斯隆管理学院 50 周年庆典的机会，斯隆校友可以通过直接参加会议和登陆网站的方式发表意见，作出自己的贡献。院庆期间，百余名斯隆校友登陆学院网页，针对相关课题发表文章。学生们在课堂上讲述自己的经历，再与其他校友一起研讨案例，对收集来的数据进行概括总结。在我们的研究基础上，斯隆学院在籍学生与其他斯隆校友互通经验，共同完成了这篇文章（出于保密目的，我们隐去了某些人物和公司的名称）。

20 世纪与 21 世纪组织观点对比

20 世纪的组织模型所体现的观点假设（涉及人、工作、技术、领导力和目标等因素），与 21 世纪的组织模型的观点假设形成了鲜明的对比（具体参见“注释版导言”中的表 0–1）。

与麦格雷戈一样，我们将两种模型放到了对立的位置，它们各自代表着不同的假设。当然，现实中的选择大多处于这两种极端中的一个较大范围之内，但认识不同方法对于组织发展方向的影响，对我们是有帮助的。在这部分内容中，我们将分别检验这些假设的含义。

人：是劳动力成本还是人力资源

根据传统的经济组织理论，人是一种需要控制的成本。人具有劳动能力，同时也具有一定的人性动机和自主意愿。而这三者又是无法分离开来，无法独立存在的。因此，要确保员工充分运用知识和技能来实现组织目标，就需要采取有效的激励方式。另外，鉴于人在工作的同时不可避免地会将自己的兴趣带入组织中，必须及时禁止员工借助集体力量建立代表其自身利益的工会等组织。

与上述观点不同的是，强调人力资本、以知识为基础的观点认为，工人是为组织创造价值的人力资源。加入组织之后，员工在投入人力资本、承担风险的同时，也获得了持续学习和发展的机会，使自己的人力资本得到了加深和扩展。既然员工具有工作以外的兴趣和对职业、家庭、社团和自身的负担，他们便不可能、也不希望将全部精力投入组织中。要解决这个问题，只有在融合员工工作与个人生活方面下功夫。另外，员工会将自己的各种经历带到工作中来，希望在对自己重要的事情上施加一定的影响力，获得说话的权利；雇主则期待员工及其代表组织能为企业的高效运营和持续发展作出贡献。这样一来，只有使员工个人及其团体同时认识到组织与个人的利益与期望，才能达到最终的发展目标。

工作：是工业体系还是以知识为基础的体系

20 世纪早期是农业和手工业组织的渐进发展时期，后期则见证了从工业体系到以知识为基础的工作组织体系的持续变革。这一变革直到今天还在继续。

工业模型创造出管理者（负责决定工作如何执行并下达命令的角色）和非管理者（按照命令完成任务的角色）在法律和地位上的明显差别。任务的有组织化使工作功能更加明确，生产力随之实现最大化。而汇报关系、晋升途径和奖励规则的不断专业化与正式化，也带来了高效的产出水平。

今天，以知识为基础的工作体系变革，使管理工作与非管理工作之间的差别不再明显。根据这样的体系观点，在以知识为基础的经济状况下，只有允许员工充分利用自身的知识和技能，通过组织协作完成临时性的多重任务项目，从而使工作更加灵活，充满创造性，才能最终获得出色的业绩水平。这样做的结果，将不断加强不同组织（包括内部组织与外部组织）中的水平关系结构，同时引发对团队、多功能小组和多组织联盟及网络工作的进一步重视。

技术：是单一属性的机械概念还是多重属性的融合概念

根据传统观点，技术被看作是一种物质资源，比如一个机器或者一套信息体系，首先由技术专家设计，然后再由劳动力进行操作应用。这种观点强调了技术的机械属性，有意无意地排除了它的人性属性。比如，根据这一观点，技术的主要功能之一就是减少人力投入，包括减少劳动力数量，以及降低由于主观判断、身体疲劳、缺乏动力、畏惧挑战、与管理者决策相冲突等原因所导致的工作失误。即便是在今天，许多机械工具生产企业仍然相信，可以通过固定的流程来制约员工，甚至涉及灵活创新的工作时也是如此。

而将人力看作成本，以知识为基础的观点却对技术有着不同的看法。这种观点认为：“是员工将智慧带入到机器中。”技术具有自然与社会的双重属性，只有将员工放在多种多样的社会及组织环境中，才能使他们通过实践应用发挥技术的功效。技术产出具有高度的偶然性与变动性，要视技术能力与包括人为选择、政治行为、文化标准、学习机会等诸多因素的相互作用而定。因此，只有在技术的设计、执行以及不断适应的各个环节中，实现其自然属性与社会属性的融合，才有可能取得技术所带来的巨大利益。

领导力：是惟我独尊的 CEO 角色还是分布式管理者角色

根据传统观点，所谓管理者就是指 CEO 或者其他高层管理者。CEO 负责向组织中的其他人提出长远规划及宏观战略，并由此塑造企业文化与价值观。因此，只有在成功的组织中位居高层，并具有特殊品质的人才有可能成为 CEO 人选。无论是华尔街分析师、各类商业杂志，还是商学院的案例研究，都习惯于将组织的成败归于 CEO 的领导力。这样一来，上述关于管理者角色的判断，以及对领导力在组织中存在方式的理解便一再得到加强。

将人力看作资本、以知识为基础的观点认为，在组织的各个层级都应实行分布式管理结构。CEO 以及其他高层管理者固然能为组织提供清晰而有价值的观点，然而这种行为还远远不够，除非他们能够鼓励并激发出全体组织成员的能力与热情。领导力并不只是一系列个人特点与能力，而是长期存在于组织中的全体人员的综合能力。根据这种观点，如果一名 CEO 能够创造条件，使组织中各个层级的人都能在日常工作中发挥领导力，则他的工作一定会富有成效。**可以说，21 世纪的组织业绩是由整个组织的综合领导力决定的。**

目标：是少数股东的标准还是众多利益相关者的标准

要回答这个问题首先必须弄清楚，组织在为怎样的目标服务？随着现代企业的逐渐增多，20 世纪的美国组织和管理教育给出的答案是：商业组织的目标就是追求股东利益的最大化。因此，企业主应当提供关键资源，也就是至关重要的金融资本，建立大型企业，并为此承担风险。这样做的结果，必然使金融管理者、CEO 和其他高层管理者格外关注管理结构和流程。

相比之下，以知识为基础的组织则认为，是员工通过加入企业、维持企业运营投入了自己的人力资本，并同时承担风险。这样一来，就把 21 世纪组织中的人力资本，与 20 世纪组织中的金融资本放在了同等位置。根据这一观点，员工可以提出合理要求，根据自己的兴趣和利益来塑造组织目标。其他利益相关者也可以提出同样的要求。比如，供应商对于产品设计、存货管理以及其他与企业长期合作有关的意见开始变得越来越重要；社会团体不断对组织产品及生产流程所引发的社会及环境影响提出合理要求；今天，政府逐渐对公私之间的长期合作产生兴趣，政府更多地充当行为促进者，而不是强制执行者；即便是行政管理机构也在探索与社会团体互动的合作方式。可以说，**在 21 世纪的组织中，不只是股东，众多利益相关者施行控制的过程决定了组织的重要战略。一方面，利益相关者之间的关系，似乎形成了对组织灵活性与创新性的约束；另一方面，利益相关者之间的关系进一步扩大了企业的范围，以一种前所未有的方式将价值传递给组织和各个利益相关者。**

今天，组织已经与诸多利益相关者建立了复杂的网络关系，合作方式也多种多样，包括战略依存、公私合作以及其他方式。从总体上来说，合作者之间的普遍利益将彼此带到一起，同时，相互冲突的利益也对合作的存在构成威胁。很多情况下，个人企业仍然会不断涌现，有些生存下来，有些则销声匿迹，但随着新兴制度的建立，各种合作类型的企业必将取而代之。因此，组织应当将眼光放长远一点，更加谨慎行事，才不会导致未来的集体与个人难以实现自己的渴望与目标。同时，管理与管理学教育也应采取可持续发展的观点，以及从广泛的、网络性的视角来看待组织的观点。从今天开始，直到遥远的未来，我们都应不断强调专业标准和道德规范的发展，使个人和组织都能为诸多相关者的利益不断努力。

现代组织实践

以上所分析的 20 世纪和 21 世纪的组织模型，它们之间的差异在某种程度上过于单纯。很少有哪个组织可以完全忽略其中任何一种模型的假设而存活下来。正如之前所提到的，有一段时间，许多组织都在追求以人为本、以知识为基础的方法。而今天的事实是：大部分组织都同时遵循了从 20 世纪与 21 世纪组织模型中衍生出来的不同假设。下面，我们将根据企业劳动者和学生身上所收集到的相关数据，来审查他们在组织中的行为现状。正是这些人共同塑造了 21 世纪的组织。在这部分内容中，我们不仅对他们的个人经历，以及有关目前实践的评价进行了总结，同时也分析了他们对于未来组织的期望，以及对于如何实现这些期望所抱有的观点。

人：21 世纪的劳动力

现代劳动力的特点可以用一个词来形容：**多样性**；而未来劳动力的特点则需要用到另一个词：**稀缺性**。

多样性及其含义。未来的劳动力与 20 世纪的普通劳动者，或者说理想化的劳动者（男性养家糊口，妻子操持家务）相比，其形象将发生戏剧性的改变。今天，劳动者在性别、种族、年龄、国籍、文化等方面均呈现多样化趋势，而这还不包括其他不易观察到的方面。另外，劳动者的家庭状况也千差万别。现在，只有不到 20% 的家庭还遵循着传统的家庭模式。夫妻双方都参加工作、单亲家庭增多等状况陆续出现。工作与家庭的依存性正逐渐提高。

许多一流的公司认识到重视人口多样性，以及家庭和工作关系的必要性。研究结果和大多数学生的观点表明：在 20 世纪六七十年代所颁布的法律中规定的法律责任与社会责任，以及某些维护公民权利的运动，如今已经被许多公司列为企业的内部责任。比如，教导员工“重视多样性”的培训就是一个很好的例子。今天，很多劳动者都对这种做法表示认同，尤其是成长自不同文化和种族环境的年轻人更是如此。而我们的学生和校友面对这样的培训却很难满意。他们期待着更加实质性的东西。

THE HUMAN SIDE OF ENTERPRISE

多样性的未来管理者储备

过去 20 年来，我们公司的专业人群发生了戏剧性的改变。今天，女性工程师占据了很大一部分比例，她们也必然占据未来管理者的较大比例。这些员工是公司长期发展所迫切需要的人才。

资料来源：斯隆管理学院学生在“工作、组织与社会管理变革”课堂上的讨论（2002 年春）。

现在，多样性员工的管理所面临的挑战不再仅限于“改变态度，关注更多的技巧培养，从而适应在多样性组织中的工作，并从具有不同背景和知识结构的员工身上学习”。正是有了这样的发展，现代劳动者才得以应用多样性，在实现组织价值的同时实现自身价值。下面的内容就是一个生动的例子，引自一位日本管理者向美国人传授对日本客户营销的案例。

THE HUMAN SIDE OF ENTERPRISE

跨文化学习

尽管日本籍销售人员大量减少，本地职员与日本制造商之间仍然维持了很好的关系。即使没有日本人的帮助，他们也能够提供同样优质的服务。为了做到这一点，本地销售人员需要学习相关技巧，从而维系与日本制造商之间的良好关系。但这一改变并不是自然而然产生的。

资料来源：斯隆管理学院学生 / 校友在“工作、组织与社会管理变革”课堂上的讨论（2002 年春）。

人们对于工作和组织的期望也大不相同。虽然调查数据和劳动力市场现状表明，丰厚的薪资和津贴对大部分员工来说都是第 1 位的。但从大体上来讲，这只不过是人们考虑接受某项工作的必要条件之一。正如韬睿咨询公司（Towers Perrin）最近的一项调查显示（参见表 D-1），除了这些必要条件，工作还必须适应不同组织的优先需要。年轻员工重视学习和发展自身技能；中年员工强调家庭和工作的融合；年长员工则注重长期雇用与收入的保障。但无论长幼，大多数员工都认识到过去 10 年来长期雇用制度的瓦解。40% 左右的被雇用者都能积极看待定期更换工作的行为，几乎没有人认为自己会永远为一个老板服务。

表 D-1　　不同年龄员工所关注的事情

最关注的事情	美国整体状况	18 ～ 29 岁	30 ～ 44 岁	45 ～ 54 岁	55 岁以上
有竞争力的收入水平	®	®	®	®	®
有竞争力的健康福利	®	®	®	®	®
进步的机会	1	1	2		3
工作与生活的平衡	2	2	1	2	
有竞争力的退休制度	3			1	1
与个人业绩相关的收入增长	3		3	3	2
学习与发展的机会		3			

注：® 表示所有组织都列为最重要的核心报酬。
1 ～ 3 表示最关注事情的不同级别。
资料来源：韬睿咨询公司“2001 年人才报告：今日劳动力的最新现状”。

很明显，组织在过去 10 年中的行为直接导致了如今的劳动力状态。几乎没有人会永远“忠于”某家公司，将此视为自己的终身职业。但这也不意味着人们都希望成为“自由职业者”。相关数据显示，员工仍然期待公司能够采取合理的管理方式，提供更多的学习和职业发展机会。与此同时，随着年龄的增长，人们将越来越重视长期保障。雇用决策，包括解雇、加薪以及晋升等方面的公平性，仍然是人们高度关注的事情。

工作与生活的融合已经成为今天最重要的劳动力问题，同时也越来越为我们的学生、校友和企业员工所关注。许多组织都制定了大量“益于家庭的政策”（family-friendlypolicy）和流程，包括弹性工作时间、非全日工作计划、家庭服务援助、日间托儿援助等。然而，这些政策和流程并没有得到充分利用，因此收效甚微。究其原因，并不在于人们对此类事情考虑欠周，很多人都认识到：既然夫妻双方都参加工作，同时充当着家长和职员的角色，就应当对其双重身份的价值都进行考核。

限制“益于家庭的政策”的使用及其效力发挥的因素主要有两个。首先，在许多组织和行业中，非全日工作计划仍然被看成是不利于组织或者个人职业生涯的行为。司法界的专家对这一点认识颇深。波士顿律师事务所的合伙人之一贝丝·博兰德（Beth Boland）汇报说，在波士顿，尽管有 90% 的一流律师事务所都为员工提供非全日工作计划，但实际上只有不到 5% 的人享受过这一权利。而且，超过 33% 的律师都相信，这样做将对自己的职业生涯不利。

相关研究以及我们的学生、校友在组织中的经历都表明，其他“协调工作与家庭的政策”的应用比率同样很低，原因不难想象。不可否认的是，许多组织文化仍然将工作时间长短作为衡量员工潜力的尺度。正如一位学生所说：“不幸的是，仍然有人认为工作的时间，也就是在工作岗位上待着的时间，能够代表个人业绩。”还有一位学生总结出下述内容，进一步对问题进行了分析，显示出政策与现实之间的差距。

THE HUMAN SIDE OF ENTERPRISE

政策与现实之间的差距

然而，所有协调工作与家庭的政策在现实中只有极少数员工利用。形成这种状况的原因是：

- 几乎没有男性员工使用，于是女性员工也不会使用，因为她们不想看上去和其他员工有所不同。
- 许多企业的文化都提倡提前开始工作，延迟结束工作，许多员工都不愿意比其他人更早地离开办公室。
- 有些学生在课堂上指出，长时间待在工作岗位上非常重要，因为不在管理者的视线内将意味着被管理者忽略。

资料来源：斯隆管理学院学生 / 校友在“工作、组织与社会管理变革”课堂上的讨论（2002 年春）。

第二个限制因素与工作本身的变革是分不开的。我的同事洛特·贝林就根据自己的工作经历提出，设计工作时应同时关注双重功效：一方面要追求企业的高业绩，一方面要允许员工将工作与个人、家庭的责任融合起来。这与麦格雷戈的融合原则恰好不谋而合。拿司法界来说，贝丝·博兰德指出，法律工作本身就很适合非全日工作计划，因为大多数律师都会把自己的时间分给不同的客户。这样做的结果是，节省时间意味着减少客户，而不是减少对某一特定客户的服务。这正是洛特·贝林所提出的方案核心。

下面是一对医生夫妇的观点，很好地说明了员工所面对的长时间工作的压力。

THE HUMAN SIDE OF ENTERPRISE

医生夫妇的观点

主管医生根本不会考虑女性员工为此付出的所有努力。按照当时的惯例，外科医生都是男性，其妻子在家负责照顾一切，因此他无法理解，为什么同样的工作方式对女性员工来说如此困难。然而，她们别无选择，更不可能寄希望于制度的改变。外科医生就应当做好自己的工作并坚持到底，他们无权抱怨。

资料来源：斯隆管理学院学生在“工作、组织与社会管理变革”课堂上的讨论（2002 年春）。

我们的下一代，或者说被称为新人类的群体，是否将产生与父辈完全不同的需求与价值观？这即将成为最难以确定，同时也是颇为有趣的争论焦点。父辈经历的社会契约时期将在他们面前土崩瓦解，他们将比父辈花费更多的工作时间来换取报酬。一些人的经历似乎证明，这一代人注重培养个人技巧与能力，但对组织和其他工作制度却很不信任。有的人甚至不愿意超时加班，牺牲个人和家庭活动。如果上述观点的确能够说明这一代人的特征：成长于频繁裁员、缩减开支、企业重组、外包等环境所产生的特征，那么，未来组织和产业无疑将面临巨大的人力资本挑战。这些挑战在某些领域将异常严峻，比如汽车业、航空业、宇航业等，它们必将受到 1/3 适龄人口退休浪潮的影响。

即将到来的劳动力不足？现在预测未来的劳动力供需平衡简直是无稽之谈，因为影响因素实在太多，包括经济增长率、生产率、移民状况、工作时间、退休倾向、全球工作资源等，都在互相作用，影响着平衡状态。然而，根据劳动统计局在适中估计所有变量的基础上的直接预测，到 2010 年时，美国劳动力供给总量将少于需求总量 500 万—1000 万人。

未来的挑战已经十分清晰，如下面内容所述，劳动力将成为稀缺资源，而拥有较高知识与技术水平的人才更是少之又少。如果组织希望在人力资本和知识上具有竞争力，就必须学习如何吸引并留住这些宝贵的人才。如果说除此之外还有其他的挑战，那就是，无论作为个人还是集体，劳动力的力量都将不断增加。

THE HUMAN SIDE OF ENTERPRISE

技术人员缺乏所导致的压力

进入 1949 年以来，人们开始接受一些崭新的观点。可以说，目前的现状是由多种因素共同导致的。20 世纪 60 年代末 70 年代初，许多企业参与了合并、全球化以及高科技化的进程。涉及专利法及特殊技术岗位的薪酬水平吸引了众多人才。然而，随着薪酬的增长，有人提出了每周工作 60 ～ 70 小时的期望。同时，很多公司无法承担持续增加的人员费用，开始向现有人员施加压力。这一状况直到今天仍在持续。位居稀缺人才之列的员工，仍然希望根据薪酬水平完成相对等的工作。然而，在人才供给不足的情况下，雇用一个人显然比雇用两个人要容易许多，这样一来，这个人便会因为要完成多于一人的工作而不堪重负。

资料来源：斯隆管理学院学生在“工作、组织与社会管理变革”课堂上的讨论（2002 年春）。

我们以讨论和调查的方式对未来进行展望，发现最大的挑战在于：如何让员工通过自身力量来解决多样性管理的问题，并正确处理各自不同的期望。当然，我们所面临的问题绝不仅限于这一挑战，本文所讨论的全部内容都值得深入思考。作为年青一代的律师来说，他们渴望像前辈一样取得成功。但同时也希望照顾好家庭和个人事务，合理安排工作，更好地满足双重角色的需要。然而，他们更加清楚，如果其他人或者在一流公司中工作的同事不能团结一致改变既有文化与模式，则这一理想将很难实现。同样，医生们也在准备改变原来的工作方式，并通过这一过程逐渐更换组织与职业文化。组织管理者是否会支持这些做法？这个问题的答案将影响到未来几年中整个变革的发展。

以知识为基础的工作

过去25年来，以知识为基础的工作系统，在一线制造劳动者和服务劳动者中得到了广泛的传播。通过大量研究并总结劳动者经验所得出的普遍观点认为，新的工业模式和工作组织比以往能够产生更高的组织业绩，具有更强的学习能力及更好的员工满意度。以知识为基础的工作模式大多存在于绿地[①] 企业中，但大部分企业都属于棕地[②] 企业，在坚定维护20世纪所遗留下来的思维方式的前提下，维持着运营现状。

可以想见，在现有的运营状态下使用新的工作系统，将需要持续不懈的努力。普拉特惠特尼公司的一位管理者参加过我们的课程，谈到了他们建立以团队为基础的工作系统，以及推进持续的劳动力管理协作时所付出的努力。企业变革只有在获得员工充分信任与支持的基础上才能获得成功，然而，企业管理者、工会代表、外包政策、解雇员工的行为等，都会使变革受到阻碍。除此之外，其他研究还显示，美国约有1/3的公司在运营中具有以知识为基础的工作体系特征，然而只有极少数完成了所谓的变革。变革结果能否维持，能否进一步地传播出去，要视各个利益相关者的行为而定，他们包括管理者、员工、工会代表、华尔街分析师，以及政府政策制定者等。最关键的问题是：这些利益相关者究竟能否认识到，以知识为基础的工作体系将带给企业宝贵的经济价值，进而联合起来共同维持现有的发展势头，还是仅仅制定一些短期决策，限制甚至破坏变革的努力。

新工作体系的应用将带动起另外一个关键的劳动力市场的发展，那就是各类合

① 绿地，指未被开发的土地，即农田或者自然状态。——译者注

② 棕地，是指由于环境污染而不能发展或再发展的、废弃的、空闲的，或者未充分利用的工业和商业设施的土地。——译者注

同、咨询和项目工作协议的广泛使用。从劳动力市场的需求方面来看，这样的发展有利于雇主将外部资源的知识专门化，增加灵活性，减少员工总数并降低人力成本，更多地关注核心竞争力；从劳动力市场的供给方面来看，有利于人们在组织的工作分配中进行学习，获得更多选择权，很好地将工作与个人、家庭生活融合起来，使工作成为通向未来教育、照顾父母子女、个人养老等目标的桥梁。然而，其弊端也是不可否认的，福利水平降低、职业保障不足、身份地位下降，以及合同制定者的收入变动等情况，都有可能发生。以下情况产生时，组织的成本就会增加：应对外来的协作要求、规避潜在的安全风险、防止组织知识与技能的损失等。在组织做出外包的决策之后，这些问题将变得更加明显。

很明显，如果管理得当，个人和组织都能够从缔结合同中获得利益。我们的学生总结自身经验，分析了劳动合同为组织带来的利益和损失，请看下面一位学生关于合同的观点。他们的共同期望是：与同事团结一致，更加合理灵活地使用合同，从雇主、顾问以及变革的企业身上学习知识和技能，而不是把这种方式仅作救急之用，简单地缩减人员和工资费用。

THE HUMAN SIDE OF ENTERPRISE

采取劳动合同的后果分析

从政府的角度来看，在许多职位和工作岗位上采取劳动合同制，无疑将带来巨大的便利。毕竟，对于担任维修工、技工，以及其他无需技能支持或者较低技能支持的劳动者来说，在政府部门工作还是在私营企业工作，并没有多少分别。合同制使员工的工作任务更加明确，管理功能被限制在与人相关的事务上。然而，根据我的观察，将工作任务明确写入合同将使情况更加复杂，同时还需要较高水平的技巧及专业知识，这一切都将引发原有体系的分崩离析。最终造成浪费、生产力低下，并使更多公务员与私营企业员工遭受挫折。我认为，是一系列互相关联的原因引发了这一现象，具体如下：

第一，根据劳动合同内容，通常都不鼓励雇主雇用资历最好的候选人。相反，只要能最小限度地满足职位说明书中所描述的

THE HUMAN SIDE OF ENTERPRISE

雇用标准，就应选择成本最低的候选人。这是因为，如果雇主雇用了成本更高的人，就将超过原来的预算，在计算利润和更新合同时将不利于雇主。

第二，能力较弱但是可以马上工作的候选人，比能力强但需要一两个月才能上岗的人更加抢手。原因是，职位每空缺一个月都不利于雇主的业绩和利润。所以，私人雇主有充分的理由尽快充实每个空缺的职位。无论候选人出色与否都没有实质性的影响。

第三，在需要更多经验或者技术的工作岗位上，管理、汇报以及指挥链等问题都将成为更加普通同时也是更加复杂的事情。

第四，有人认为，频繁调整供应商结构的原因之一是：这可使政府项目在调整人员构成时更为灵活，因为相比之下，私人供应商可以比政府更方便地解聘员工。对某些低工资、低技能岗位来说，情况的确如此。根据我的观察，大部分承包合同都附有很突出的工作保护条款。比如，解聘员工必须提前三个月说明，等等。尽管这些政策得到了社会的称赞，但与此同时，也降低了合同的价值，令人不禁怀疑这种管理（尤其是高技能工作的管理）的合理性。

资料来源：引自斯隆管理学院学生在“工作、组织与社会管理变革”课堂上的讨论（2002年春）。

技术的自然属性与社会属性的结合

在20世纪的后25年里，美国制造业逐渐认识到，有必要将技术理解成为一种同时具有自然与社会双重属性的体系。也就是说，只有将硬件投资与教育、工作设计、文化变革等方面的投资联系在一起，才能从技术应用中获得回报。20世纪80年代，美国汽车行业被日本竞争对手抢走了一大部分市场，这无疑是一次惨痛的经历。究其原因则在于对方已经抢先一步将技术的双重属性应用在了生产系统、雇用制度以及工作操作中。

我们的研究证明，只有当科技的自然属性与它在人性、组织方面的属性相互融合时，生产与信息的相关技术才能带来最大程度的回报。斯隆校友约翰·克拉夫奇克（John Krafcik）与约翰·保罗·麦卡杜菲（John Paul MacDuffie）指出，具有世界级生产能力与质量水平的汽车生产企业往往都具有一个相似的特征：在重视技术的同时，注意发展灵活的、以知识为基础的工作体系；在培训方面大力投资；鼓励员工参与问题的解决和决策的制定。可以肯定的是，采取这种融和方法的企业要比那些强调技术投资、忽略人力资源和工作系统改革的企业，比那些仍然按照传统生产组织模式运作的企业要具有更加出色的业绩。这一现象同样存在于其他生产行业中，包括信息技术产业。

另外，旺达·奥里科夫斯基也对信息技术在工作中的使用状况进行了研究，并对技术的自然与社会属性的关系作出了进一步的阐述。通过调查美国、欧洲以及日本公司对于新信息技术的使用状况，她发现大部分公司都没有认识到技术投资所具有的益处。但问题产生的原因并不在于公司战略、技术或部署方面的失误，而是因为公司没有很好地管理组织中决定技术功效的最主要环节——员工使用技术来完成工作的过程。这一研究表明，我们不应再像以往一样把技术作为资产来管理，而是要有所转变，了解个人及组织使用技术的流程，并采取相应的管理手段。要想合理地应用技术，首先应当认识到技术水平与实现技术价值的人力资本（包括知识、技能、动机）和工作系统（包括标准、机制、实践）之间的相互依赖性。同时，预见到技术的使用将随着时间、需求、市场情况等因素而改变。在不同时期提供相应的资源，使工人适时调整使用规程，最大限度地发挥技术功效。

现在，类似的课程在“知识管理”领域日益盛行。正如下述内容所示，有关“学习知识”的理解过于狭窄，由此引发出不少问题。值得注意的是，下述内容将知识管理问题与员工流动率问题联系在了一起。

THE HUMAN SIDE OF ENTERPRISE

学习知识的窘境

组织中人员流动过于频繁，有时甚至会影响到知识的短期连贯性。首先，我们只知道抓住最基本的东西，而不关注按部就班的学习。但事实已经证明这样做根本无法成功。知识的使用者（科学家）极不愿意考虑那些没有明确写在纸上的东西，因此我们只能把每一步都写下来，设置查询点和适当的完成时间，等等。结果，流程手册从 30 页猛增到 500 页，但这个方法和原来的一样，根本无法成功。有些人要求提供更多详细的流程，有些人则呼吁简化。无论我们怎么做，总会有人失望。

资料来源：斯隆管理学院学生在“工作、组织与社会管理变革”课堂上的讨论（2002 年春）。

IBM 知识管理学院执行理事拉里・普鲁萨克是知识管理的先驱之一，他在课堂的授课过程中提出了下面的观点。

THE HUMAN SIDE OF ENTERPRISE

信息技术与知识创新

有人认为：“技术在知识管理中最重要的角色，就是加快知识变革的速度，扩展知识变革的广度。”信息技术的确十分有用，尤其在计算、存储、结构知识与编码知识分类等方面更是如此，组织中的人也正是通过这些渠道了解到更多的知识信息。然而，信息技术在知识创造过程中仅仅充当了一个有限的角色，因为这一过程是社会化的过程，许多难以用编码表示的知识与个人经验是互相交织的。同样，信息技术本身也无法创造出一种以知识为基础的环境，从而加强知识的应用与分享。为了使技术应用达到最优化，我们可以通过战略、流程、文化等方式进行扩展，同时还应提倡支持知识分享的行为，以及以知识为基础的工作。

资料来源：斯隆管理学院学生在“工作、组织与社会管理变革”课堂上的讨论（2002 年春）。

培养领导力

大多数商学院的案例都是从 CEO 或者高层管理者的角度来编写的，这似乎表明正是由于身居高位的人具有非凡的领导力，才使各种决定组织成败的重要问题得以解决。这些案例间接或者直接地表示出，其所列举的管理者楷模都是具有超凡魅力、威力无比的战略家，从上到下推动着组织的改革和创新。有些人对此持相反意见，认为过去 10 年中，企业的董事会受到了商业杂志的欺骗（而商学院则加强了欺骗的效果），盲目寻求具有超凡魅力的 CEO 来担任管理职务，期待他们能够提出新的观点，扭转组织业绩。

在斯隆管理学院，德博拉·安科纳（Deborah Ancona）提出了一种新颖的领导力理念，力求使之更加适合现代组织的需求。他提倡分布式的领导力，以个人或者集体的形式存在于组织的各个层次。分布式的领导力由 4 种相互依存的能力组成：洞察力、释意能力（sensemaking）、关联能力和创造能力。随着企业层级的不断扁平化，交叉职能的团队工作增加，多重、动态、网络互动工作的出现，分布式领导力模式必将在实践中发挥更大的功效。各个组织还将建立起交叉战略联盟，参与广泛的网络协作。在这一过程中，领导力亦能够通过交叉网络实现共享，使管理与变革之间形成高度的依赖关系。

斯隆管理学院的分布式领导力模式强调个人能力的发展，它认为领导力是一种集体现象，需要集合所有组织成员的精力、兴趣和渴望，因为他们才是完成组织中实际工作的人。从这个角度考虑，分布式领导力几乎触及本篇内容所包含的所有课题。下面就是一个很好的例子，说明关于多样性的培训将使领导力得到进一步的扩展。

THE HUMAN SIDE OF ENTERPRISE

关于多样性的培训与领导力技能的融合

员工参加关于多样性的培训，有助于更好地理解周围其他同事。如果参加培训能够对组织流程和领导力模式产生积极的影响，使多样性转变为组织成果，这种培训无疑具有巨大价值。

资料来源：斯隆管理学院学生在“工作、组织与社会管理变革”课堂上的讨论（2002 年春）。

重新定义组织目标

在强调人力资本、以知识为基础的组织中，员工的声音比以往更加有力，足以对21世纪组织的价值、目标及关注重点产生影响。如果把今天人们最关心的事情进行优先排序，便不难发现他们最重视的是社会环境的可持续发展。管理者以论文或者发言的形式表示，将以合理的方式管理组织，使后代也能够拥有和自己一样的机遇。这表明，在以人为中心的组织中，可持续发展已经成了最新的组织目标。

大量组织公开表示，要从持续发展的角度出发进行管理。或许是由于欧洲共同市场即将要求各个公司把企业产出与企业的三底线，即利润、员工与环境联系在一起，可持续性管理在欧洲发展得更为深远。斯隆学者克莱尔·曼迪尔逊（Clare Mendelsohn）与苏尼尔·潘格卡（Sunil Pangarkar）在最近的一篇文章（如下所述）中指出。壳牌公司与英国石油公司是最先提出可持续发展的组织。

社会与环境的可持续发展： 壳牌公司油砂项目

壳牌公司油砂项目（由壳牌加拿大公司推进的一项合资计划）的目标是开采满足100年供应量的石油。该油田位于加拿大的阿萨贝斯卡，早在1956年就已经被探测出来。然而，之前的两次开采都因为技术或环境因素而被迫中止。当时最大的障碍就是开采可能造成的环境污染，以及长达500公里的输油管道。直到1996年，第三次尝试才终于实现了突破。这次开采特别考虑了社会与环境的敏感性和共有性。壳牌加拿大公司成功地向所有相关方证明，这个项目不仅具有经济利益，同时也能够为社会和环境造福。开采工程的参与方众多，包括本地社区、专家团队以及其他非政府组织。壳牌加拿大公司深信，这一项目将使阿萨贝斯卡地区收益颇丰：

- 为当地增加1000个长期工作岗位，建筑高峰时雇用员工将达到12000人。
- 当地可以获得丰厚的税收。
- 帮助当地人学习并提高劳动技能。

- 建筑过程中使用再循环水，减少对当地河流的需求。
- 国内燃气供应能力增强，石油进口依赖程度降低。
- 石油分离过程中不使用化学物质，开采后的土地将最终恢复自然状态。
- 这一开创性的气候改善项目使二氧化碳排放量得到控制，很好地解决了国际关注的环境问题。
- 专家小组将继续进行研究，为实现碳补偿[①] 和新的可替代能源贡献力量。

资料来源：斯隆管理学院学生在“工作、组织与社会管理变革”课堂上的讨论（2002 年春）。

美国福特汽车公司的红河复合式工厂采取的正是可持续性的生产原则。通过对该公司的调查研究发现，公司对工厂、产品与环境之间的关系进行了大胆的重新设想。福特 CEO 威廉·克雷·福特（William Clay Ford）积极提倡红河改革，甚至把环境因素放进了公司传统的安全、质量、货运和纪律标准之中。尽管如此，可持续发展的概念并没有得到公司管理人员的高度认可，也没有被列入公司生产流程和产品发展计划。少数管理人员和一线管理者支持福特的可持续发展计划，但大多数人仍持观望态度。我们不免怀疑，可持续发展观点在这里能否持续下去？

另外，众多利益相关者的管理问题还涉及战略伙伴关系，包括劳资关系、公私关系、供销关系，甚至竞争者之间的战略合作关系等。在课堂学习中，我们发现这些战略关系存在固有的矛盾特征，比如，个人在不同组织中的人际关系与个人的正式角色关系之间就可能产生矛盾。这一切都会导致关系成员采取封锁信息、单方面行动、破坏既有关系等行为。同样，获取短期成果与构筑和维系长期关系的过程之间也存在矛盾。这些矛盾显示，战略关系从根本上讲是一种不稳定的组织模式，只有采取一种能够为各个利益相关者带来利益的方式，该模式才能长期存在下去。

针对这个问题，我们曾经研究过一个特殊项目——凯瑟医疗合作计划（Kaiser-Permanente）的劳资关系状况。该计划覆盖了美国 18 个州的 26 个协议团体，包括

① 旨在减轻二氧化碳带来的环境伤害的植树计划。——译者注

代表 5.5 万名员工的 8 家工会。我们发现，该计划通过实施尊重员工知识、重视工作与家庭事务的处理、降低医疗事故发生率、建立争议解决系统、对正确行为予以奖励等措施，获得了巨大的成功。但我们同时也认识到，在组织运营过程中推进合作改革将面临诸多困难，如何确定合作关系以外的关键利益相关者，无论这些人是隶属于凯瑟医疗计划中具有单独组织结构的医生，还是隶属于计划以外的协议团体，也并非易事。

除了战略关系问题，我们还研究了本地、州及联邦政府的改革案例。现在的改革已不再仅限于建立重视员工知识和能力的体制，还包括重新定义“成果”的概念、加强多方合作、扩展客户角色等方面的改革。斯隆学者丽恩·德维（LynneDovey）在关于社会持续发展的文章中指出，更广阔的社会体系变革需要政府扮演新的角色（无论是本地政府还是联邦政府），提倡角色分享、组织与社区责任结合、强调有价值的产出而不只是强化规章制度、激励各个利益相关者进行协作、采取长期的合作合约、执行分布式领导力，等等。

管理教育的含义

20 世纪商学院的兴起，促使组织理论和教育越来越关注私营企业内部的管理问题。组织控制、自治性、灵活性、管理的不确定性等都成为关键问题。而其中最主要的则是有关吸引和分配金融资本，管理公司资产，为股东盈利，保护企业免受公司以外的代理人、群体和组织的影响的战略。为了组织的永续经营，许多潜在的未来债务或支出都会成为影响当前决策的因素。

工作和组织具有怎样的性质与价值？当我们重新考虑这一假设时，有必要对商学院的课程进行相应的调整。正如我们为了了解价值的创造过程而进行工作组织分析一样，要想培养未来具有优秀的洞察力、知识与能力的管理者，帮助组织实现人力资源的潜在价值，就必须同时改进教学方式。本文强调的诸多内容，包括劳动力统计、以知识为基础的工作、社会与技术体系的融合、分布式领导力、扩大组织目标等，都将与课堂教育相结合，并在现实工作中付诸实践。

我们需要为未来储备有能力的管理者，来解决重要而敏感的劳动力问题，比如劳动力多样性和待遇公平的问题，职业发展和工作与生活协调的问题，等等。他们所要掌握的管理技巧和管理工具包括：聆听并总结个人或集体形式的员工呼声，与员工进行协商，最后付诸实践。如果说 20 世纪强调劳动力的管理控制，21 世纪则实现了劳动力直接参与管理流程。谈判协商、问题解决、冲突处理以及同业协调、跨行业交流等方面的技巧都将成为贸易往来的标准工具。

同样，在以知识为基础的组织中，了解如何执行并维持“鼓励知识创新和应用”的机制是十分必要的。组织中价值流的各个阶段都有相关的知识和技巧需要掌握，而绘制生产服务流程图可以算得上是最有效的管理价值流的方法。从产品概念到最终客户，所有信息都在图表上有所显示，这样便有助于发现问题，进而寻求改善的机会。希望我们今天的工作能够帮助下一代管理者也制作出类似的图表，从而了解知识资本和人力资本中存在的问题，寻求进一步发展的机会。

在技术领域，我们希望外界能够更加深刻地理解商业运营所具有的社会属性与技术属性，并对两者的相互依赖性给予更多关注。与其他大学专业不同的是，工商管理硕士作为一门特殊的专业在 20 世纪得到了迅速发展，从而进一步强化了这样一个观点：培训、发展、团队，甚至管理等相关课题都应当在设计、执行和改革等不同阶段分别研究对待。21 世纪组织的管理需要我们冲破传统科学阻碍，发展最尖端的知识与技术。因此，对商学院来说，最亟须的任务就是将自然科学、社会科学与管理人员很好地结合在一起。

我们在教育下一代管理者的过程中，必须更好地理解并正确评价过去十年来领导力的发展状况。即使所谓的网络泡沫终将破碎，但还会留下一大群年轻有为的人才，他们在电子商务的严酷竞争中已经磨炼出非凡的洞察力与工作能力。大量的事实表明，这一群人对大型的、事业部结构制的传统商业模式并不感兴趣，而是更愿意将已有知识进行融合，建立新型的组织结构。正如罗伯特·托马斯（RobertThomas）和沃伦·本尼斯所强调的那样，领导力常常是从失败中学习到的。现在，我们的任务已经很清楚，那就是与学生们一同努力，将他们的丰富经验加以总结并从中学习。

商学院往往以那些重视股东和客户利益、追求利润最大化的组织为对象，研究其持有的基本假设观点。而对于其他与商业运营有联系的利益相关者（无论他们是劳动者、社区组织、管理机构、战略伙伴，还是供应商）及其目标或标准则关注较少。因此，我们的最大挑战就是在“平衡记分卡”、“利益相关者价值”、互惠协议，以及为利益相关者谋取成果等相关机制的基础上建立更具超越性的机制。要完成这一挑战，最好的方式就是将不同的利益相关方代表带进我们的课堂，直接聆听各自的观点、兴趣点，阐述自己能为组织带来怎样的利益，然后编写案例，让学生们在模拟的环境中扮演利益相关者的角色，亲自解释各自所持有的不同标准。

结论

针对现今组织中的多样性特点、改革过程，以及与工作和组织有关的广泛假设，我们可以总结出以下三个结论：

第一，本文开始所描述的两个组织模型的区别，已经反映到了今天的组织实践中。如今，许多组织都已经认识到人力资本和知识对于自身发展的重要性，并开始尝试着进行自我变革。

第二，没有人能够保证这样的变革会永远持续下去，并最终取得成功。没有任何可以看到的力量或者市场指令在引导这场改革。无可否认，设想与现实之间是存在差距的。组织变革是一个涉及政策，容易引发高度争议的过程，个人和群体都难免受到影响，双方利益、信仰及权力都会发生变化，有时还可能产生矛盾。因此，现在的变革能否帮助组织更加适应 21 世纪的要求，还要视管理者渴望挑战组织基础假设的程度，以及他们与各个利益相关者协商推进的改革状况而定。

第三，我们已经描述了有关工作和组织的更广泛的假设体系，这无疑将成为一副强有力的变革杠杆。然而，要把这个更广泛的假设体系“放到桌面”上进行讨论并付诸实践，必须首先与各个利益相关者进行公开对话，因为他们分享着共同的利益，并将为建立 21 世纪的组织做出承诺。这里的道理简单明了：正因为管理以及管理教育的未来关系重大，它才绝不仅仅是管理者单方面的事情。一线员工、中层管理者以及经理层、专家群体、工会、家庭、社区、合作组织、非政府组织和政府政策制定者，无一不是管理者工作内容的组成部分，他们都将为塑造并服务于 21 世纪组织而付出努力。

麦格雷戈要求我们重新考虑关于人的假设。现在我们又提出了新的任务，即研究更广泛的有关工作和组织本质的假设体系。请记住，今天我们所作出的选择，将决定 21 世纪的组织设想能否成为现实！

译者后记

THE HUMAN SIDE OF ENTERPRISE

道格拉斯·麦格雷戈是西方最有影响力的管理思想家之一，他所提出的 X 理论与 Y 理论已经问世近半个世纪。在国外，有关其理论的研究十分深入，很多管理学大师纷纷撰写文章进行剖析，摘录援引的杂志更是不计其数。可以说，很少有这样一本书可以在经过巅峰之后，仍然持续受到欢迎。当代管理学大师彼得·德鲁克曾经评论说："随着时间的推移，麦格雷戈的理论的价值也被日益证明，它是如此精辟经典、及时准确，占据着无可比拟的重要地位。"在实践领域，越来越多的企业开始认识到传统"X 理论"式的管理弊端，尝试将"Y 理论"的观点应用到企业管理之中，其中不乏部分已经取得了巨大的成功。

在中国，随着经济不断发展，市场规模迅速扩大，企业改革深化与产业结构调整逐渐提上日程。同时，我们也会发现，尽管改革开放后，中国从西方发达国家汲取了不少有益的管理理论及经验，但管理者在具体使用西方管理理论时，往往感到照抄照搬并不能解决中国企业中存在的问题。这是因为，管理实践是存在于一个国家环境之内和植根于一种民族文化之中的，管理始终是经济发展的结果，员工管理也不可能只有一种正确的方式。在这一过程中，如果缺乏相关理论的深入研究，将直接影响到企业管理水平的提升，进而使中外企业在竞争力方面的差距进一步拉大。

目前，我国有关《企业的人性面》的完整译作寥寥无几，对该理论进行全面系统研究的相关专家也相当匮乏。作为一名资历尚浅的译者，能够有机会接触这部作品无疑是幸运的，而幸运的另一面，同样也代表着责任。由于本人水平有限，译稿存在诸多不足之处，真诚地希望能够得到各位专家、读者的指教。

在此，谨向参与本书翻译的韩新、陈晨、王淑仉、韩直、仇英章、王丽君、王晓冰、陈晓晖、吴迦仪、韩磊、石茵、何静怡等表示由衷的感谢。

未来，属于终身学习者

我这辈子遇到的聪明人（来自各行各业的聪明人）没有不每天阅读的——没有，一个都没有。巴菲特读书之多，我读书之多，可能会让你感到吃惊。孩子们都笑话我。他们觉得我是一本长了两条腿的书。

——查理·芒格

互联网改变了信息连接的方式；指数型技术在迅速颠覆着现有的商业世界；人工智能已经开始抢占人类的工作岗位……

未来，到底需要什么样的人才？

改变命运唯一的策略是你要变成终身学习者。未来世界将不再需要单一的技能型人才，而是需要具备完善的知识结构、极强逻辑思考力和高感知力的复合型人才。优秀的人往往通过阅读建立足够强大的抽象思维能力，获得异于众人的思考和整合能力。未来，将属于终身学习者！而阅读必定和终身学习形影不离。

很多人读书，追求的是干货，寻求的是立刻行之有效的解决方案。其实这是一种留在舒适区的阅读方法。在这个充满不确定性的年代，答案不会简单地出现在书里，因为生活根本就没有标准确切的答案，你也不能期望过去的经验能解决未来的问题。

湛庐阅读APP：与最聪明的人共同进化

有人常常把成本支出的焦点放在书价上，把读完一本书当做阅读的终结。其实不然。

时间是读者付出的最大阅读成本
怎么读是读者面临的最大阅读障碍
“读书破万卷”不仅仅在“万”，更重要的是在“破”！

现在，我们构建了全新的“湛庐阅读”APP。它将成为你“破万卷”的新居所。在这里：

- 不用考虑读什么，你可以便捷找到纸书、有声书和各种声音产品；
- 你可以学会怎么读，你将发现集泛读、通读、精读于一体的阅读解决方案；
- 你会与作者、译者、专家、推荐人和阅读教练相遇，他们是优质思想的发源地；
- 你会与优秀的读者和终身学习者为伍，他们对阅读和学习有着持久的热情和源源不绝的内驱力。

从单一到复合，从知道到精通，从理解到创造，湛庐希望建立一个“与最聪明的人共同进化”的社区，成为人类先进思想交汇的聚集地，共同迎接未来。

与此同时，我们希望能够重新定义你的学习场景，让你随时随地收获有内容、有价值的思想，通过阅读实现终身学习。这是我们的使命和价值。

湛庐阅读APP玩转指南

湛庐阅读APP结构图：

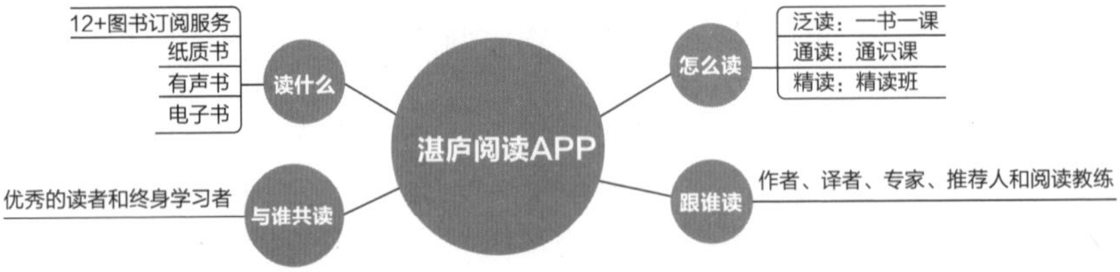

三步玩转湛庐阅读APP：

读一读

湛庐纸书一站买，
全年好书打包订

听一听

泛读、通读、精读，
选取适合你的阅读方式

扫一扫

买书、听书、讲书、
拆书服务，一键获取

使用APP扫一扫功能，
遇见书里书外更大的世界！

快速了解本书内容，
湛庐千册图书一键购买！

大咖优质课、
献声朗读全本一键了解，
为你读书、讲书、拆书！

你想知道的彩蛋
和本书更多知识、资讯，
尽在延伸阅读！

湛庐文化 Cheers Publishing

a mindstyle business 与思想有关

延伸阅读

《沃伦·本尼斯经典四部曲》

使用"湛庐阅读"APP，
"扫一扫"获取本书更多精彩内容。
ISBN 978-7-213-07633-6

◎ 沃伦·本尼斯被称为领导力之父，被誉为"领导学大师们的院长"，以关于领导艺术的著作而闻名。经典四部曲分别：《领导者》《成为领导者》《七个天才团队的故事》《经营梦想》，对我们了解近代西方领导力思想、认识现代组织的领导力真、迎接当下和未来的领导力挑战具有重要的意义。

《企业文化生存与变革指南》

使用"湛庐阅读"APP，
"扫一扫"获取本书更多精彩内容。
ISBN 978-7-213-07750-0

◎ 埃德加·沙因被称为企业文化理论之父，他是组织心理学的开创者和奠基人。本书是他的经典著作，也是继《组织文化与领导力》之后的又一力作。管理者可以从书中找到解决企业生存与发展等关键问题的启示；渴望成长的企业员工通过理解企业文化，可以从书中找到提升职业素养、促进职业生涯发展的契机。

《管理工作的本质》（经典版）

使用"湛庐阅读"APP，
"扫一扫"获取本书更多精彩内容。
ISBN 978-7-213-07795-1

◎ 亨利·明茨伯格久负盛名之作，奠定了他极具影响力的管理大师地位。经理角色管理学派最早出版的经典著作，作者对组织结构设计和领导者的培养提出了一系列具有洞见的观点，这些观点成为领导学研究的基础。

《卓有成效的组织》（珍藏版）

使用"湛庐阅读"APP，
"扫一扫"获取本书更多精彩内容。
ISBN 978-7-300-16471-7

◎ 亨利·明茨伯格最得意之作，整合并展示出关于"如何设计一个有效的组织"的全部研究。作者解释了什么是组织结构，并指出组织的 5 大组成部分、5 大协调机制、9 大设计参数和 4 组情景因素，揭示了管理工作的本质。

《战略中心型组织》（经典版）

使用"湛庐阅读"APP，
"扫一扫"获取本书更多精彩内容。
ISBN 978-7-5502-8688-7

◎ 本书由备受尊敬的管理大师罗伯特·卡普兰和戴维·诺顿博士合著而成，他们所创立的平衡计分卡是有史以来最强大的绩效衡量体系。本书通过案例及大量图表，一步一步详细讲解了以平衡积分卡为框架的管理理念和方法，内容全面，指导性很强，将给中国企业提升战略执行能力和核心竞争能力带来更多的启示。

Douglas McGregor and Joel Cutcher-Gershenfeld

The Human Side of Enterprise: Annotated Edition

ISBN:978-0-071-46222-8

图书在版编目(CIP)数据

企业的人性面(经典版)/(美)道格拉斯·麦格雷戈著;(美)乔·卡彻·格尔圣菲尔德注释;韩卉译. —杭州:浙江人民出版社,2017.10

ISBN 978-7-213-08387-7

Ⅰ.①企… Ⅱ.①道… ②乔… ③韩… Ⅲ.①企业管理—人事管理 Ⅳ.①F272.92

中国版本图书馆CIP数据核字(2017)第221265号

浙江省版权局
著作权合同登记章
图字:11-2017-283号

上架指导:企业管理/人事管理

本书法律顾问　北京市盈科律师事务所　崔爽律师
张雅琴律师

企业的人性面:经典版

[美]道格拉斯·麦格雷戈　著

[美]乔·卡彻·格尔圣菲尔德　注释

韩　卉　译

出版发行:浙江人民出版社(杭州体育场路347号　邮编　310006)
市场部电话:(0571)85061682　85176516
集团网址:浙江出版联合集团　http://www.zjcb.com
责任编辑:蔡玲平
责任校对:朱　妍　朱志萍
印　　刷:河北鹏润印刷有限公司
开　　本:720mm×965mm　1/16　　印　　张:19.75
字　　数:264千字　　插　　页:1
版　　次:2017年10月第1版　　印　　次:2017年10月第1次印刷
书　　号:ISBN 978-7-213-08387-7
定　　价:72.90元

如发现印装质量问题,影响阅读,请与市场部联系调换。